COLEÇÃO
ABERTURA
CULTURAL

Impresso no Brasil, outubro de 2012

Copyright © Miguel Bruno Duarte, 2009.

Os direitos desta edição pertencem a
É Realizações Editora, Livraria e Distribuidora Ltda.
Caixa Postal 45321 - 04010-970 - São Paulo SP
Telefax (5511) 5572- 5363
e@erealizacoes.com.br · www.erealizacoes.com.br

Editor
Edson Manoel de Oliveira Filho

Gerente editorial
Juliana Rodrigues de Queiroz

Equipe de produção editorial
Cristiane Maruyama
Liliana Cruz
William C. Cruz

Preparação de texto
Renata Truyts

Capa e projeto gráfico
Mauricio Nisi Gonçalves / Estúdio É

Diagração
André Cavalcante Gimenez / Estúdio É

Pré-impressão e impressão
Prol Editora Gráfica

Reservados todos os direitos desta obra. Proibida toda e qualquer reprodução desta edição por qualquer meio ou forma, seja ela eletrônica ou mecânica, fotocópia, gravação ou qualquer outro meio de reprodução, sem permissão expressa do editor.

NOEMAS DE FILOSOFIA PORTUGUESA

Um estudo revelador de como a universidade é o maior inimigo da cultura lusíada

Miguel Bruno Duarte

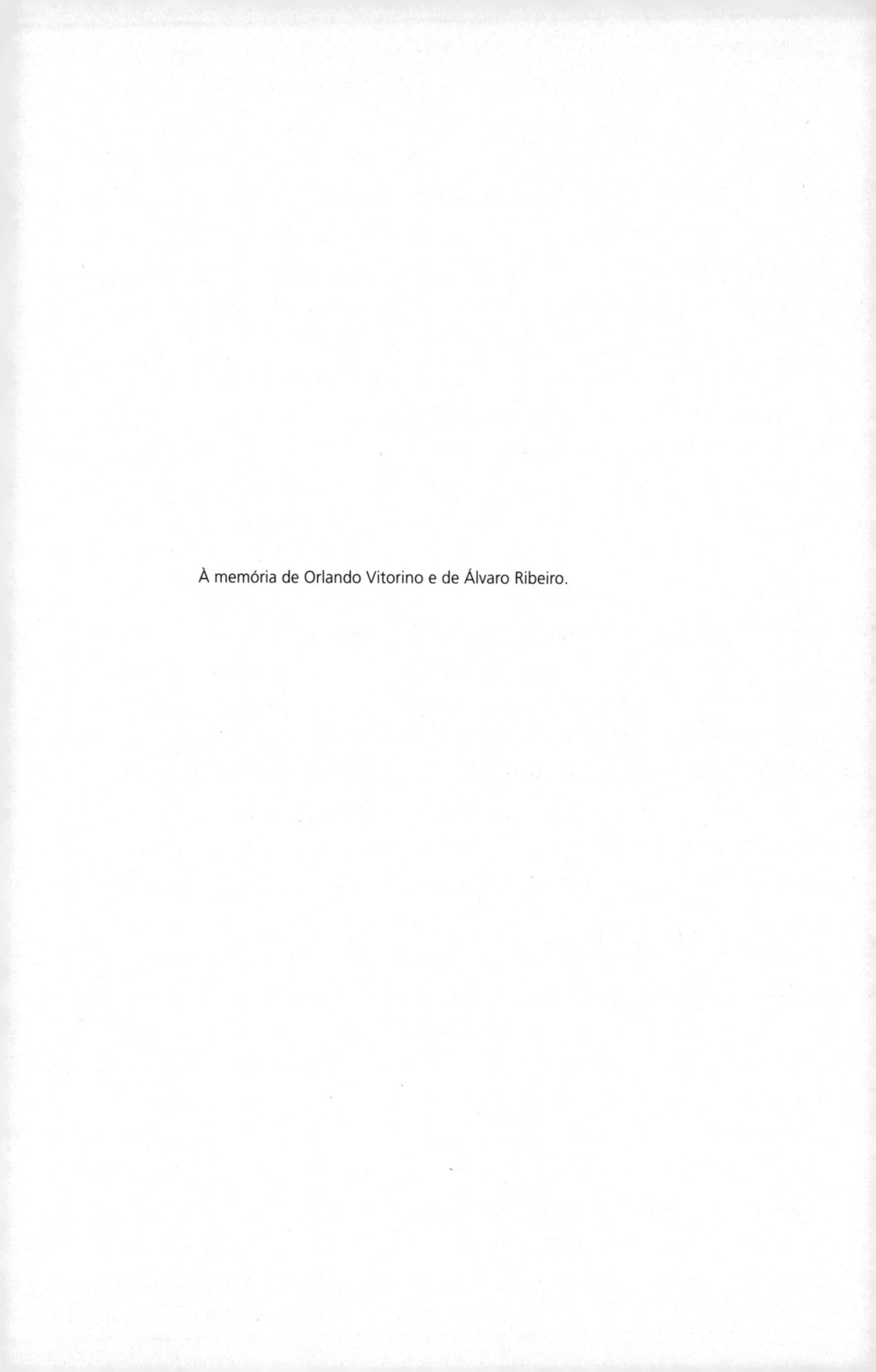

À memória de Orlando Vitorino e de Álvaro Ribeiro.

Sumário

Prefácio a Noemas de Filosofia Portuguesa 9

Prólogo 15

PARTE I – Queda Vertical

Capítulo 1 | A Planificação do Ensino em Portugal 25

Capítulo 2 | A Filosofia Não É uma Disciplina 43

Capítulo 3 | Contra os Universitários 61

Capítulo 4 | A Escola Fixista 67

Capítulo 5 | Oliveira Salazar e a Universidade Pombalina 77

Capítulo 6 | A Índole Heroica do Povo Português 83

Capítulo 7 | A Diplomacia dos Interesses 93

Capítulo 8 | A Universidade Vencida pelo Espírito 113

Capítulo 9 | A Doutrina da Liberdade de Orlando Vitorino 117

Capítulo 10 | Ainda Existe Portugal? 139

PARTE II – Esperança

Capítulo 11 | Pinharanda Gomes e os Conimbricenses 145

Capítulo 12 | Álvaro Ribeiro e o *Organon* de Aristóteles 155

Capítulo 13 | Os Filósofos Portuenses e o Realismo de Aristóteles 165

Capítulo 14 | De Montargil a Estremoz 171

Capítulo 15 | O Papa Português 207

Capítulo 16 | O Taumaturgo Ibérico 221

Capítulo 17 | A Epóptica no Abade Faria 227

Capítulo 18 | Carta de Álvaro Ribeiro para
Henrique Veiga de Macedo (inédito) 235

Notas 241

Prefácio a Noemas de Filosofia Portuguesa

DA FILOSOFIA PORTUGUESA

Filólogo e pensador que merece o epíteto de luso-brasileiro, já que desenvolveu e deixou no Brasil grande parte do seu labor, o português Eudoro de Sousa escreveu algures numa das suas obras:

> Não preciso lembrar que, em certo ponto da escala temporal, o historiador da cultura brasileira teria de enfrentar a cultura ibérica, e daí partir para a cultura europeia, e que, no estado atual dos nossos conhecimentos, só nos deteríamos no berço desta última, situado no mediterrâneo oriental pré-helênico, nas culturas neolíticas pré-cerâmicas da Ásia Menor.

Sim, tem razão Eudoro... É exigível ao intelecto da maturidade humana que tenha consciência das suas raízes. É descabido julgar que podemos ignorar as origens sem perder os fins; e perder os fins é o mesmo que andar irremediavelmente perdido. Assim, hoje, os países do continente americano que vieram a constituir-se como culturas autônomas, interrogam-se sobre as suas raízes europeias, e mais particularmente sobre as suas raízes ibéricas, ou mais particularmente ainda sobre as suas raízes portuguesas, tal como desde já há vários séculos aos portugueses do espaço lusitano tem sido exigido que recordem as suas origens em longínquas paragens do Lácio, do Peloponeso, da Fenícia ou da Arábia.

E quem exige? Nós a nós mesmos, naturalmente.

Ao leitor que agora folheia esta obra direi que foi inteligente ter escolhido interessar-se por uma obra cujo título indica que versa sobre filosofia portuguesa. De fato, onde, senão na filosofia portuguesa, poderá estar o firmamento de ideias, conceitos, juízos e teses que desenha o perfil astral e o destino terreno da Pátria Portuguesa?

Sendo certo, pois foi certificado por Poeta, que essa Pátria se perpetua na Língua Portuguesa, o que os falantes de Português em qualquer parte do Mundo hoje fazem, quando falam, é uma arqueologia dos vestígios logoicos do espírito de um Povo Universal; e a filosofia portuguesa é um testemunho da procura e da atualização possível dessa universalidade. Boa escolha, portanto, para quem se sente movido a cumprir a exigência de se conhecer a si mesmo e às suas origens.

O que é um Povo Universal? A bem da lucidez, esclareça-se: não é um povo imperialista, nem dominador, nem superior... É exatamente o povo que já está para além de tudo isso porque, como peregrino que finalmente se aproxima do templo, já deitou fora os seus últimos haveres para andar mais leve e mais liberto, e apenas aceita como carga as palavras únicas que criou para dizer, ou orar, o que de si dá a toda a humanidade.

DOS NOEMAS

Dizem alguns dos seus discípulos que o filósofo Orlando Vitorino teria em preparação, quando faleceu, um relevante livro, nesta data ainda lamentavelmente por publicar e, esperemos, talvez ainda em futuro incerto a ser publicado, cujo manuscrito ostentava o título "Teses da filosofia portuguesa". Miguel Bruno Duarte, que aqui deixa invocada expressamente, na dedicatória, a memória do mestre, dele e da sua gesta se quis manter perto com estes "noemas de filosofia portuguesa".

E logo na primeira frase do Prólogo esclarece: "Por noema entendemos a expressão lógica e intuitiva da plenitude do espírito". Justifica-se o intento e o cuidado de definir o termo, já que este não é bafejado pela notoriedade de frequentes referências em escritos eruditos nem pela vulgaridade que resultaria da presença em conversa comum.

O noema, como outros vocábulos raros ou em desuso, advém de uma experiência psíquica fragmentada e diluída no tempo milenar em que a cultura humana se estende. Tal como um antepassado muito remoto, de que perdemos tudo menos a memória da própria existência, este vocábulo requer o testemunho de quem dele se lembra, para podermos recuperar, se tal for possível, o que nos tenha deixado de obra ou traço genético.

Ora, se tivermos o nobre intuito de acompanhar o autor no seu desejo, também logo no Prólogo expresso, de compreender o que seja a entidade espiritual que é a Pátria Portuguesa, a tal não chegaremos nem bastará a leitura da obra, se nenhum noema nela implícito ou explícito nos tocar!... Requer-se, pois, ao leitor que, a par do usual exercício de leitura raciocinante, que segue e acompanha os tópicos e a sua argumentação, se mantenha atento ao que o possa espantar – sim, já que é o espanto que nos interrompe o fluxo discursivo e nos exige meditação, ou, melhor ainda, mediação.

Aquele a que Dante chamou "mestre dos que sabem" diz, na sua *Metafísica*, 12.1074b, 30:

τὰ δὲ περὶ τὸν νοῦν ἔχει τινὰς ἀπορίας
o percurso pelo "nous" (ideamento) tem várias aporias.

Como o leitor se apercebe, o Filósofo menciona aqui o "nous", que é a susbtantivação do verbo *noein*, que descreve um movimento intelectivo que vulgarmente se traduz por pensamento. Mas aqui, preferi indicar "ideamento", já que pensar, no nosso mais vernáculo falar, é pesar, ou seja, é um movimento descendente e explicativo. Ora, aqui, o percurso que se menciona é claramente ascensional, intuitivo, que procura formas e, porventura, ideias, cuja contemplação pode, até, deixar-nos "sem palavras". Por isso, tem este percurso "várias aporias" – momentos de silêncio, de espanto, semelhantes a becos sem saída no fluxo normal do raciocínio.

Aristóteles faz a análise de algumas dessas aporias e, seguindo com ele, podemos apurar o significado exigente e quase sublime que devemos atribuir ao noema, mónada intelectiva que o "nous" apreende e guarda como centro irradiante de uma teia de juízos significativos e articulados ou articuláveis entre si... É em torno de alguns noemas que se desenvolvem os vários temas deste livro. Esses noemas gravitam numa constelação que é o perfil pátrio que Miguel Bruno Duarte toma por ponto cardeal de toda a obra.

Mas não podemos esquecer que o ideal e o pensar são formas de agir do intelecto, e devem ser meditados também quanto às possíveis determinações que este verbo categorial – agir – lhes impõe...

Todos concordamos que "agir" pressupõe um princípio e um fim, isto é, um motor e um motivo. Cabe, pois, a cada um que pensa, na sua recôndita subjetividade, assumir a solitária responsabilidade de identificar o ente ou movente que é, afinal, o motivo ou o motor dos pensamentos que lhe perpassam pela mente. Pela sua inferior ou degradada natureza, pode o motor, ou o motivo, desviar pensamentos para o erro, a mentira, a malícia, a falsidade. Para nossa surpresa e desgosto, não podemos tomar, incondicionalmente, todos os nossos pensamentos por intrinsecamente nobres, nem constantemente virtuosos, nem sempre verdadeiros.

No entanto, na medida em que não é audível aos outros, o nosso pensar ou falar interno escapa ao juízo alheio. Ficamos sós perante o nosso próprio pensamento e, quem sabe, porventura indefesos perante o encanto do que dizemos a nós mesmos, ardis armados por motores ou motivos inconfessos, que nos espreitam dos confins da nossa alma.

Interrogou então o Filósofo – e, como ele, interrogamo-nos nós hoje, e interrogaremos amanhã – o que posso considerar e tomar por benigno movente do meu pensamento e do pensamento humano em geral?

Aristóteles, como verdadeiro discípulo de Platão e verdadeiro heleno, responde que será o pensável; e este, no seu auge, é entendido como o Motor Imóvel.

Eis, então, a Ideia Suprema. Ideia? Sim, pois que é visível, ou noética. Para ser audível, teria de não ser Imóvel, e esse pensável audível, do sopro do Espírito, é o Divino próprio dos semitas, não dos helenos.

Um noema é, pois, uma semente ou semântica desse pensável, que devém pensado por noese; a noese é um movimento do intelecto sem a intervenção errônea de motor ou motivo que se mova nas sombras do esquecimento e da ignorância que cada um traz consigo. Compreende-se então o segredo dos medievais, que tão afortunadamente cingiram a experiência e a vivência do ver e do ouvir – perante o pensável visível ou audível, que já se identifica como Espírito e como Santo, o intelecto humano não age, padece.

Assim, um noema, dito ainda de outro modo, é o que percebemos pela intuição metafísica que Kant julgou impossível; obviamente, ao dizê-la impossível, Kant expunha, nesse juízo, o seu próprio, e principial, noema: é impossível, ao intelecto humano, chegar ao noema pela vontade, que é como quem diz, agindo!

A todos os que julguem o contrário, a filosofia portuguesa afirmará que Kant tem razão – todo o voluntarismo termina onde termina a razão.

Mas a todos os que sabem que o noema é possível, a filosofia portuguesa saúda fraternalmente e reafirma: todo o noema é vidência ou audiência, em suma, ato da consciência dado pela graça divina. Não se alcança pela Vontade, mas recebe-se pelo Amor.

Tendo isto presente, poderá o leitor entender que Miguel Bruno Duarte, apesar de deixar explícitas algumas das causas da lastimável decadência de um país que, nas suas palavras, "tudo perdeu", não tem um discurso derrotado ou ressentido. Na sua íntima visão da perpetuidade do movimento pátrio, tudo o que é visível irradia uma mesma luminosidade que, para lá do espanto e do silêncio, só pode chamar-se Esperança.

João Seabra Botelho

Prólogo

Por noema entendemos a expressão lógica e intuitiva da plenitude do Espírito. Ora, cabe agora, por virtude do noema, considerarmos um povo que tudo praticamente perdeu. E perdeu não apenas como gênero ou como nação que fora, mas sobretudo como ideia que de si próprio, enquanto entidade espiritual, formara num tempo que não é deste mundo. No mesmo sentido, porém, já alguém o fizera num dos poucos números da revista *Escola Formal*, vindos a lume, mais coisa menos coisa, um triênio após a revolução socialista de 1974. Tratava-se de uma revista que continha em si o ideário da filosofia portuguesa, ou, se preferirmos, de uma revista que, sublimando o princípio da liberdade, procurava mostrar aos portugueses, ou àqueles que porventura ainda fossem capazes de pensar como portugueses, que o totalitarismo que então se fazia sentir era, como na atualidade, o maior perigo que enfrentavam.

Ontem como hoje, não obstante as constantes alterações de ordem técnica e político-econômica, tudo permanece praticamente inabalável. Isto é: permanecem as mesmas hierarquias, as mesmas famílias, o mesmo estatismo poderosamente controlador da vida pública e privada, um sistema eleitoral que, manipulado pelos partidos políticos, esmaga, na mais profunda injustiça, toda a existência individual e coletiva de um povo, enfim, um esquerdismo instalado em todos os setores públicos e privados, sejam eles de natureza econômica, cultural ou outra.

No fundo, tudo se passando sob a continuada presença do socialismo, que agora, além de formalmente democrático, quer obrigar os portugueses a adotar, custe o que custar, o modelo industrial que a Europa Nórdica tem imposto ao mundo e, mais particularmente, à Europa do Sul. E tudo levado ao extremo, para infelicidade nossa, em nome da liberdade e do progresso científico. Uma organização, portanto, totalitária, apoiada na demagogia de um tacanho socialismo feito para as massas, e a que não é estranha, como parte indispensável da mesma, uma estrutura censória sem rosto.

Ninguém pode hoje dizer, no pleno exercício da sua razão, estar à margem desse processo. Quando muito, pode dizer, sendo este o nosso caso, que escapou, do ponto de vista espiritual, ao peso esmagador de uma sociedade totalitária que nega e proíbe a livre existência dos seres individuados. Integrados ou, melhor ainda, absorvidos pela comunidade que, segundo o marxismo, se define como um "ser genérico", a sua existência não passa, com efeito, de uma ilusão, ou até mesmo de um vazio em que os indivíduos propriamente ditos, na sua singularidade, dão lugar a um único ser, concebido como mero conjunto, coleção ou coletividade de todos os seres humanos.

E por que dizemos nós que escapamos do ponto de vista espiritual, já que, no que à economia e à política respeita, não há ninguém que possa ficar à margem dos efeitos dramáticos e agônicos do presente totalitarismo? E a resposta resume-se simplesmente a isto: escapamos porque tivemos a felicidade de descobrir a filosofia portuguesa. E descobrimo-la, ela e o espírito sutil que a anima, por laços que o destino estabeleceu em termos geográficos, que mais diríamos de oportuna vizinhança. Numa palavra: Miraflores.

Sabemos que Álvaro Ribeiro, durante os anos 1970, vinha a Miraflores. Sabemos também que com ele, ou a par dele, vinham algumas personalidades da filosofia portuguesa, tais como Afonso Botelho, Orlando Vitorino, Antônio Telmo, Pinharanda Gomes, entre outros. O que, aliás, se tornara possível graças a Luís Furtado, um dos discípulos do filósofo portuense, que então punha sua casa à disposição dos mestres de portugalidade.

Nós não chegamos a conhecer pessoalmente Álvaro Ribeiro, pois estávamos percorrendo, nessa altura, os primeiros anos de vida. Mas conhecemos, felizmente, Luís Furtado, alguns anos mais tarde. Mais: conhecemo-lo, não sob a consciência direta e manifesta do que fosse a filosofia portuguesa, mas sob o encanto que o esoterismo exercia sobre quem passava então pela fase da adolescência.

Doravante, a regra de ouro, por nós adotada, seria a de que o esoterismo, superiormente considerado, estava para o pensamento filosófico tal como, em uma época remota, o mito estivera para a tragédia grega. Surgira assim, em uma primeira fase, a teosofia, através de autores como Eduard Schuré, Madame Blavatsky, A. P. Sinnet, P. D. Ouspensky, Rudolf Steiner, logo seguidos, em uma outra linha, por René Guénon, Julius Evola, Titus Burckhardt, Frithjof Schuon, Gershom Scholem, entre outros. Tudo se passando, diríamos, no decorrer de um ritmo que ia, a pouco e pouco, convergindo com as obras de Ravaisson, Boutroux, Hamelin e Bergson, ou seja, aquelas mesmas obras que, havendo já influenciado, por via leonardina, o pensamento de quem frequentara a Faculdade de Letras do Porto, chegava agora até nós por intermédio de quem, por sua vez, as recebera do mestre dos que sabem. Em suma: de Álvaro Ribeiro a Luís Furtado, e deste até nós, assim se cumprindo a esotérica transmissão de uma doutrina filosófica que se vai perpetuando sob a inspiração da obra lógica e metafísica de Aristóteles.

Porém, a consciência de que assim fora, só mais tarde a tivemos, sobretudo no que diz respeito a Álvaro Ribeiro. Para dizer a verdade, o nosso percurso iniciático, desde o esoterismo ao aristotelismo, tivera por base, ainda antes de conhecermos Luís Furtado, as artes marciais com todo o seu orientalismo inerente. O encontro, portanto, com o pensamento alvarino viria sob a forma de uma coincidência, aqui se entendendo esta em um sentido bastante próximo do que Deepak Chopra, em *As Sete Leis da Realização Espiritual*, designou por *sincrodestino*.

Por conseguinte, duas personalidades nos levaram, por via indireta, mas não menos significativa, a esse encontro: Orlando Vitorino e Antônio Quadros. O primeiro por meio de seu prefácio ao *Ensaio sobre a Liberdade*, de Stuart Mill; o segundo pela inacabada obra *Portugal, Razão e Mistério*.

Das duas personalidades, a que mais influência exerceu sobre nós foi, sem dúvida, a de Orlando Vitorino. Mas a que se deve, afinal, a sua influência, também ela direta e pessoal? Em primeiro lugar, o ter, naquele prefácio, referido a existência da filosofia portuguesa; e em segundo lugar, porque, no mesmo prefácio, chamara a nossa atenção para José Régio, mais propriamente para a distinção que ele, com "o cuidado e a segurança que lhe são peculiares", fizera sobre os nossos maiores "escritores de ideias", a saber: Antônio Sérgio, Oliveira Salazar, José Marinho e Álvaro Ribeiro.

Perante estes, entramos de imediato no pensamento de Oliveira Salazar e de Álvaro Ribeiro, sem jamais, com isso, desvalorizarmos os restantes, especialmente no que com José Marinho se relaciona. Resultado: um novo mundo nascera, um mundo que, há de reconhecê-lo, estivera sempre dentro de nós, ou de nós, se assim o quisermos, fizera parte até ao momento em que despertou e ganhou forma: o mundo português. Um mundo, dir-se-ia ainda, de claras e notáveis diferenças no ser, no sentir e no pensar, como as que encontramos entre Oliveira Salazar e Álvaro Ribeiro. Diferenças que, para mais ainda, permitem não confundir um com o outro, da mesma forma que todos os indivíduos, sem exceção, trazem em si o que de profundamente único e peculiar os pode e há de caracterizar enquanto seres espirituais.

No decorrer destas palavras, há provavelmente quem, no seu precipitado juízo, nos veja como que solidarizando a filosofia portuguesa com o salazarismo, como, aliás, já Eduardo Lourenço, no pós-25 de abril, fizera nas páginas em branco de *O Labirinto da Saudade*.

E como também, não o esqueçamos, o fizera igualmente Prado Coelho ao apontar Antônio Quadros como anticomunista aos facínoras do então neototalitarismo gonçalvista. Desenganem-se, porém, os obstinados e os fanáticos da agressão ideológica, pois o que aqui mais importa é elevarmo-nos ao plano do pensamento que jamais se compraz, seja em que circunstância for, a negar o direito de existência do povo português.

Nesse sentido, assim o pensara Antônio Quadros, como facilmente se pode observar nos textos de intervenção e de polêmica que incluiu no livro *A Arte de Continuar Português*, todos dignos, por seu lado, de serem lidos como chamada de atenção para o antiportuguesismo dos nossos intelectuais e universitários, como exemplarmente o provam os artigos de João Medina, em que aparecem expressões como: "somos poucos, somos muito pouco, somos quase nada, somos nada" ou "somos um povo sem pensamento". E, para mais ainda, textos que, em abono da verdade, mantêm a sua atualidade em aspectos tão amplos como o da União Ibérica, a qual, enquanto tese, fora já perfilhada, em um passado recente, pela visão fatalista e derrotista de Oliveira Marques.

Todavia, a origem desse processo, revelado perspicazmente por Orlando Vitorino no já referido prefácio à obra de Stuart Mill, só se compreende se tivermos em conta a idiossincrasia e o condicionalismo social que fazem dos nossos escritores uma classe pronta a refletir toda a espécie de preconceitos. Preconceitos, diga-se de passagem, com os seus efeitos negativos na literatura e na cultura genericamente considerada, se para tal verificarmos que quase todos os escritores são recrutados na pequena e média burguesia, ou, para irmos ao encontro da gíria corrente, no que se designa por classe média. Os tais escritores, portanto, que passam a exprimir "o pavor pela vida de pobreza e miséria do proletariado", bem como "a repugnância pelos consequentes costumes e moralidade". Os tais escritores que, acima de tudo, iludem ou sublimam, a par da sua formação universitária, já de si reduzida a uma atividade formalista, superficial e repetidora, os degradantes processos por demais conhecidos da produção cultural, e que só o são, ou só se apresentam como tal, porque dominados por um falso socialismo "denunciador de todas as injustiças sociais".

"Nada – no dizer de Orlando Vitorino – mais apto, na origem e na formação, ao domínio dos preconceitos e dos formalismos. Nada pois mais fácil do que verificar a observação, atribuída a Antônio Sérgio, de que 'em Portugal a classe mais estúpida é a dos intelectuais'". Nada, enfim, mais pertinente do que o livro que agora apresentamos para assim confirmar o que muitos ainda teimam em reconhecer.

Neste livro, também decidimos incluir alguns artigos por nós já publicados, a maioria deles na revista *Teoremas de Filosofia*, fundada e dirigida por Joaquim Domingues. Em todo caso, alguns desses artigos surgem aqui alterados, quando não acrescidos de novos conceitos e ideias. No seu conjunto, tratar-se-á sobretudo de uma reflexão sobre Portugal, que quisemos ver o mais atualizada possível, ainda que, como certamente se compreenderá, contra ventos e marés nada favoráveis ao *talent de bien faire*.

Ventos e marés, para só dar um exemplo, particularmente presentes em uma historiografia de influência positivista e marxista, em que figuras como o Marquês de Pombal, com tudo aquilo que, no pior sentido possível representou para Portugal, continuam a ser interpretadas segundo uma imagem de prestígio que nunca tiveram, ou sequer personificaram. Dado isto, como encarar as afirmações de Joaquim Veríssimo Serrão, no contexto da sua biografia sobre *O Marquês de Pombal?*: "Longe de se idolatrar 'o governante excepcional' ou de se amarrar ao pelourinho o 'tirano brutal', impõe-se ao historiador do nosso tempo encarar um homem, como o Marquês de Pombal, pela grandeza e durabilidade da sua obra ao serviço da Nação". E mais adiante, nas palavras com que praticamente encerra o prefácio do seu livro: "O Marquês de Pombal há de ficar como um dos 5 ou 6 estadistas de craveira superior que ao longo de 800 anos orientaram os destinos de Portugal". Como encará-las, perguntávamos nós? Simplesmente dizendo que a história, ocupando como ocupa um lugar preponderante no meio universitário, carece dos princípios e das bases teóricas que só a reflexão filosófica lhe pode dar.

Por outras palavras, o que queremos dizer é que a história, para não cair no juízo sem conceito, ou até no espírito de glorificação, como as duas últimas passagens acabaram de mostrar, carece, portanto, do pensamento, sem o qual toda a narrativa não passa de uma sucessão de fatos ou acontecimentos no domínio do contingente, ou do simplesmente arbitrário. Resumindo: carece do que, transcendendo a multiplicidade dos fatos reunidos, documentados, comparados e observados, surge como manifestação e desenvolvimento do Espírito no tempo.

Ora, com o Marquês de Pombal uma coisa é certa: a filosofia, como com ele aprenderam, por herança, quase todos os políticos que desde então oprimem o povo português, é o inimigo a abater. Por isso, irrisória se mostra a respectiva historiografia que hoje, sempre por via universitária, cresce a olhos vistos, mesmo quando se pretenda situar entre os extremos, isto é, entre os pombalinos e os antipombalinos. Uma pretensão, como acabamos de ver, presente em um autor conceituado como Veríssimo Serrão, e que, aliás, ganha forma atual através de autores como José Eduardo Franco e Anabela Rita, como se pode observar no livro que, em coautoria, deram a lume sob o título de *O Mito do Marquês de Pombal*.

Neste último caso, também não passa despercebido o peso que o positivismo continua a ter entre nós, não obstante, no livro em questão, haver da parte dos autores o intuito, em alguns pontos acertado, de desmistificar inúmeros aspectos relacionados com o confronto ideológico criado à volta de Pombal. Assim, temos, por um lado, a mitificação maçônica de um déspota que muitos quiseram ver erguido, quando das comemorações do seu primeiro centenário (1882), em paladino da liberdade e da democracia. E temos, por outro, a par de certos setores católicos, a reação contrária protagonizada por Camilo Castelo Branco, mais particularmente no seu *Perfil do Marquês de Pombal*, em que põe a nu, de uma forma literária e singularmente genial, a instrumentalização dos festejos pombalinos como o absurdo dos absurdos. E bem, a nosso ver, na medida em que grande parte da história, ontem como hoje construída à volta de Pombal, é uma das maiores falsificações, com consciência ou sem ela, imposta por intelectuais e historiadores de arraigada pretensão crítica e científica.

Da nossa parte, imunes que estamos ao contágio da Universidade, e por conseguinte inteiramente livres para pensar e transcender a história positivista, propomo-nos aqui, entre outros aspectos, demonstrar até que ponto as estruturas econômicas, políticas e culturais da atualidade continuam a ser as que herdamos do "Nero Português". Uma demonstração, convenhamos, que se distancia profundamente das que, para dar mais um exemplo, vão eventualmente emergindo na linha igualmente historicista de um Miguel Real, para quem, no livro intitulado *O Marquês de Pombal e a Cultura Portuguesa*, depois de reconhecer o predomínio da estatização pombalina até à atualidade, diz algures, em um flagrante contrassenso, que a Universidade, sendo o que dela fizeram os Estatutos de 1772, deixou de o ser a partir do 25 de Abril. Mas, estando nós particularmente atentos ao que desde então se passa em Portugal, e sabendo o que a maioria, numa ignorância contente de si, não quer, não sabe e não pode ver, resta-nos apenas dizer que o pensamento, por natureza inabalável perante os frágeis alicerces de uma historicidade passadista, afirma, com toda a naturalidade, o que as coisas são, para, em última instância, ascendendo ao dever-ser, as transcender como movimento espiritual que é. Em suma: o pensamento é movimento ou, melhor ainda, o pensamento é o movente.

Agora, esclarecido o leitor, vamos, finalmente, ao que mais importa.

PARTE I

Queda Vertical

A política socialista, ininterruptamente prosseguida desde o veiga-simonismo, deixou, pois, ficar incólume o ensino superior, ou a universidade. Mas já ele havia ficado incólume durante todo o salazarismo. E, antes do salazarismo, durante o republicanismo. E, ainda antes, durante todo o liberalismo da monarquia. De modo que o nosso ensino superior é, substancialmente, o que dele fez o Marquês de Pombal, orientado pelo pensamento iluminista da época, cujos principais representantes – Verney, R. Sanches, Castro Sarmento – são ainda hoje enaltecidos, através dos panegíricos de A. Sérgio e semelhantes, por epígonos de menor saber que se denominam de progressistas. Ao mesmo tempo, ignora-se, ou faz-se ignorar a linha mais sábia e mais original do pensamento pedagógico e didático português, aquela que, preconizando que a organização do ensino se deduz da filosofia que Pombal e os pombalinos de ontem e de hoje decretaram ser "abominável", culminou em Leonardo Coimbra e se prolonga até os nossos dias nas obras de Delfim Santos, Santana Dionísio, José Marinho e Álvaro Ribeiro.

Orlando Vitorino,
Exaltação da Filosofia Derrotada

Capítulo 1 | A Planificação do Ensino em Portugal

Entre nós, raríssimos têm sido os ensaístas que ousaram denunciar o caráter complexo e arbitrário dessa planificação. É o caso de Ernesto Palma, embora a nosso ver e muito bem, a descreva como parte de uma mais vasta planificação que denomina cultural, e cujos meios, além da estatização do ensino, são "o controle dos órgãos de expressão pública e o monopólio do reconhecimento social".[1] Contudo, a sua origem, dificilmente perceptível por quem se deixou enredar nos meandros da filosofia moderna – toda ela triunfante nos meios universitários –, pode ser encontrada nos esquemas impostos pela produtividade industrial, ou, para nos pormos em consonância com Orlando Vitorino, na subordinação das categorias econômicas ao industrialismo, de que sobressai, inevitavelmente, a respectiva incompatibilidade com as formas desinteressadas do saber e da arte.[2]

Neste sentido, ignorando o que seja a educação, os economistas do presente afirmam ser ela um fator indissociável do crescimento econômico, quer dizer, a educação para eles nada mais é senão o meio de produzir o que se convencionou designar por "capital humano", o que por miúdo significa a quantidade de esquemas técnicos obtidos pela "força de trabalho".[3] Para os economistas, assim como para os políticos deles dependentes, bem como para o crescente número de pedagogos incapazes de resistir a esse processo, o critério de avaliação daquela "força de trabalho" está, pois, na respectiva capacidade de produção, esta última sempre pesada, contada e medida segundo um padrão exclusivamente economicista. Trata-se, afinal, de algo que nada tem que ver com a educação, uma vez que aquele processo passa pela imposição, deveras contraproducente, de uma escolaridade sem fim à vista, o que contraria, aliás, a tradição portuguesa da velha sabedoria das barbas brancas.[4]

No âmbito da pedagogia, mais propriamente da pedagogia subordinada à política, convém lembrar a concepção que Antônio Sérgio tinha de escola: a de uma oficina capaz de preparar técnicos para o trabalho industrial, que, por sua vez, surgia como um fator indispensável do progresso econômico e da melhoria do nível de vida. Ora, essa concepção está, de certo modo, patente na mentalidade dos administradores de cultura atualmente responsáveis pela degradação do nosso sistema de ensino, não obstante, justiça seja feita, a superioridade mental de Sérgio em vários aspectos do seu ideário escolar, como, por exemplo, o do ensino enquanto criação mental, não reduzido à utilidade social e econômica, ou o do estudante entendido como um ser consciente e livre, contrapolar ao indivíduo passivo e mero acumulador de conhecimentos técnicos e profissionais.[5] Em suma, ao repúdio pela luta de classes, sempre preterida em prol da constituição de uma mentalidade cooperativista e conciliadora de patrões e operários. Quão distante, porém, se encontra esta concepção do ideário nacionalizante preconizado pela *Renascença Portuguesa*, de que Sérgio fez parte, e que explica, ante a atividade agrícola e financeira, o seu preceituar da solução industrial, que traz e revela em si o imperativo de cientificar a economia e industrializar a escola.[6]

Insiste-se hoje, mais do que nunca, na necessidade de adaptar o "capital humano" às constantes e rápidas transformações da sociedade tecnológica. E quem senão a escola – sempre olhada com desdém por economistas e empresários quanto à sua verdadeira missão de "instruir, educar e criar portugueses"[7] – estaria em melhores condições para, em termos utilitários, poder ser transformada de modo a recrutar e preparar aquele "capital humano"? Chegados a este ponto, onde tudo se dispersa e esvazia de sentido, resta-nos apenas assistir a um triste espetáculo protagonizado pela instituição universitária, sempre pronta a reclamar para si a verdade científica e a condenar à morte civil toda e qualquer manifestação, por mínima que seja, de pensamento individual.[8]

Para sustentar o atual estado de coisas, a Universidade pretende, em primeiro lugar, apoiar-se na ciência, e, em segundo, nos estudos históricos e sociológicos. Relativamente à ciência, entende-a como um conjunto interminável de experimentações com vista a obter resultados de utilidade prática, o que por si mostra até que ponto ignora o papel crucial das categorias do pensamento na atividade científica.[9] A verdade inerente a esse tipo de atividade não está, ao contrário do que se pensa, garantida na aplicação e experimentação de novos métodos, técnicas e instrumentos laboratoriais, mas, sim, na descoberta da especificidade categorial permanentemente solicitada por uma investigação que, na sua essência, de útil nada tem, ou, sequer, aparenta ter. Recordemos que foi Aristóteles quem logo estabeleceu a *ordenação decimal* das categorias, propiciando, desse modo, que à totalidade distinta do real fossem igualmente correspondendo distintas ciências, cada uma com sua terminologia, naturalmente determinada por novas modalidades categoriais.[10]

No tocante aos estudos históricos e sociológicos, temos à vista a respectiva vulgarização no ensino universitário, em detrimento, claro está, dos estudos psicológicos,[11] filosóficos e teológicos. Dos gêneros historiográficos mais praticados, destaca-se precisamente aquele que, no mais perfeito acordo com a lei positivista dos três estados e, mais que tudo, com o materialismo dialético, impõe uma história das ideias sociais e políticas, instauradora, como sabemos – em especial pelo seu poder sugestivo –, de uma mentalidade que se faz e se quer socialista. A par disso, a sociologia reinante há de necessariamente consolidar, no dizer de Álvaro Ribeiro, uma definição de política como "a técnica de administrar as coisas, em vez da arte de governar os povos", o que dela faz – da sociologia, convenhamos – uma falsa ciência.[12]

***

Vejamos, agora, que, muito para além da historicidade social e política, existe uma Filosofia da História, ela, sim, praticamente desconhecida, quando não desprezada, no meio universitário, mas tantas vezes afirmada e demonstrada por pensadores portugueses da estirpe de Antônio Quadros.[13] Daí que a nossa Universidade positivista e marxista continue a ensinar uma história da filosofia que, ora reduzida a uma história das ciências, como exige o positivismo, ora envolvida nas mais díspares ideologias políticas, como quer o marxismo,[14] impeça àqueles que a frequentam de "contemplar o aspecto sincrônico e diacrônico dos problemas filosóficos", pois a História da Filosofia, na sua verdadeira acepção, "é um conjunto de teses, e não uma série de escritos nem uma legião de escritores".[15] Trata-se, pois, neste último caso, de uma história intelectual e racional, de que sobressai, aliás, o pensamento a-histórico, tal como nos ensina Aristóteles quando afirma que "a poesia é algo de mais filosófico e mais sério do que a história, pois refere aquela principalmente o universal, e esta, o particular".[16]

Paralela à vulgarização de uma historiografia hostil à verdade nacional, vai prevalecendo a noção errônea de que o ensino tradicional é um ensino livresco, quando aquilo que observamos à nossa volta nos mostra que a verdade é outra, principalmente se atendermos ao crescente número de livrarias e bibliotecas tendencialmente especializadas, para não dizer munidas, como impõe a internacionalidade, de novos artifícios didáticos e lúdicos decorrentes da tecnologia dominante. Sabem, porém, os aristocratas do espírito que, acima do *método de autoridade*, a verdadeira escolástica sempre admitiu e preconizou o *princípio da verdade*. Por isso, contra os que reduzem o ensino tradicional a um ensino verbalista, reparou Álvaro Ribeiro que *ouvir*, *aprender* e *cumprir* são três momentos que "não caracterizam o ensino medieval, mas representam com fidelidade o ensino tipicamente moderno".[17]

Do cumprir ao obedecer, sem qualquer espécie de reserva mental, eis ao que está condenada a maioria dos recém-licenciados quando, desesperados por falta de emprego, se veem obrigados a frequentar cursos de duvidosa qualificação profissional. Com isso, mostra o socialismo que a planificação do ensino se integra num domínio mais vasto: o da sociedade submetendo o indivíduo às suas diretrizes totalitárias. Explicável se torna então que aqueles pobres e infelizes licenciados, no momento em que se apercebem da sua dependência diante dos cursos, das bolsas e dos subsídios do Estado, começam a pressentir que a sua vida, ficando à margem de uma deliberação pessoal, é o resultado das arbitrárias determinações do poder político.[18]

Sob a direção de uma política a que o socialismo lança o epíteto de social, surge o Ministério do Trabalho como o organismo estatal encarregado de pôr em prática o destino e a posição social de cada indivíduo na sociedade planificada em que vivemos. Ao seu serviço estão assim os Centros de Emprego, que recrutam a massa de desempregados e licenciados que vão depois, arbitrariamente, frequentar estranhas e inúteis "ações de formação", por um lado dadas nos centros profissionais tutelados pelo Estado e, por outro, nas associações e institutos privados de ordem empresarial, que em último caso procuram, mediante protocolos, existir à sombra do poder político centralista. Tais ações, em grande parte financiadas – a título estratégico – pela União Europeia, tendem a concentrar os seus esforços na preparação da "força de trabalho" para o que correntemente se designa por "Sociedade da Informação", ou seja, produzem a ilusão de que a adaptação pura e simples às rápidas e constantes inovações tecnológicas trará, por acréscimo, ineslutáveis benefícios ao tão apregoado bem-estar social e econômico.

Desse modo, a par do fenômeno da internet e das dezenas, senão centenas, de escolas profissionais votadas à qualificação de técnicos prontos a ingressar no mercado de trabalho, estão os cursos – homologados pelo Instituto de Emprego e Formação Profissional – repletos de programas informáticos no plano curricular, saltando à vista o estrangeirismo com que são designados: *Word*, *Excel*, *Power Point*, *Flash*, *Dreamweaver*, etc. Espetáculo medonho e desolador são as horas e os dias a que se sujeitam, frente a um monitor, os escravos da era tecnológica. E menor não é o espetáculo daqueles que assim os dirigindo, condicionam, na mais pura ignorância do que seja a cultura, o culto e a civilização, o tempo e a existência dos seres individuados.

Aos agentes encarregados de planificar os cursos profissionais vem sido atribuído o nome de "formadores", pelo que, ao verdadeiro educador, a palavra *formar*, desvirtuada na sua significação mais profunda, aparece aqui somente designando, de acordo com Álvaro Ribeiro, uma atividade industrial.[19] Sendo essa tarefa regulada por decreto, isto é, estando ela condicionada por disposição ministerial[20] – nomeadamente no que toca à respectiva certificação –, fica desde logo assente uma intenção que se quer alheia à maiêutica socrática, esta, por natureza, inerente ao mundo invisível e secreto da alma. Por conseguinte, as "ações de formação", como a própria cacofonia permite entrever, confinam-se a substituir a *diversidade* anímica pela uniformidade aniquiladora do princípio de individuação, expressa, sobretudo, nos artifícios didáticos (meios audiovisuais) e nas técnicas de socialização grupal.

Cresce exponencialmente o número de gente inapta a querer frequentar "cursos de formação de formadores", sem os quais não é possível obter e renovar o "Certificado de Aptidão Profissional", como se o ato de *educar* e *formar* estivessem ao alcance de qualquer um.[21] Se, apesar de tudo, na prática do dia a dia tal se vem proporcionando nesse sentido, não é de educação que se trata, mas, sim, de uma planificação econômica paralisadora do ensino, principalmente se atendermos ao fato de este, na sua generalidade, estar hoje reduzido a estreitos critérios de ordem técnica e profissional. Asfixiada a liberdade artística, científica e filosófica na sua mais genuína autenticidade, há de apenas prevalecer um atroz e tacanho cientismo cujo universo não vai para além do reino da quantidade, todo ele edificado em representações, figuras e movimentos simples.

Daqui às provas de ingresso nas carreiras profissionais do Estado vai um pequeno passo, pois são elas elaboradas segundo esquemas bastante acessíveis à mentalidade medíocre, logo aptos a serem rapidamente respondidos e, mediante meios informáticos, mecanicamente corrigidos.[22] Se ainda quisermos ver mais fundo, essas provas revelam em si uma marca indelével no modo como foram estruturadas, o qual consiste em sugerir que a vida econômica, inteiramente planificada pelo Estado, surge como um sistema a que não nos devemos furtar, porquanto é ele quem define e dirige a economia, ora fiscalizando as suas próprias empresas, ora intervindo nas que foram constituídas para fins particulares, servindo-se, para o efeito, do condicionamento legislativo no domínio dos impostos, da Segurança Social, etc. Convém, por isso, notar que a aceitação generalizada da planificação econômica na vida cotidiana das pessoas, é, como demonstrou o economista Friedrich Hayek, o resultado de uma hábil, esmagadora e poderosa propaganda socialista.

* * *

Banido e destituído o pensamento, somente resta uma cultura socializada em que o Estado matriarcal, ansioso por envolver e absorver tudo o que se manifesta na ordem do singular, intervém e controla a seu bel-prazer. Por esse processo e em nome da língua e da cultura portuguesas, executam os Ministérios dos Negócios Estrangeiros, da Educação e da Cultura uma planificação adotada em função de interesses políticos, de que são expressão máxima os programas e as bolsas de estudo dadas por institutos deles dependentes. Não esqueçamos que em sintonia com a política oficial desses institutos – caso do Instituto Camões –, desempenham um papel de relevo as fundações instituídas a título particular, como a Gulbenkian, a Fundação Oriente, a Fundação Mário Soares,[23] etc. Finalmente, dominando essa planificação a nível nacional, emergem as organizações internacionais com seus programas comunitários (Leonardo da Vinci, Sócrates, etc.), a partir dos quais se pretende, académica e profissionalmente, dirigir a massa trabalhadora dos países europeus, conforme consta dos numerosos guias de informação que, produzidos pela Comissão Europeia, circulam nas nossas universidades, bibliotecas e institutos públicos.[24]

Foi há mais de dois séculos que Portugal viu a centralização do poder estatal com a feroz e calculada liquidação da Nobreza e da Companhia de Jesus, levada a cabo pelo Marquês de Pombal. Seria na sequência da transferência das missões ultramarinas para o Estado, até então a cargo dos jesuítas, assim como do atentado ao rei D. José, que o Marquês mandaria, em uma atmosfera de terror, tortura e interrogatório, aplicar o seguinte: encerramento de todos os colégios e escolas sob orientação inaciana (1758); expulsão da Companhia de Jesus de todo o território português (12 de janeiro de 1759), por crime de lesa-majestade; suplício, em Belém (13 de Janeiro de 1759), dos marqueses de Távora e de Alorna, do duque de Aveiro e seu criado, como ainda dos condes de Atouguia, de Óbidos e da Ribeira Grande; publicação do alvará régio de 28 de junho de 1759, em que se determina o nosso ensino público, de agora em diante estruturado no mais vivo repúdio do método até então preconizado pela neoescolástica conimbricense.[25] Todavia, seria sobretudo através da Real Mesa Censória, decorridos três anos da sua aparição enquanto organismo estatal (5 de abril de 1768), que se levariam às últimas consequências a extinção das ordens tradicionais: Clero, Nobreza e Povo.

Portadoras de valores espirituais, tais *Ordens* ou *Estados*, propositadamente minadas nas suas funções, ficariam doravante sujeitas a uma política aniquiladora dos *diferentes*, somente possível pela redução do magistério ao ministério.²⁶ Perante a total e constrangedora dependência do ensino no que respeita ao poder político, em vez de uma salutar liberdade de pensamento, assistir-se-ia, consequentemente, a "uma constante uniformidade de doutrina", consoante se vinha já notando nas diretrizes pedagógicas impostas aos professores pelo alvará de 28 de junho de 1759.²⁷ Acrescente-se ainda o caráter obrigatório, senão mesmo policial,²⁸ dessas diretrizes, quer fosse por meio de medidas intimidatórias como o reparo, a demissão e a prisão, quer fosse, para efeitos de ensino, pela obtenção *sine qua non* de um diploma, passado ou reconhecido pelo Diretor-Geral dos Estudos, ao tempo o prelado D. Tomás de Almeida.

Fortes e poderosas razões, sempre na ordem do pensamento filosófico, teve Álvaro Ribeiro ao conceber que a decadência do Sacerdócio e da Nobreza jamais se deve a "inexoráveis leis históricas".²⁹ Infelizmente, grande é o número de livros, teses e ensaios de divulgação histórica em que, fruto de uma clara atitude negadora do subconsciente tradicional dos portugueses, ressaltam à vista os malefícios do "marxismo universitário" no que toca a falsear, em termos interpretativos, o que realmente foram o Clero, a Nobreza e o Povo. Assim, sejam em termos explícitos ou implícitos, corre na historiografia contemporânea uma imagem da época setecentista nada abonatória do quadro tradicional português, na maioria dos casos traduzido em uma dialética classista, tal como: enriquecimento do Clero e da Nobreza pela posse de bens fundiários à custa do povo, nomeadamente o de origem rural; entrada em cena de uma alta burguesia, constituída por intelectuais e distintos funcionários da administração pública (Justiça e Finanças) – a que não podiam faltar, segundo a erronia marxista, os inevitáveis capitalistas ligados ao comércio e à usura.³⁰ Na verdade, estamos perante uma série de abstrações que, alheias às fundas razões que explicam não serem sempre os altos valores assegurados por quem de direito, contribuem para uma história sociológica ou, dir-se-ia até, uma história dos vencedores, no mais evidente e parcial desprezo do que distingue, nobilita e singulariza os homens superiores: o pensamento.

* * *

É sabido que Luís Antônio Verney, autor do *Verdadeiro Método de Estudar* (1746), foi um dos principais inspiradores da reforma pombalina do ensino. Tanto assim é que contribuiu para a entrada do iluminismo em Portugal, cujo ideário ganhou terreno em duas frentes: a primeira com o ensino de estrangeiros nos colégios e nas universidades, ensino este colhido no sistema da física moderna, tal como se desenvolvia na Europa setentrional e central;[31] a segunda pelo combate à antiga sociedade de ordens, principalmente a nobreza hereditária, com sua propriedade territorial e respectivos graus de cavalaria. Com efeito, quer Verney quer ainda Ribeiro Sanches, em suas *Cartas sobre a Educação da Mocidade* (1760) – que Pombal parece ter consultado para os estudos médicos em abono da reforma universitária[32] –, seguem e propõem o modelo europeu de instrução dos nobres, com isto visando, sobretudo o primeiro, a destituir o príncipe da função nobilitadora dispensada aos que, agraciados pela natureza, formam o escol, enfim, os melhores ou os aristocratas de espírito.

Dado o precedente, ao Marquês restaria apenas pôr em prática o seu plano de destruição da nobreza, servindo-se, numa primeira fase, do controle da economia pelas companhias monopolistas e, em uma derradeira fase, pela estatização do ensino. Nesse processo há, contudo, quem veja na legislação pombalina uma espécie de consagração social da nobreza, seja sob a forma de uma prévia e sistemática adaptação ao aparelho administrativo do Estado, seja mediante a atribuição de privilégios e títulos de fidalguia aos detentores do poder econômico – caso dos Sobrais, dos Braamcamp, etc.[33] Porém, nada mais falso, mesmo quando nos deparamos com uma legião de especialistas da história querendo sugerir o absurdo: a necessidade histórica de os nobres se prepararem técnica e cientificamente para a sociedade moderna, onde o trabalho e a igualdade entre os homens se configuraria como se se tratasse de uma nova idade do ouro.[34]

Mas a verdade é que tanto na economia como no ensino a tendência geral era para servir o Estado, de modo que só fossem cumpridos desígnios políticos à margem de qualquer distinção substancial – nobiliárquica, dinástica, etc. –, entendida esta, claro está, como expressão única e superior dos que se entregam à arte, à filosofia e à religião.[35] A confirmar a nossa intuição, eis este salutar e oportuno testemunho: "A educação dos nobres ficara extremamente descuidada depois da extinção da antiga dinastia, em 1580. O Ministro D. José I tinha instituído um colégio onde os alunos não progrediam. Antes da fundação deste colégio quase todos os nobres eram educados em Coimbra, cidade mais própria para a vida estudantil e, sob este aspecto, oferecendo muito maiores vantagens que Lisboa (...). O Conde de Oeiras fundara o Colégio dos Nobres apenas com intuitos políticos. Neste particular ele usava como os imperadores do Japão, que obrigavam uns tantos membros de cada família nobre a fixar-se na capital como reféns da sua fidelidade. O Ministro desejava ter sob seu controle os filhos da nobreza, que tanto perseguira e vexara, para assim melhor segurar os pais".[36] Quem, porventura, depois de curiosamente ponderadas essas considerações, quererá ver no consulado pombalino algo de positivo para a cultura portuguesa?[37]

Sem embargo da dúbia popularidade da administração pombalina, economicamente utilitarista e voltada para as obras públicas, vários são os testemunhos, tanto nacionais como estrangeiros, que ao longo do tempo deixaram patente a pobreza e a miséria da época, devida, antes de mais nada, aos privilégios concedidos pelo Estado às companhias monopolistas, a saber: Companhia Geral do Grão-Pará e Maranhão (1755), Companhia Geral da Agricultura das Vinhas do Alto Douro (1756), Companhia Geral de Pernambuco e Paraíba (1759), e Companhia Geral das Reais Pescarias do Reino do Algarve (1773). Além disso, sobressaía, a par da ruína dos particulares, o penoso achar financeiro da administração, pois "devia-se o pré às tropas", tal como "deviam-se os salários nas oficinas do Estado, as soldadas aos serviçais do paço",[38] etc. Há, contudo, quem ainda hoje admire, na esteira dos iluministas e positivistas, a administração política de Pombal, de que dá manifesto testemunho, no dizer de Álvaro Ribeiro, o permanecer "da estátua no local assinalado pela mais importante operação militar na véspera da Proclamação da República".[39]

Chegados a este ponto, novamente se nos dá a conhecer o que, fora de qualquer dúvida, determinou e levou a este estado de coisas: a destituição do pensamento filosófico. Como se não bastasse, essa destituição, levada hoje ao extremo por técnicos, metodólogos, pedagogos e psicólogos de gabinete, consagra uma permanente hostilidade para com as formas livres e supernas do pensamento especulativo, desde cedo incutida pela escola cada vez mais instituída e programada para a especialização técnica. Sem filosofia, ou melhor, banida a atividade que lhe é própria, deixa o ensino de ser orientado para a formação corporal, psíquica e espiritual do indivíduo, passando então, segundo a didática vigente, a ser linearmente dirigido às coisas, isto é, a um mundo apenas regido, tal qual exige o espírito germânico, pela ética da vontade.

***

Entretanto, vejamos agora, nas suas linhas gerais, em que moldes vem sendo estruturada a planificação do ensino, principalmente nos anos subsequentes à lei que entre nós estabeleceu as diretrizes do sistema educativo (Lei n. 46/86 de 14 de outubro). É, pois, de atender que essa planificação comece por ser, antes de tudo, um programa global delineado pelo poder político, de que dão mostras assaz suficientes os organismos políticos e administrativos igualmente encarregados do seu cumprimento ou fiscalização, tais como a Assembleia da República, o Governo e o Ministério da Educação. Resumindo a questão, aquele programa destina-se a, por um lado, traçar as metas e o perfil do estudante saído do sistema educativo, claramente evidenciados nos objetivos do ensino básico, secundário e universitário,[40] como, por outro lado, a exigir determinados métodos de ensino, necessariamente acrescidos dos respectivos recursos didáticos e, não menos importante, dos sistemas e processos de avaliação.

Enquanto cabeça do sistema, o poder político vai depois, mobilizado que está pelas forças partidárias, não só adaptar, como vimos, a sua planificação aos diferentes graus de ensino, como ainda condicionar, numa primeira fase, a planificação a que cada escola, seja de que grau for, está obrigada; depois, numa segunda fase, condicionar os grupos disciplinares e de "investigação" do secundário e do universitário, para finalmente fazer valer a sua presença nas planificações de ordem individual.[41] Eis, por conseguinte, o que pode explicar o elo de dependência que, em termos políticos e administrativos, uma planificação dessa magnitude implica, se do indivíduo passarmos ao grupo, deste transitarmos à comunidade escolar ou "científica", para então e em último lugar, acedermos às instâncias de decisão política. De qualquer modo, o ensino médio continua a ser, para nós, o caso mais paradigmático da abusiva intervenção do Estado em todos os domínios da existência humana, não somente pelo fato de se dirigir à idade mais sensível da formação da personalidade, bem como pela sua implícita missão no despertar das almas moças para os valores universais que hoje se veem preteridos por um "saber-fazer" de inclinação técnica e tecnológica.

Contrariando, impedindo até esta missão, várias têm sido as errôneas e errantes intervenções, de caráter exclusivamente burocrático, prosseguidas pelo departamento que tem a seu cargo a escolaridade secundária, nomeadamente a que, visando ao ano letivo de 1995-96 e seguintes, consistiu na edição e distribuição às escolas de uma série de cadernos destinados à "gestão" dos programas que constituem cada uma das disciplinas em particular.[42] Ora, a disciplina de "Introdução à Filosofia", assim designada pelos burocratas do serviço público, é uma destas disciplinas impostas pela didática fixista, quer dizer, pela didática previamente planificada, como aliás o termo "gestão", sugerindo a imagem do economicamente útil, não oferece dúvida alguma. Na realidade, esses burocratas nem sequer fazem a mínima ideia de que a filosofia não é uma disciplina, e tanto menos consciência disto têm quanto o seu papel de funcionários, por natureza alheio à evolução fisiológica e psicológica do indivíduo, deixa transparecer o seu total desconhecimento do que seja a educação: um processo socrático com vista a atualizar as potenciais virtudes da alma humana.

Ignorando, entre outras coisas, que a filosofia é o esforço para "o conhecimento especulativo do absoluto",[43] não poucas têm sido, da parte dos administradores das direções e repartições escolares, as alterações semânticas ocasionalmente produzidas nos documentos burocráticos, na legislação oficial e nos regulamentos de ordem administrativa. A corroborar o antecedente, tome-se a seguinte afirmação: "A filosofia é tendencialmente pedagógica".[44] Embora saibamos que assim não é, e, conosco, provavelmente alguns leitores mais precavidos, achamos, contudo, quão necessário é levar a bom termo a sua refutação, pensando, obviamente, na quantidade infindável de jornalistas, políticos e professores que usam e abusam da palavra pedagogia. Vejamos então que:

1. A palavra pedagogia, de origem grega, vem de *pedagogo*, que era, segundo os diálogos de Platão, o escravo cuja missão era levar o menino ao ginásio, o que explica que se haja legitimado, seguindo Álvaro Ribeiro,[45] o consabido adágio: *pedagogia, pederastia*.

2. As "épocas de pedagogia são também épocas de demagogia, o que se torna claro a quantos alguma vez ouviram afirmar que o povo é uma criança".[46]

3. Ao contrário do que sugere a nomenclatura importada do estrangeiro, a "pedagogia não é uma ciência; é apenas uma atividade humana".[47]

4. Logo, não existem "ciências pedagógicas", como quer fazer crer a Universidade.

Cometendo o legislador o erro crasso de apresentar a filosofia como disciplina, isto é, de ser, em regime obrigatório, uma "segunda componente de formação geral" de "dignidade praticamente equivalente à do Português",[48] como não esperar dos jovens estudantes o repúdio por tão equívoca disciplina? E que dizer desta linguagem própria de mentecaptos, em que se toma o ensino da filosofia como sendo um meio, entre os demais, "para a formação do perfil cognitivo-cultural e do perfil sociomoral do aluno"?[49] A bem dizer, uma coisa é certa: quer queiramos quer não, estamos perante um sistema público de ensino que, politicamente dirigido nos termos em que a Lei de Bases do Sistema Educativo traça os seus objetivos, estabelece programas didáticos para as diferentes disciplinas, as quais, bem entendidas, não se podem desviar de tais objetivos, ainda por cima acrescidos do "perfil desejável do aluno à saída do secundário".[50]

***

Nessas condições, de nada vale afirmar, conforme consta no programa da "disciplina de filosofia", que este não deve ser dado de igual modo a turmas diferentes.[51] Mais: o programa, caracterizado como "uma clara opção de modernidade",[52] destina-se apenas, no mais completo desprezo pela pessoa humana, ao estrito e abstrato cumprimento dos seus objetivos, os quais são, como já vimos, aqueles que o Estado, em primeiro lugar, consignou na Lei de Bases do Sistema Educativo, bem como os que posteriormente se viram acrescidos no "perfil desejável do aluno à saída do secundário". Planificar para socializar, eis, concretamente, ao que está reduzido todo o ensino, de que não é exceção à regra, o que, dando uma falsa imagem do pensamento filosófico, se constitui na respectiva disciplina.

Ministro da Educação no tempo de Marcello Caetano, Veiga Simão foi o agente encarregado do igualitarismo socialista no plano de organização do ensino. A ele se deve, sob o abstrato lema da "democratização do ensino", a passiva e obediente subordinação do nosso sistema escolar às diretrizes programáticas provindas de organizações internacionais, em especial da Unesco e da OCDE. Dir-se-ia, pois, que com ele os portugueses, assistidos técnica e financeiramente pelo estrangeiro, passaram a estar, sem alternativa possível, dependentes de modelos de ensino que em nada refletem o nosso modo de estar e encarar o mundo.

Preconizando, como não podia deixar de ser, os modelos universitários da Alemanha, da América, da Inglaterra e dos países socialistas, começou Veiga Simão por apostar na reforma do ensino superior. Entendendo este último como uma espécie de comunidade técnico-científica, via igualmente na contratação de professores estrangeiros a única via para a modernização da sociedade portuguesa, e cujos resultados, nos dias que correm, são por demais evidentes, principalmente se tivermos em conta que:

1. A institucionalização pelo Estado da chamada "educação pré-escolar" nada mais é senão o meio de que o socialismo, erigindo o trabalho a prioridade máxima da existência social, se serve para impedir que as mães, no seu insubstituível papel de "educadoras", possam cuidar de seus filhos.

2. O aumento da escolaridade obrigatória não é sinônimo de educação, dado que, como é possível constatar, uma pessoa pode sair da escola convenientemente instruída, mas, a todos os títulos, muito mal-educada.

3. O número crescente de cursos de pós-graduação, destinados a uma massa informe de licenciados que não sabem o que fazer da vida, contraria a livre iniciativa dos que, nas presentes circunstâncias, já só esperam arranjar um emprego, sempre limitado, no Estado absorvente e monopolizador. E assim por diante, se quiséssemos ir

ao ponto de analisar em pormenor os múltiplos malefícios que o "veiga-simonismo", pondo-se ao serviço da Universidade, trouxe ao povo português.

Convenhamos ainda que a expressão "comunidade de investigação", correntemente denominada "científica", tem a sua origem na Universidade alemã, de onde se difundiu por todo o ensino não só à escala europeia como mundial. Daí estarmos constantemente a ouvir, na televisão, no rádio e na escola que tudo é científico, quer dizer, tudo é suscetível de fundamentação científica, pese embora tal afirmação estar confinada a uma linha muito distinta da preconizada por Schelling, Fichte e Humboldt. Contudo, tal pretensão redunda, na maioria das vezes, numa série de vazias opiniões em que não há lugar para o pensamento teológico e filosófico, nomeadamente nas suas expressões nacionais mais genuínas.

Com efeito, à Universidade alemã, ciosa pela submissão da natureza aos conhecimentos científicos, corresponde hoje a Universidade tecnológica, isto é, uma Universidade que, obcecada pela imagem mecanicista do homem e do mundo, sobrepõe à ciência os êxitos e os resultados tecnicamente obtidos.[53] Não se estranhe, por isso, que a nossa Universidade, até há pouco tempo moldada pelo positivismo alemão (Kant, Husserl e Marx), surja agora sob a bandeira triunfante do neopragmatismo americano, segundo o qual, repudiada a transcendência, há que abandonar, pelo primado do agir sobre o pensar, a tradicional doutrina da adequação do pensamento à realidade. Só assim se compreende que a ciência, não mais induzindo para conceber, se veja por fim reduzida, como propõe o austríaco K. Popper, a mero método de conjectura e refutação, a que não podia faltar, pelo que toca a T. Kuhn, aquela série de consensos e hábitos de ação que, tomando a forma de "paradigmas científicos", assumem-se – sem método nem razão – como estando na origem das "revoluções científicas".

Sobre a planificação do ensino em Portugal muito ficará, com certeza, por dizer. Sabemos, porém, que grande parte do que aqui foi dito, escapa ou, melhor, passa ao lado dos que, em *esmagadora* maioria, estão servilmente ligados ao sistema socialista de ensino, e, como manda a praxe, assim hão de permanecer como quem, à espera de obter meia dúzia de privilégios e prerrogativas do poder político, se vai apercebendo como a sua carreira profissional, já esvaziada de sentido e valor, é, afinal de contas, um caminho sem rumo nem destino. Numa só palavra: um caminho que leva a nenhures.

Capítulo 2 | A Filosofia Não É uma Disciplina

Vejamos agora, com mais pormenor, o que realmente condiciona e estrutura um programa que desvirtua, na sua nobre e tradicional significação, a *filosofia*. Para o efeito, é preciso ter em conta que o programa atual foi aprovado em 1991,[54] a que se seguiu, alguns anos mais tarde, uma "reformulação sem ruptura",[55] passível, por sua vez, de uma análise aos dois pontos de vista que se seguem: o internacional e o nacional. E se esta é a ordem pela qual o assunto terá lugar, tal não significa que ela seja aleatória, pois, muito pelo contrário, ela corresponde à necessidade de tornar bem explícitos os objetivos de um programa que anula o *especial* no *geral*, ou seja, extingue o *nacional* no *internacional*.

Nesse sentido, desde logo ressalta da referida reformulação um duplo aspecto fundamental para vislumbrarmos, entre nós, a interferência de terceiros: o *Relatório Delors*, com a pretensão de nos ensinar o princípio que consiste em *aprender a viver juntos*, e as "sugestões" da Unesco para "o alargamento da formação filosófica a toda a educação secundária".[56]

Incidamos, porém, neste último aspecto, ele próprio mais que suficiente para percebermos o que está em causa. É sabido que, logo após a Segunda Guerra Mundial, a Organização das Nações Unidas tudo fez para, em termos pacíficos e suasórios, impor ao mundo uma cultura unificada.[57] Assim, em 1945, surgia em Londres o Ato Constitutivo da Unesco, que salientaria, antes de mais, a fórmula de Archibald Mac Leish, bibliotecário do Congresso de Washington e delegado dos Estados Unidos, a saber: "Nascendo as guerras no espírito dos homens, é neste que convém erguer as defesas da paz".[58]

Mas, perguntará o leitor, que particular relação poderá existir entre a Unesco, universalmente reconhecida como uma agência especializada das Nações Unidas, e a filosofia? A resposta é simples: ela própria, a Unesco, apresenta-se como uma instituição filosófica.[59] Mas como e em que sentido? Em primeiro lugar, devido ao fato de o Ato constitutivo da Unesco nos ser apresentado como um texto filosófico, embora não redigido "por um filósofo, nem destinado a filósofos"; em segundo lugar, pelo fato de as suas "teses", tais como "a verdade é objetiva" ou "a incompreensão mútua entre os povos gera a desconfiança", terem a pretensão de nos conduzir à reflexão filosófica, num sentido, convenhamos, *predominantemente moral*.[60]

Não se trata, pois, da filosofia entendida como pensamento especulativo, mas, antes, como "uma seção da Educação" ao serviço de uma ideologia propagadora da democracia e do progresso, em que os problemas sociais, os únicos a seu ver verdadeiramente concretos, são a preocupação dominante.[61] Há aqui, sem dúvida, uma tentativa suasiva para fazer da filosofia um instrumento dependente do poder político, como mostra esta ardilosa passagem: "É certo que os filósofos dificilmente suportam ver o seu pensamento subordinado às vicissitudes da política. Nós não exigiremos da sua parte que intervenham nas questões políticas, mas somente que se pronunciem sobre questões de moral e de filosofia social".[62] Quem, na realidade, não se deixou embalar foi Álvaro Ribeiro, que a tudo isto respondia da seguinte forma: "A proliferação de estudos sociais e de estudos sociológicos em todo o hemisfério designado por ocidental, com a multiplicação de gabinetes, centros, institutos, faculdades e outras escolas, acusa uma tendência doutrinária que me parece perigosa na medida em que tende a minimizar ou a minorar os estudos de psicologia. A sociologia sem psicologia conduz à inversão, e portanto à falsificação, dos métodos explicativos e racionais. Ora, a Unesco está impregnada deste sociologismo tão internacionalista como abstrato, contra o qual não podem deixar de opor-se todos os intelectuais religiosos e todos os intelectuais espiritualistas que meditem sobre o destino transcendente da humanidade".[63]

Desse modo, de nada vale objetar que a Unesco declare a filosofia como estando em um plano superior ao das outras disciplinas, ou, por outras palavras, que os filósofos, jamais substituindo os especialistas de outros domínios, devam, acima de tudo, dar uma "unidade intelectual" aos fins doutrinários daquela instituição.[64] Daí a "vulgarização de uma cultura filosófica internacional", se atendermos à nomenclatura do programa da Unesco em matéria de filosofia, tal como foi projetado pela Comissão preparatória de 24 de junho de 1946.[65] Por conseguinte, esse programa, adverso ao princípio das nacionalidades, apenas representa uma *tendência ideológica* apostada na utopia dos direitos e deveres do homem perante a "nova democracia".

Embora negando protagonizar um dirigismo na ordem internacional,[66] a Unesco revela a sua face quando, a propósito do seu programa, deixa entrever o seu plano de ação, de que salientamos, pelo teor assaz interventivo, os seguintes pontos:

1. "Sugestões" ou "recomendações" a sociedades nacionais e internacionais de filosofia.

2. Ligação e apoio financeiro às universidades nacionais com vista à "execução de um plano de ensino à escala mundial".

3. Intercâmbio internacional de professores e estudantes mediante bolsas de estudo.[67]

4. Subvenção "criteriosa" no plano editorial de obras e manuscritos de natureza filosófica.

5. Patrocínio de revistas e traduções já editorialmente asseguradas.

6. Subordinação da filosofia a problemas sociais e políticos, como, por exemplo, a "psicologia social", "as causas sociológicas das neuroses", "o homem perante o Estado", "a liberdade política", etc.

7. Redação de um manual de moral destinado aos alunos do secundário em todo o mundo.

8. "Sugestões" feitas aos Estados-membros tendo em vista uma formação moral e cívica dos professores primários, com base nas publicações da Agência.

9. Publicação de "um jornal internacional em várias línguas", cujo propósito é, num primeiro momento, "propor" um programa de ensino moral às escolas para, finalmente, o inserir como parte integrante dos diferentes programas nacionais. Em suma: trata-se, na sequência do que já dissemos, de uma cultura unificada, a que não é alheia uma atitude que se diz contrária à veiculada pela propaganda,[68] mas, na verdade, reveladora em si de finalidades que só podem resultar em um sistema totalitário.

* * *

Não nos esqueçamos de que a Unesco surge no rescaldo da Segunda Guerra Mundial, sendo esta última consequência de "uma transformação do pensamento europeu",[69] transformação esta em que o socialismo aparece como a principal causa da desgraça a que conduziu a humanidade sofredora. Tanto feliz como oportuna, numa altura em que o conflito ainda não terminara, fora, por esse motivo, a coragem intelectual de F. Hayek em demonstrar que o fascismo e o nazismo, ao invés do que academicamente se propaga e julga, haviam sido o resultado de tendências socialistas que vinham, pelo menos, do período imediato ao da guerra de 1914. Logo, o socialismo de que falava o economista austríaco não era o de cariz partidário, mas, antes e acima de tudo, o que se traduz no conjunto de *ideias* que, opondo-se aos princípios da civilização ocidental, como os presentes na filosofia antiga, no cristianismo e no direito romano, foi sistematizado pelos alemães, muito embora, como faz questão de frisar, a eles não limitado, assim como, pelo menos não totalmente, deles oriundo.[70]

Não quer isto dizer que os alemães fossem ou sejam "intrinsecamente corruptos", visto tratar-se, na esteira de F. Hayek, de uma teoria não defensável e pouco honrosa para os que a exprimem. Até porque muitos ingleses chegaram a fazer suas "as melhores ideias, e nem só as melhores, do pensamento germânico". É o caso de John Stuart Mill, que se inspirou em Goethe e Wilhelm von Humboldt para escrever o *Ensaio sobre a Liberdade*, de que existe uma tradução portuguesa de Maria Ivone de Moura, revista por Orlando Vitorino.[71]

Ou seja: o problema reside no conjunto de ideias socialistas que trouxe e continua a trazer iludidos os povos e as nações de todo o mundo, de tal forma que até a Unesco, reclamando-se de um espírito liberal, faz agora sua a renovada versão daquelas mesmas ideias, das quais, terminada a guerra de 1939-45, a Europa, quando não o resto do mundo, jamais se conseguiu libertar definitivamente.[72] E para levar avante o seu ideal, limita-se a substituir a "queda progressiva das ditaduras" por uma "'ideologia' de democracia e progresso", tida como "condição psicológica" a implementar no plano internacional.[73] E por que não dizer antes "estado psicológico", precursor de uma "nova mentalidade", em que o pensamento está desde logo, na sua mais funda liberdade, condicionado pelos estatutos da Nova Ordem Mundial?

Há aqui, consequentemente, uma espécie de ideologia sem rosto, pronta a perverter os conceitos de liberdade e de democracia atribuídos pelos defensores da tolerância política. Senão vejamos: a palavra *liberdade*, no âmbito dessa tolerância, "significa 'libertar de toda a coerção', libertar cada homem do poder arbitrário de outros homens, quebrar as cadeias que não deixavam ao indivíduo outra hipótese senão obedecer às ordens do superior a quem estava ligado";[74] ora, o socialismo, mesmo quando se diz "democrático",[75] é o maior inimigo da liberdade, ao ponto, aliás, de ter deixado impressionados os que nele viram uma surpreendente semelhança com o totalitarismo fascista. F. Hayek nomeia e cita alguns, dos quais passamos a destacar Max Eastman, amigo de Lênin: "Longe de ser melhor que o fascismo, o stalinismo é ainda pior, mais rude, mais bárbaro, injusto, cruel, antidemocrático e impermeável a qualquer esperança ou escrúpulo", de tal modo que "melhor lhe caberia a designação de superfascismo". Segue-se W. H. Chamberlain: "O socialismo, pelo menos no início da sua implantação, é sem dúvida o caminho, não para a liberdade, mas para a ditadura e para a contraditadura, para a mais feroz das guerras civis. O socialismo alcançado e mantido por meios democráticos é coisa que parece pertencer definitivamente ao mundo das utopias". Por fim, o escritor britânico F. A. Voigt: "O marxismo conduziu ao fascismo e ao nacional-socialismo porque, no essencial, ele mesmo é o fascismo e o nacional-socialismo".[76]

De fato, até este resultado surpreendente foi, de certo modo, reconhecido pela própria Unesco, ao questionar se o desenvolvimento científico e cultural constitui condição suficiente para a defesa da democracia e da paz. E por que o fez? Porque, trazendo à colação as palavras de Léon Blum, reconheceu que a "educação popular, as instituições de alta cultura e a investigação científica não estavam menos desenvolvidas na Alemanha em comparação com os outros países do mundo".[77]

Por outras palavras, a paz mundial preconizada pela Unesco exige doravante uma ideologia que, dizendo-se democrática, absorve e anula as culturas nacionais em um internacionalismo que se reveste e se arroga de um *universal abstrato*. Lançada e projetada esta hegemonia "cultural", salta à vista "como é que o imperialismo se disfarça ao propor por prestígios econômicos e financeiros a tese de que é conveniente uniformizar e comunicar as técnicas instrumentais e os processos mecânicos, entre os quais a contagem automática das votações majoritárias que decidem a seu talante, sem que as minorias vencidas possam alegar restrições das suas liberdades e das suas independências".[78] Comprometida a existência jurídica e espiritual das pátrias, acentua-se assim a "idolatria do cidadão" em detrimento da "pessoa moral e religiosa".[79]

***

Esclarecido este ponto, eis agora o momento de enveredarmos pelo nacional, começando desde já pela questão da liberdade e da democracia. É por demais sabido que todo democrata, o de ontem e o de hoje, é, de uma maneira ou de outra, um produto ideológico da revolução socialista de 1974. O que, para o leitor inteligente que nos tenha acompanhado até aqui, nenhuma surpresa poderá causar, a não ser, quando muito, pelo grau de inconsciência e de provincianismo que tanto aquele como a Universidade, a Igreja e as Forças Armadas foram e têm sido igualmente vítimas – entenda-se, do socialismo.

Não há dúvida nenhuma: "A identificação da democracia com o socialismo foi a impostura doutrinal da propaganda gonçalvista e comunista, mantendo-se a mesma ambiguidade e o mesmo sofisma na constituição, nos Governos posteriores, no discurso político servido às massas por quase todos os tribunos de esquerda".[80] Dir-se-ia até – ponto importante – que todos os partidos que saíram daquela "revolução",[81] quer se situem à esquerda ou à direita, entregaram-se, numa impulsão suicida, à influência corrosiva e arbitrária do socialismo. Foi esse o caso do Partido Popular Democrático (PPD) e do Partido do Centro Democrático Social (CDS), respectivamente liderados por Sá Carneiro e Adelino Amaro da Costa.[82]

De então para cá, mais do que durante o salazarismo, é proibido ser e proibido pensar, tal como nos revela o corajoso testemunho de Pinharanda Gomes: "Mas veio o novo situacionismo. O País é cinzento. Nos anos de 1974 a 1980, mais ou menos era possível observar partidos de diversas cores, entre o azul e o vermelhusco carregado. Hoje em dia, o cinzento prevalece. Ainda quando se insultem, os tribunos e militantes partidários são indecifráveis, salvo nos chavões. Por vezes, quanto ao pormenor de levar a efeito uma ação, porque quanto a esta todos estão de acordo, é apenas uma questão de jeito ou de velocidade. São todos essencialmente *soi-disants*. De onde, um adolescente, que foi meu vizinho, nas ondas de 1976, me confessava, com aquela inocente ingenuidade: "sou socialista do PPD". E veio a ser graduado em matemática com altos valores, por mérito, mas, naquele tempo, ser jovem era ser socialista, nem que fosse do PPD.[83] Do que resulta ser hoje o sistema democrático completamente sujeito às finalidades políticas do socialismo, ou à ditadura da maioria, isto é, a ditadura dos interesses dos políticos organizados em grupos, partidos e seitas. Ditadura da maioria, dizíamos, uma vez que a oligarquia partidocrática, elegendo previamente os seus representantes, acaba por, mediante campanhas periodicamente renovadas, encenar eleições que apenas e somente se traduzem na vontade inqualificada da "esmagadora" maioria dos votantes.[84]

Toda a gente sabe que o PSD e o PS são, há pelo menos um vintênio, os maiores grupos partidários que disputam, ávida e alternadamente, o poder. Porém o que nem toda a gente sabe é serem esses dois grupos, com todos os cúmplices que os constituem, os principais responsáveis da desolação em que Portugal se encontra. Controlando, dirigindo e asfixiando todos os atos do dia a dia, públicos ou privados, movendo-se em uma rede complexa, por vezes indecifrável, de estatutos e regulamentos pseudojurídicos, estes partidos, conjuntamente com os restantes, continuam a oprimir um povo que já não sabe distinguir uma economia mista de uma verdadeira economia de mercado.

Temos assim os "comedores do povo", que em nome da liberdade e da democracia vivem da miséria alheia. Como? Entre muitas outras coisas por meio da máquina fiscal, de onde tiram o seu vergonhoso sustento. E como se tal não bastasse, os políticos, além de serem "comedores", são ainda os culpados da servidão mental de um povo já degenerado em população. Como? Mediante a estatização do ensino.

É neste ambiente, de teor servil e pragmatizante, que finalmente aparece a "disciplina de Filosofia", e que nada mais é, no entender dos propedeutas de ação, outra coisa senão uma "área" ou um "ramo" do saber entre outros. Isto, claro está, em termos abstratos, porque em termos ideológicos, como requer a Unesco, aquela disciplina só assume reconhecida *utilidade* quando se considera "o vínculo entre Filosofia e Democracia, entre Filosofia e Cidadania".[85] Eis, portanto, como o nacional se esbate e confunde no internacional, à imagem de uma serpente que, mordendo a cauda, simboliza o encerrar de um ciclo que a si tudo atrai e absorve.

***

Passemos agora à refutação dos preceitos didáticos e metodológicos da falsa disciplina em questão. Não obstante a enganosa prolixidade dos mesmos, selecionamos apenas três, pela simples razão de conterem em si o ideário positivista que logrou invadir todo o ensino. Desse modo, visando a uma conveniente sistematização, daremos àqueles preceitos a designação de "tese oficial"; em seguida, recorrendo ao método de autoridade, daremos azo à respectiva refutação, aqui personificada por Álvaro Ribeiro;[86] para finalizar, faremos um comentário a ilustrar e a atualizar as consequências de um positivismo feito tecnolatria.

1. TESE OFICIAL:

"Reconhecer a Filosofia como um espaço de reflexão interdisciplinar."[87]

REFUTAÇÃO:

"No fim do curso dos liceus costuma ser ensinada a filosofia segundo métodos e processos que sempre motivaram severa crítica dos melhores pedagogistas. No liceu, a filosofia não é dada como reflexão pertinente sobre os princípios, os métodos e os resultados das ciências ensinadas ao adolescente, e parece até contradizê-los com suas antiquadas noções de lógica e metafísica; no liceu, a filosofia não é dada também como reflexão sobre as disciplinas de história e de literatura, nem utiliza as noções de ética e de escatologia que estruturam o ensino das humanidades. A filosofia liceal, disciplina sem articulação com as outras disciplinas, surge demasiado tarde no programa dos estudos, não prova a sua utilidade, pelo que representa muito bem a crise do sistema cultural preconizado pelo positivistas."[88]

COMENTÁRIO:

Hoje em dia, a situação é praticamente a mesma, excetuando a abolição da palavra *liceu*, de raiz ou de origem aristotélica. Infelizmente, essa abolição deu-se, entre nós, com o triunfo do socialismo, que reduz aquela palavra a uma conotação elitista.[89] Contudo, o fato de tão odiada disciplina permanecer na organização curricular dá-se pela simples razão, raras vezes atendida pela maioria dos professores, de ela se ter vindo a constituir, ao lado da literatura e da história, como um processo determinado a satisfazer motivos de ordem moral, política e religiosa. O que melhor dito, significa uma apologética ou, melhor ainda, uma sociologização que se quer, de acordo com as "normas" e "sugestões" internacionais, ver amplamente estendida a todas as disciplinas humanistas e de letras. Em todo o caso, os termos do programa falam por si, tais como os direitos humanos e a globalização, a manipulação e os meios de comunicação de massas, o racismo e a xenofobia, a paz mundial e o diálogo inter-religioso, etc.[90]

2. TESE OFICIAL:

"Reconhecer a necessidade de situar os problemas filosóficos no seu contexto histórico-cultural."[91]

REFUTAÇÃO:

"Já que, em consequência da lei dos três estados não é lícito admitir a existência de princípios imortais ou eternos, a noção de *princípio* decai em noção de *começo* no tempo, e a relação de antecedente para consequente passa a ter privilégio no mundo da didática. A história é, por isso, ensinada antes da literatura e da filosofia – mas história do que é exterior às relações do pensamento com o sentimento, história que absurdamente se divide em antiga, medieval, moderna e contemporânea. Além disso, o preconceito de que em tudo se há de passar do simples para o composto, das noções elementares para as suplementares, permite adiar indefinidamente o encontro do saber positivo com o pensar especulativo."[92]

COMENTÁRIO:

A história é hoje, salvo uma ou outra exceção, apanágio do esquerdismo dominante. Mentalmente subordinados à Universidade, os professores veem-se obrigados, na maior parte dos casos inconscientemente, a oscilar em duas direções: a positivista por um lado, a marxista por outro. A primeira, como sabemos, tudo reduz à história das ciências, ao passo que a segunda, a mais poderosa pela sedução que atualmente desperta, tudo reduz às ideologias políticas. Repudiado assim o pensamento especulativo em prol das ciências aplicadas, bem como a favor dos fatos e dos feitos do passado, "o aluno verifica que no ensino da literatura e da filosofia poucas vezes se dá o encontro do passado com o presente, e que a arte do professor é muito mais *ars demonstrandi* do que *ars inveniendi*".[93]

Se, com alguma paciência, nos dermos ao cuidado de, no plano universitário, considerarmos as cadeiras que diretamente dependem da divisão da história em *antiga, medieval, moderna* e *contemporânea*, teremos não só a comprovação da sua origem nas universidades estrangeiras, como também o artifício que permite traçar uma historiografia negadora das culturas nacionais.[94] Consequência do positivismo, esta influência não conhece limites nem olha a meios para, na didática propriamente dita, suscitar a atitude dogmática do professor e, no que à ordem do espírito respeita, a indiferença ou o ceticismo do estudante. E ambos acreditando na fase definitiva da humanidade – o estádio positivo ou científico – acabam por se render completamente aos artifícios e aos prestígios de um ensino que vai cada vez mais dispensando a palavra pela tecnologia.

3. TESE OFICIAL:

"Os textos filosóficos devem constituir os mais importantes materiais para o ensino e a aprendizagem do filosofar."[95]

REFUTAÇÃO:

"Obstar à interferência dos desejos, dos sentimentos, das tendências pessoais, eliminar os múltiplos fatores do erro que contradizem a verdade una, é lícito propósito de quem, convicto, professar que a ciência é universal, necessária e objetiva. A seriedade profissional leva o professor a seguir a lei dos três estados na disciplina que ensina, para chegar ao termo da ciência positiva. Mas a lei dos três estados é a lei da decadência. Não é, porém, conveniente separar o sentimento do pensamento, em especial quando se estuda história da filosofia, nem cair no erro de que é possível fazer análise puramente literal ou literária dos textos, porque às categorias lexicais não correspondem as categorias lógicas, sabido que entre umas e outras se escalam os processos gnósicos, sóficos e písticos. Tal é o que torna difícil a leitura nos estudos de moral, de política e de religião, porque os substantivos, que parecem fixar substâncias, variam de significação conforme representam imagens, conceitos ou ideias. Assim, as teses sobre as quais o escritor apologiza, critica ou filosofa, nem sempre se exaram com adequada representação nas proposições socialmente divulgadas e, portanto, mais compreensíveis para os leitores de mediana cultura."[96]

COMENTÁRIO:

Segundo o programa de Filosofia, a importância e seleção dos textos visa, em termos objetivos, a responder àquela espécie de *problemas* que, na sua maioria, são mais o resultado de uma didática linear, cuja finalidade é preparar o aluno para os testes e as provas de exame. Quer isto dizer que a tendência para problematizar não constitui uma metodologia propriamente filosófica, sendo, antes de mais, um dos aspectos característicos do ambiente positivista em que todo o ensino se encontra.[97] Do que resulta que *problematizar* apenas significa *simplificar, esquematizar*, para mais facilmente *prevenir, analisar* e *definir*.

Nesse contexto, imagine o leitor até que ponto vai a estultícia do professor ao obrigar o adolescente a repetir, principalmente por escrito, esquemas ou definições colhidas em textos estrangeiros (as mais das vezes mal traduzidos), como sejam os de Kant e Descartes,[98] para já não falar na série interminável de noções falsas e coisificadas que preenchem, a olhos vistos, os manuais da disciplina. É o caso das falsas oposições entre *empirismo* e *racionalismo*, ou entre *empírico* e *científico*, ou ainda entre *sensação* e *intelecto, experiência* e *razão*. Não se estranhe, portanto, que os adolescentes se vejam forçados, quando incitados pela aflição dos pais, a recorrer a um explicador ou repetidor que lhes dá, na melhor das hipóteses, os meios para se prepararem para os exames que, uma vez realizados, caem no esquecimento. No fundo, tempo perdido, com *prejuízo* para a filosofia.

Acrescente-se ainda que as referidas noções, provenientes de doutrinas estrangeiras, são entre nós expostas e divulgadas pelas instituições universitárias. Para quem, numa Faculdade de Letras, estiver disposto a seguir os estudos histórico-filosóficos, o melhor é preparar--se para sacrificar a sua interpretação pessoal àquilo que o professor universitário quer ou deseja ouvir, ou seja, comprometer a sua independência ou liberdade de pensamento em prol de exóticas e positivas formas de conhecimento dominantes. E não há como fugir a isto, sobretudo para os que, ambicionando uma carreira postiça, se deixam humilhar perante a postura ignara de um júri universitário.

* * *

Por outro lado, não deixamos de reparar no papel instrumental que o programa reserva quanto ao "uso permanente e rigoroso"[99] dos conceitos. Papel este que logo à partida faz do conceito uma classe paralela às classificações da linguagem vulgar, as mais das vezes de expressão dualista. Para o primeiro caso temos, de acordo com o programa,[100] a partição dicotômica em *absoluto* e *relativo*, *abstrato* e *concreto*, *antecedente* e *consequente*, *particular* e *universal*, *material* e *formal*, etc.; para no segundo, mais adequado à retórica forense e à dialética social, temos a divisão em "*verdadeiros* e *falsos*, *positivos* e *negativos*, *grandes* e *pequenos*, *bons* e *maus*, *absolvidos* e *condenados*, etc. (...)".[101]

Contudo, o conceito não é uma classe. O que não obsta, por seu turno, que o estudante possa e deva, para darmos um exemplo, distinguir o *universal* do *particular*, ou o *material* do *formal*, sobretudo se, no contexto de obras científicas, souber graduar e situar a respectiva significação, o que já não acontece se, no âmbito das regras lógicas do compêndio escolar, cair no exercício inútil e formalista dos processos de conversão e combinação de proposições. É que o conceito, dotado de *extensão* e propriedades discerníveis à luz da *compreensão*, apresenta-se como uma *virtude* que não admite o padrão dogmático do rigor e da univocidade, pois pertence ao domínio do *imprevisível*, ou, se quisermos, do *oculto*. Mas já o mesmo não acontece quando, pelo predicado, se inclui, por via meramente dedutiva e, desse modo, previsível, um sujeito numa determinada classe política, literária ou religiosa, porquanto passa então a manifestar, com caráter de necessidade, os predicados inerentes dessa classe.[102] Eis também porque aos idólatras da razão puramente lógica ou crítica, zelosos de rigor e objetividade, a tradição aristotélica não cessa de lhes ensinar que os conceitos e as ideias, ao contrário das palavras e dos objetos sensíveis, não se definem ou medem.[103] Além de que a "universalidade não se encontra no conceito, na norma, na lei, em lei alguma declarada humana ou divina", antes se encontrando "na ideia e nas ideias, ou no amor e na fé autêntica que à ideia em sua infinitude correspondem, como após longa tradição interrompida bem parece hoje adequado e urgente reconhecer".[104] Trata-se, em uma palavra, da reabilitação da verdadeira lógica, totalmente à margem da insuficiência e da linearidade do automatismo raciocinante.

E por falar em automatismo, para que servem afinal, no âmbito da disciplina, os meios audiovisuais hoje tidos por imprescindíveis? Segundo o programa, servem para "exibir a estrutura argumentativa de textos", assim como para a "exibição de *spots* publicitários, de excertos de intervenções políticas e de fragmentos fílmicos", enfim, tudo preparado e dirigido "para o exercício da crítica social e política".[105] Dessa feita, a finalidade torna-se patente: uma nova agressão ideológica que, a coberto da democracia, da liberdade e da solidariedade, vai conduzindo as massas para a sociedade totalitária.[106]

De qualquer modo, convém não esquecer que entre tais meios o "computador adquiriu definitivamente um lugar privilegiado entre os recursos de aprendizagem", dado que "abre portas às mais diferentes fontes de informação, com destaque para os CD-ROMs e a internet".[107] Porém nada de mais ilusório e negativo para o verdadeiro exercício da investigação e da especulação filosóficas. Diremos até contraproducente, se quisermos ir mais fundo.

Passo a explicar: é a biblioteca, e não a internet, o material ou o instrumento de apoio do estudante ou do pensador de espírito livre. E quando dizemos biblioteca, não nos referimos a uma imagem virtual ou a um mero "depósito ordenado de livros ou de mostruário variado de revistas, mas de local próprio ao silencioso e quase secreto recolhimento individual (...)".[108] O que equivale a entender a biblioteca como um lugar de iniciados e não de bibliotecários somente "peritos no conhecimento das capas e dos frontispícios dos livros, bem como das regras de catalogação por sinais extrínsecos, como, enfim, da arrumação nas prateleiras e nas estantes".[109]

Do que se infere que, tanto o bibliotecário como o professor, deveriam antes, por princípio e pelo permanente estudo a que se comprometeram dedicar as suas vidas, auxiliar e guiar os estudantes que, no decurso das suas investigações, solicitassem a respectiva orientação. A internet, nem de perto nem de longe, propicia esse estado de coisas, que consiste em despertar, generosa e acroaticamente, o interesse e o convívio espiritual entre seres de razão animada. Propicia, isso sim, o plágio de textos e documentos que em nada dignifica a pessoa humana, como, aliás, qualquer professor, minimamente atento, poderá constatar ao submeter ou, digamos, antes, sujeitar a avaliação os seus alunos.[110]

Depois disto, só nos resta dizer que nada ou quase nada da bibliografia de apoio ao programa se aproveita, a indicar pelo número predominante de autores estrangeiros, a maioria deles insignificantes do ponto de vista filosófico. Todos eles, sem dúvida, consagrados com o objetivo de seduzir os tardos de entendimento a aderir ao estado neopragmático da sociedade contemporânea, entre os quais temos Thomas Nagel, Jean-François Lyotard, Richard Rorty, John Searle, John Rawls, etc. Quanto às espécies bibliográficas de autores nacionais, não podiam faltar, como é de praxe, os importadores de doutrinas estrangeiras, como, a começar pelos poderosos da Universidade, se pode comprovar pelo destaque dado ao comunista José Barata-Moura,[111] logo seguido dos que, além de universitários, depositam a sua sofreguidão de domínio em uma intervenção cultural dirigida pelo Estado, que são Boaventura Sousa Santos e Manuel Maria Carrilho.[112]

Observemos ainda como, no que à bibliografia respeita, desde logo se vê rejeitada a tese das filosofias nacionais, perfeitamente patente na difusão de histórias, dicionários e enciclopédias de cultura estrangeira. Basta mencionarmos a *História da Filosofia*, ora de Nicola Abbagnano, ora de François Châtelet, ou o *Vocabulário – técnico e crítico – de Filosofia*, de André Lalande, para, por último, referir a *Encyclopédie Philosophique Universelle*.[113] O que só mostra quão certa estava a clarividência de Álvaro Ribeiro, ao escrever em 1958: "Afirmamos que seria perturbante, despistante e derrotante para a nossa cultura, acertar a terminologia filosófica pelo *Vocabulaire Technique et Critique de Philosophie* de André Lalande, ou pelo *Petit Vocabulaire de la Langue Philosophique* de Armand Cuvillier, em vez de abonar os significados por citações de escritores portugueses".[114]

Cremos, nesta linha, que melhor se compreende agora como a reforma pombalina, propiciando a assimilação de estranhas influências, logrou eliminar a filosofia em Portugal.[115] Mundialmente considerada, tal reforma, aparentando progresso e desenvolvimento intelectual, não foi mais do que triste, embora concertada, contingência. A confirmá-lo fica este testemunho: "Nada nos deixa prever que a cultura filosófica, considerada antes da reforma pombalina da Universidade de Coimbra, haveria necessariamente de passar pela fase positiva".[116]

Todavia, infiltrado o iluminismo, a provável consequência seria, em termos dedutivos, o positivismo. Chegados aqui, os seus cultores facilmente concluiriam pela necessidade de abolir o ensino da filosofia, se é que, porventura, alguma coisa de verdadeiramente significativo ainda restasse. Veja-se o caso de José Teixeira Bastos, discípulo de Teófilo Braga, ao afirmar que "a filosofia não pode ser admitida entre as disciplinas da instrução secundária", para, no quadro do ensino superior, a reduzir a mera generalização do conhecimento científico.[117] E já agora o caso de Agostinho de Carvalho, para quem "é indispensável que se reforme o seu ensino (da Philosophia) dando-lhe caráter científico, útil e prático".[118]

Depois disso, até nos admiramos como, no ciclo socialista que atravessamos, a palavra filosofia, reduzida pelo ensino oficial a uma disciplina entre outras, não tenha sido eliminada segundo a classificação das ciências de Augusto Comte. No entanto, já no passado, quando do inquérito intitulado "A reforma da Instrução Secundária e os seus resultados (1903)", Marnoco e Sousa o houvera tentado com o intuito de substituir a "filosofia" pelo "ensino moral e cívico", mostrando, assim, seguir ou imitar os sistemas culturais adotados pela "Alemanha, Bélgica, Holanda, Dinamarca e Noruega".[119] Se tivesse tido êxito, seria para nós uma felicidade, pois evitar-se-ia o equívoco e a falsa noção a que a filosofia, positivizada e socializada pela cultura oficial, está hoje entregue.

Do que se conclui, portanto, o seguinte: a filosofia não é uma disciplina ao serviço de uma finalidade ideológica ou partidária; sem filosofia todo o ensino se esvanece, começando pela Universidade; a filosofia, para ser novamente livre e reconhecida entre nós, exige como condição incontornável a extinção da Universidade positivista e marxista.[120]

Capítulo 3 | Contra os Universitários

Antes de mais nada, tomemos em consideração o seguinte passo de Lobo Vilela, no opúsculo que escreveu sobre a crise universitária: "Quem quiser descobrir as verdadeiras causas da nossa inferioridade mental e a decadência moral que nos avassala, deve ir procurá-las à universidade".[121]

Se bem que o autor reconheça, a par de um velho e inútil escolasticismo, a adoção no meio universitário de um pensamento estranho ao nosso modo de estar, sentir e compreender o mundo, distante se mostra, contudo, perante a verdade histórica que, para infelicidade do povo português, determinou até à atualidade a degradação do ensino superior: o vício pombalino. Convém, pois, não esquecer que a perseguição pombalina, tendo por escopo eliminar o realismo político dos jesuítas, consolidara-se em uma linha de ação que, em termos gerais, não só ia da fundação do Colégio dos Nobres (1761) à criação da Real Mesa Censória (1768), como também, ao instituir a Junta de Providência Literária (1770), dava lugar à reforma da Universidade de Coimbra (1772). Esta, visando a banir o pensamento, perfazia assim uma série de injustiças cometidas contra a Companhia de Jesus, somente possíveis pela conivência de pérfidos e desaustinados colaboradores, tais como o Cardeal da Cunha e o desembargador João Pereira Ramos de Azeredo. Ora, isto é, nem mais nem menos, o que se pode concluir não só da leitura do livro intitulado *Dedução*

Cronológica e Analítica (1767), em que se acusam os jesuítas, disfarçados de cristãos, de serem partidários da seita muçulmana com vista à conquista do Reino, bem como do *Compêndio Histórico sobre o Estado da Universidade de Coimbra* (1771), que, retomando aquelas acusações, se apresenta como o rol dos "estragos feitos nas ciências e nos professores e diretores" da Universidade.

Continuando a encarar o problema universitário com base no valor secundário das obras, estudos e documentos onde predomina o ponto de vista meramente histórico, torna-se exemplificativo o opúsculo que tem por título *O Suicídio dos Catedráticos de Coimbra*, de Eduardo Salgueiro. Não obstante a legítima indignação do autor acerca de uma mensagem dirigida pelos referidos catedráticos ao então Ministro da Instrução, onde chegam ao absurdo de exigir a satisfação dos seus interesses de classe, como, por exemplo, o aumento de salários, parece-nos pouco claro que neste opúsculo se tenha afirmado que a inutilidade da Universidade se deve – em grande parte e na esteira do espírito antiuniversitário de Antero de Quental – ao isolamento português perante a cultura europeia.[122] E dizemos pouco claro porque, mais uma vez, somente sublinha as causas externas do problema em questão.

Quem disto se apercebeu foi o próprio Sant'Anna Dionísio, ao demonstrar a insuficiência das causas religiosas, políticas e sociológicas na explicação do que entendeu designar por "inibições íntimas dos ibéricos para a ciência".[123] Já Antero, sem atender às razões profundamente filosóficas do problema, houvera exposto tais causas quando das Conferências do Casino, o que pode, até certo ponto, explicar a sua afirmação infeliz de que a "nossa fatalidade é a nossa história".[124] Em todo o caso, o pensamento de Sant'Anna Dionísio aspira a mais alto voo quando faz questão de indagar os fatores de decadência *intrínsecos* à alma ibérica, de que o donjuanismo é, segundo o pensador portuense, uma sugestiva expressão, ou, se quisermos, a imagem que, uma vez aceite a concepção que faz do ibérico uma natureza de tendências dispersivas, traduz a sua incapacidade para assumir uma "missão" firme e centrípeta no plano da investigação científica, artística e religiosa.

Vejamos, porém, que acima de todo e qualquer condicionalismo histórico, tal como muito bem viu Eudoro de Sousa ao indagar sobre a "Incapacidade especulativa dos portugueses",[125] está e permanece a verdade filosófica. Só assim se explica, aliás, que o Gênio português, sempre sutil e alheio a olhares indiscretos, dificilmente se torne perceptível através de inquéritos, inventários e monografias de ordem histórica, pois é sabido que só a abstração verdadeiramente filosófica pode elevar o particular ao universal. Por isso, a época pombalina, que foi sem dúvida uma fatalidade não coincidente com a filosofia, uma vez que representou entre nós uma regressão da consciência filosófica que se prolonga até aos nossos dias, jamais abrirá caminho para uma razão explicativa do que, na expressão de Eudoro de Sousa ante o pensamento alvarino, "confere individualidade às filosofias nacionais",[126] ou, mais propriamente, à filosofia portuguesa.

Consequentemente, mais fácil se torna, agora, entrever a degradação que a triste figura do professor universitário foi sofrendo ao longo dos tempos, degradação essa que Sant'Anna Dionísio, em momento oportuno, soube descrever ao aludir às "refrações intelectuais do donjuanismo", fenômeno que pela sua natureza está ao alcance de qualquer pessoa minimamente atenta à simulação da virtude, quanto mais não seja pelos aspectos que se seguem: repúdio e hostilidade para com a verdade, propensão para uma erudição tola e vazia, exibicionismo intelectual decorrente de uma vaidade provinciana, sobretudo patente em congressos, conferências e orações de sapiência, enfim, "por fora cordas de viola, por dentro pão bolorento", como ensina a sabedoria popular. Também Delfim Santos, ainda antes de Sant'Anna Dionísio, havia já verberado contra essa falsa virtude, descrevendo o estatismo social das instituições universitárias: "Não repararam nas outras classes sociais a que sucedeu o mesmo; não repararam que houve homens obrigados a abandonar a respectiva profissão inutilizada pelos tempos. Exemplo: os cocheiros. Ora, pelo mesmo motivo que a sociedade atual não admite cocheiros, não poderá também admitir professores universitários feitos no tempo dos cocheiros".[127]

Mas se estas considerações parecem hoje ultrapassadas dada a substituição do eruditismo pela tecnologia, cuja ilusão invade todos os domínios da atividade humana, os "privilégios", estes, sim, continuam a persistir ao ponto de fazerem das universidades associações de socorros mútuos. Por isso, enveredar pela doutorice significa reconhecer que a Universidade, ainda mais poderosa que os partidos políticos, põe e dispõe da estrutura hierárquica da sociedade. Quer dizer: subverte-a em função de interesses que, sendo de ordem predominantemente economicista, trazem a marca de uma nova espécie de corporativismo, que nada tem a ver com os princípios próprios de uma organização constituída para fins não egoístas.[128]

Prova disso são, aliás, as ordens dos arquitetos, médicos e advogados, quando não mesmo os clubes de futebol e os sindicatos, que do ponto de vista verdadeiramente científico, artístico e filosófico nada significam perante o que de concreto existe nos sentimentos e nos pensamentos dos seres individuados. Dir-se-ia até que para onde quer que olhemos encontramos sempre os agentes da Universidade, a qual produz em série doutores e catedráticos que vão depois corromper o Parlamento, os ministérios, as autarquias, os institutos e as fundações. Em uma palavra: impedir a independência política, econômica e espiritual do povo português, e que, no dizer de Eduardo Salgueiro, resulta em um "crime inqualificável", fruto, por sua vez, do desprezo que os pombalinos e os politiqueiros votam à realidade do Espírito.

Por outro lado, para quem, depois de passar por uma Universidade estéril e destituída de sentido aristocrático, for ainda dado decidir-se pela nobreza do magistério "secundário", nem aí a sua tão desejada liberdade de ensino verá a luz do dia, na medida em que todo o saber, dirigido e programado pela máquina universitária, permanece sujeito a uma rigorosa planificação.[129] E é precisamente o Estado que surge aqui em estreita relação com esta máquina, principalmente se tivermos em conta, no presente caso, os programas de ensino antinacionais do Ministério da Educação,[130] eles mesmos parte indispensável de um planejamento que chega ao ponto de fazer das universidades privadas extensões administrativas das universidades do Estado.[131] Trata-se, por conseguinte, de uma série de malefícios que atualmente projeta o intuito pombalino de estatizar todo o ensino, ou seja, privar a alma portuguesa da espiritualidade a que tem direito, tal como, há mais de dois séculos, assim fez o Marquês de Pombal ao incorporar na Universidade o Colégio das Artes.

Contudo, não negamos que possam existir universitários bem intencionados, alguns dos quais até fazem questão de tornar manifesta a sua crítica ao esquerdismo dominante no meio universitário. Mas atenção: da mesma forma que um macaco vestido de púrpura é sempre um macaco, o professor universitário será sempre um produto da Universidade. Em suma: "Midas, o rei Midas, tem orelhas de burro...".

Capítulo 4 | A Escola Fixista

> A escravidão é a perda do valor pessoal, a abdicação da palavra própria, da realidade da parcela. É, no mundo humano, a direção da pessoa por uma lei exterior; seria, no mundo físico, a exaustão completa da qualidade, a sua representação em pura quantidade, a supressão em cada massa de sua qualidade de inércia, a integral redução a puro geometrismo.
>
> Leonardo Coimbra,
> "A Alegria, a Dor e a Graça"

Segundo a tradição, o ensino diferencia-se em três graus: o primário, o secundário e o superior. Esses três graus correspondem às três idades da formação da personalidade: a infantil, a adolescente e a juvenil. Implica, portanto, um movimento gradual que está de acordo com os ritmos e as formas da natureza, podendo até mesmo dizer-se que tem sido universalmente cumprido.

Contudo, desde já, chamamos a atenção do leitor para o fato de incidirmos a nossa reflexão sobre o ensino secundário, não só pela importância que confere ao superior aperfeiçoamento da humanidade futura, como também e, principalmente, por ser aquele em que se manifesta o despertar da vida intelectual e sentimental dos adolescentes, permitindo assim a formação do *princípio de individuação* por meio do qual cada indivíduo se sabe e se apresenta diferente dos outros.

São, pois, os anos em que cada estudante revela e descobre aquilo a que os pais e os professores designarão por vocação, ou seja, aqueles atributos e características únicas com que a natureza o dotou e agraciou. É por isso mesmo que o paradigma do ensino secundário apela para uma variedade tão grande de cursos quanto é notória a potencial diferença entre os indivíduos; como esta última não tem limites, ou, por outras palavras, é infinita, aquele paradigma é impossível de ser concretizado; porém, não deve deixar o ensino de se organizar no sentido de oferecer aos adolescentes o maior número possível de cursos ou caminhos, irradiando desse modo o verdadeiro Colégio das Artes.

Mas, por incrível que pareça, o ensino secundário do nosso tempo faz e prepara o contrário. Apesar da ilusória e formalista multiplicação das opções escolares em indefinidas especialidades ou especializações, temos vindo a observar que a indiferença do ensino médio diante da percepção das diferenças naturais entre os indivíduos e, dessa maneira, redutível a um nivelamento pragmatizante que o limita ou diminui, tem como objetivo a implementação de um ensino único, igualitário e, consequentemente, válido para todos.

Eis a razão de ser da nossa crítica perante a atual situação do ensino secundário, sem no entanto esquecermos as iniludíveis relações e implicações com os outros dois graus de ensino: o primário e o superior. Dessa forma, é na idade mais sensível da formação da personalidade que constatamos uma tendência contrária, negativa e violenta à afirmação individual do ser humano, dado que a "unificação" ou socialização do ensino apresenta-se segundo três diretrizes: subordinação do ensino à utilidade social, difusão da aprendizagem em grupo e sujeição do ensino ao império da tecnologia.

No que respeita à primeira diretriz, temos a dizer que a subordinação do ensino à utilidade social, isto é, às circunstâncias transitórias e contingentes da atividade econômica e técnica, tem como efeito imediato uma clara incompatibilidade com a arte e o saber desinteressados. Tal situação promove e sugere uma adversidade ao pensamento, sem o qual não pode haver existência civilizada que esteja de acordo com os princípios universais do espírito humano. Essa abdicação tornou-se possível por razões que, incontestavelmente, consistem no abandono ou esquecimento daquela visão sistemática e unitiva que faz de todo o verdadeiro magistério um modo de existência iniciática no qual se relacionam as manifestações naturais da realidade vivida e os superiores significados da transcendência principial.

Ao contrário da opinião errônea e cada vez mais dominante que exalta a cultura como um fenômeno social total, convém reconhecer que, no ensino propriamente dito, só a filosofia pode elevar os homens ao verdadeiro universal, sem o qual tudo fica destituído de qualquer sentido ou significado. É por isso que para nós, portugueses, se torna importante conceber as profundas e reveladoras razões do nosso modo de filosofar, contrariando assim a fixidez do falso e abstrato universalismo das nações. Aparecendo como um Mestre da tradição oculta portuguesa, o autor de *O Encoberto* ensina-nos, de acordo com a intuição de José Marinho, "que não se compreende a filosofia senão quando se cria",[132] o que significa que as causas de geração da nossa nacionalidade, isto é, da autenticidade e da originalidade do pensamento português, exigem um sério compromisso de realização lógica que nada tem a ver com as representações de uma gramática geral e, portanto, válida para todos os povos.

Podemos então deduzir que a finalidade última do ensino é o saber que não se confunde ou coisifica em uma espécie de uniformidade doutrinária, ideológica e partidária, sob pena de cairmos, tal como hoje se patenteia, na inevitável estatização da cultura, ou seja, em uma intervenção administrativa, técnica e profissionalizada do Estado em todos os domínios da cultura. Atendamos, decididamente, que o ato de educar não consiste em levar as novas gerações a adaptarem--se à hodierna organização social, da qual resultaria um anacronismo, devido à sua constante alteração; nem à futura organização social, porque tal pretensão seria um utopismo; assim, o movimento educativo deve, ao contrário, despertar nos adolescentes as poderosas virtualidades de superação criacionista e não a utilidade, a técnica e a prática, as quais só têm valor real quando se apresentam como o resultado equilibrado do saber ou se configuram como os seus atributos ou consequências naturais.

Se o ensino, tal como acontece atualmente, apenas tiver por finalidade a subordinação à utilidade social, então todo ele é o que for a sociedade. Nesta situação, como poderá o adolescente desenvolver e revelar a sua própria individualidade perante um ensino que se apresenta com as características abstratas e gerais da sociedade contemporânea, tais como a comunicação cibernética, a exploração interplanetária, etc.? Como poderão os estudantes realizar a individuação no pensamento e, simultaneamente, predisporem-se para as múltiplas formas de vida, atividade e ação quando as "ideias" não são mais que o produto social das convicções partilhadas pelo mundo inteiro? Não terá a subordinação do ensino à utilidade social uma expressão que se manifesta na cisão com a intuição genesíaca de Platão a Bergson, contribuindo pura e simplesmente para a decadência da civilização ocidental a que o pensamento deu vida e forma? Essa decadência, cujos efeitos de autodestruição, desde a remota história até aos tempos presentes, foram cuidadosamente estudados por pensadores esclarecidos como Hegel, Nietzsche, Oswald Spengler e Leonardo Coimbra, permite-nos antever até onde podem ir as consequências de um ensino dirigido única e exclusivamente para a existência social do homem, como sejam as sociedades totalitárias.

***

Sabemos assim que a utilidade social opõe sérios obstáculos à atividade espiritual do homem, porque sempre se reconheceu a conveniência para depurar ou afastar o exercício do pensamento das preocupações de ordem econômica. Aliás, não foi por acaso que Aristóteles afirmou que o Egito foi o berço da matemática em virtude do ócio ou do lazer que ali usufruía a casta sacerdotal.[133] Logo, aquela atividade deveria permanecer à margem de toda e qualquer preocupação economicista, uma vez que esta última, pelo seu caráter de necessidade, contraria a divina propensão do homem para a ética e a liberdade.

Quem é absorvido ou desviado pelo trabalho, com as suas exigências sociais, sabe perfeitamente quanto tempo lhe resta para a íntima e transfigurante vida do pensamento. E se o ensino atual permite que o estudante possa repartir a atenção mental e espiritual por atividades que de sua natureza lhe são contrárias, então teremos que admitir que existe um perigo eminente para a sua unidade intelectual. A divisão do trabalho social ou, se quisermos, do trabalho industrial, nunca poderá servir de modelo para a organização do sistema escolar, a não ser que se pretenda impor aos estudantes uma espécie de praticismo que facilmente culmina numa uniformidade e nivelamento intelectuais ou, ainda, num modo de pensar igual para todos e, portanto, reduzido aos raciocínios mais simples.[134] Este esquematismo sociológico é, porém, superficial e supérfluo, na medida em que se apresenta como algo exterior à alma humana que se lhe adapta com grandes dificuldades. Notemos, finalmente, que acaba por contrariar todas as diferenças individuais que caracterizam e singularizam os adolescentes.

A segunda diretriz aponta para a pedagogia de grupo, pedagogia essa que foi amplamente difundida nos meados do nosso século e depressa manifestou a sua nefasta influência na perturbação e aviltamento da alma humana. É por esse tipo de pedagogia que podemos observar que os estudos apresentados por um grupo de alunos são realizados apenas por um ou dois, limitando-se os restantes a comparecer e a receber a correspondente habilitação do trabalho alheio.

Essa cultura de necrópole, cuja desagregação impera cada vez mais no ensino secundário, também se projeta, a seu modo, nos métodos e metodologias do corpo docente. Nesse sentido, não estranhamos o fato de alguns professores que fizeram carreira no ensino secundário, terem criticado a aprendizagem em grupo, desde logo imposta à atividade docente: "A orientação simonista da educação nas escolas portuguesas, na medida em que vai substituindo os professores por 'agentes de ensino' e, recentemente, por 'trabalhadores de ensino', que devem proceder todos da mesma maneira, utilizar os meios audiovisuais, dar os mesmos programas, servir-se dos mesmos textos, constitui a própria negação da escola, no objetivo, nem sequer disfarçado, de fazer, se já não fez, dos portugueses um povo de medíocres, isto é, de seres destituídos de memória".[135]

Infelizmente, é operando e agindo à imagem de um sindicato de classe, e muitas vezes movidos pela má índole do seu falso ensino, que os professores confinam a continuidade do ofício e a "estabilidade" do emprego à passiva transmissão de problemáticas ininteligíveis e, portanto, estranhas à multidão dos enganados enganosos. Aliás, a razão de ser desta irracionalidade está na ausência de preparação cultural e intelectual dos jovens estudantes, inconscientes que estão perante os malefícios de uma sociologia internacional que ignora o segredo lógico de que só o Espírito pode ser absoluto e universal.

Ao contrário do que se passa nos dias de hoje a respeito do professor de filosofia, as principais qualidades a exaltar no exercício do magistério filosofal deverão ser a vocação autêntica para a missão espiritual, bem como a fiel propensão para a realização especulativa. Ao compreendermos que a vocação é mais do que aptidão, então também poderemos ver que a filosofia não se subordina aos fins artificiais ou artificiosos de estéreis metodologias inadequadas ao puro pensamento. Não quer isto dizer que se exija ao filósofo uma vastidão enciclopédica de conhecimentos, porque parece-nos desejável que se possa contrariar, na medida do possível, a exibicionista erudição do que é caduco, inútil e desprovido de superior valor escatológico. Pretende-se, sim, a formação em ato da unidade sófica do saber e a floração da liberdade racional do singular artista da palavra.

Temos igualmente observado que raros são os professores do ensino secundário que, terminadas as dissertações exigidas por lei, apresentam ou revelam o resultado escrito da sua reflexão mental. Tal acontece na própria especulação filosófica, cuja atividade aparece tão mal considerada em Portugal, onde a investigação e a participação nos congressos nacionais não é incentivada pelos poderes públicos.

Não esqueçamos, porém, que quanto mais a escola se desnacionaliza, tanto mais tenderá a exigir de cada agente de ensino a estrita obediência aos programas atualmente dominantes. Estamos assim perfeitamente conscientes de que a destruição metódica do ensino em Portugal, a começar pela Universidade, se deve, por interferência estrangeira, à ação de programas direta ou indiretamente planejados para a adoção utópica, à escala planetária, de um universalismo abstrato e igualitário.[136]

***

Comprometidas nesta subversão da natureza humana estão, sem dúvida, as "Ciências da Educação", uma vez que, responsáveis pela ilusão pedagógica, pretendem fazer crer que os professores se possam formar através de estranhos e abstratos métodos de educação. Ao perder a confiança nas suas virtualidades atlânticas, o homem português tornou-se alvo dos mais sutis agentes de intoxicação e de infecção social, o que nos permite concluir que a missão escolar não foi, durante a tradição secular portuguesa, fruto da atividade de metodólogos, de modo que consideramos inútil e até prejudicial o estreito pragmatismo proveniente dessas instituições pretensamente científicas.

De todos os fatores que hoje contribuem para a queda dos princípios espirituais da civilização cristã, é o planejamento da educação aquele que mais possibilidades oferece para o enfraquecimento e desorientação dos povos,[137] situação esta que acompanha a dissolução da árvore genealógica da família, manifestada na legislação igualitária. Diante do internacionalismo, cujo peso esmagador já deitou por terra a civilização ocidental, há que compreender que só por meio da sua fecunda individualidade é que o verdadeiro educador, consciente da sua missão espiritual, poderá assegurar a sua firmeza de caráter e, naturalmente, garantir a pura irradiação do seu pensamento conceitual e imaginal.

Por fim, temos a terceira diretriz, ou seja, a sujeição do ensino ao império da tecnologia, que ligado surge à perniciosa técnica da socialização. Tudo isso assenta no fato de que o agente especializado deve transmitir ao estudante diversos conhecimentos mediante uma estratégia de simplificação, ampliando assim uma espécie de didática linear em que a palavra passa a ser substituída por um manual ou por meios audiovisuais, transformando o próprio ensino em algo de fictício no que toca à *singularidade* do professor e à *individualidade* do estudante, mas perfeitamente adequado ao triunfo das massas. Logo, contraria os fins espirituais da escola criacionista, em que o sujeito real da educação é a *pessoa*, tanto na sua imaginação criadora como na intuição do seu destino sobrenatural.

Na verdade, convém salientar que os processos contemporâneos do ensino pela imagem, cujo fato está consumado na internet, representa um inegável adormecimento no ato de conceber, já que a sucessão mecanizada de imagens produz, naqueles que as observam, uma predisposição apática que paralisa a fluidez e a eterização da razão humana. Ao contrário da imagem mental ou *aristocratizada*, o ensino pela imagem desvirtua o movimento ascensional do intelecto, dado que a mesma aparece decaída em esquema e, dessa maneira, desprovida de uma virtualidade inteligível. É já evidente que os novos programas de educação pela imagem visam, antes de mais, a substituir definitivamente o ensino oral da literatura, da filosofia e da história, segundo a ordem consagrada pela internacionalização de um sistema de controle e repressão do pensamento. Daí que os sinais do falso universalismo, destruidor de povos e culturas, possam não só ser encontrados na negação das doutrinas artísticas, políticas e religiosas da sabedoria clássica, como também nos processos fraudulentos da historiografia contemporânea, por meio dos quais se falsifica a história universal do gênero humano.

Todavia, temos observado que a maior parte dos professores esperam dos novos métodos de difusão do ensino a solução objetiva dos principais problemas que afligem a humanidade. Mas também temos observado que o desequilibrado aumento da instrução torna mais complexa e difícil a vida social, dado que hoje em dia já ninguém poderá afirmar a total abrangência das manifestações da cultura. Somos, pois, levados a crer que a instrução cessa quando se transforma em divulgação e, posteriormente, em vulgarização.

É sobretudo por meio da especialização técnica e tecnológica, exigência esta que prolifera e invade todo o ensino existente, que a estratégia de eliminação da diferença se cumpre. A escola assim programada representa um racionalismo estático que corresponde à infecunda prevalência da técnica sobre a arte e, por isso mesmo, plenamente dirigida pelos tentáculos sombrios e diabólicos das comprometidas inteligências que mais pesam na política internacional. Queremos com isto dizer que o pensador, avisado da submissão e da servidão do cosmopolitismo, saberá compreender que a escola fixista não representa o dinamismo do real. Por outro lado, as universidades determinadas pelo critério de especialização tornam-se inoperativas, porque, ao sofrerem uma tendência de falsa multiplicação, admitindo um técnico por cada área ou especialidade didática, acabam por se afastar do que nelas mais importa: a realização do *universal concreto*.

O destino que a mentalidade tecnológica pode dar ao homem não deixa de ser perigoso para as artes da palavra, não só porque leva à sua respectiva decadência, mas também porque arrasta à degenerescência a expressão oral e escrita. Desse modo, já não nos admiramos que tão poucas pessoas saibam ler e escrever. Podemos encontrar o sintoma de tal fenômeno em inúmeros documentos escritos, os quais denunciam a clara ausência de fluidez qualitativa na adjetivação, que por sua vez indica a natureza de uma respiração e de uma fonação moribundas.

A degradação do dom ou do talento na eloquência vai dando lugar a discussões polêmicas, mortíferas e monocrômicas, que são evidências assustadoras na impropriedade linguística da palavra humana, com especial destaque para a massa de eruditos e bem-pensantes das universidades. Também se torna possível constatar a crescente abolição da aprendizagem no processo de ler, escrever e contar no primeiro ano do ensino primário, onde, aliás, deve ser compreendido como o natural prolongamento da fala que as mães ensinam aos filhos e cujo intervalo se torna prejudicial para o seu ulterior desenvolvimento.

O poder criacionista da palavra aparece assim, ao homem de hoje, como algo de incompatível com a objetividade científica, devido ao fato de a atenção do estudante ter sido desviada para os esquemas matemáticos, ou para os avanços da tecnologia, mais tangíveis e visíveis, mas indubitavelmente inertes. Do que ficou dito, há que ter em conta que as pessoas que foram educadas e vivem exclusivamente entre a escola, a Universidade, a repartição pública e o café, não se devem indignar se pensamos delas que têm uma formação apressada ou defeituosa. Nós não queremos dizer que a vida nos centros urbanos é falsa, mas somente incompleta. A razão dessa afirmação está, pois, nas inúmeras diferenças do que ao espírito é dado observar quando desce da capital à província, da cidade à aldeia, alargando-se, por conseguinte, o seu horizonte ou universo lógico. A distância que separa da natureza os homens públicos, familiares das repartições administrativas e das mais diversas instituições de ensino, participando do efêmero e ilusório protagonismo de que a maior parte é vítima, é uma verdade que desafia os mais desatentos e, portanto, os mais desprevenidos.

Essa ilusão que a vida atual nos impõe, porque ignora os verdadeiros princípios universais que contribuem para a evolução espiritual da humanidade, jamais terá alguma relação com a Natureza, por si mesma serena, encantadora e a desafiar, sorridente, a nossa impaciência e a nossa ignorância diante do poder criador de Deus.

Capítulo 5 | Oliveira Salazar e a Universidade Pombalina

Convém relembrar que, em 1772, um "déspota esclarecido" pôs fim ao aristotelismo da neoescolástica conimbricense. Banido o ensino da lógica, cujo valor está na realização conceitual do mundo do Espírito, seguir-se-ia então a lenta – mas progressiva – eliminação do pensamento filosófico. Quem desejar compreender o alcance dessa eliminação deve começar por atender ao processo de degradação que, até os nossos dias, se tem vindo a consolidar na sucessão do iluminismo, do positivismo e do socialismo.

Todavia, queremos desde já assegurar – ante a maledicência dos escribas menores – o nosso perfeito conhecimento quanto aos princípios filosóficos que sempre permitiram distinguir a *Renascença Portuguesa* do nacionalismo político de Oliveira Salazar. Além disso, os leitores medianamente cultos sabem que Álvaro Ribeiro tornou bem explícita a natureza inconciliável das personalidades de Leonardo Coimbra e Oliveira Salazar.[138] Mas, apesar de tudo, é também possível reconhecer que tal oposição – tanto ao nível do caráter como no plano do pensamento – não impediu que o filósofo portuense pudesse admitir a inteligência daquele que fora outrora um destacado professor da Universidade de Coimbra: "Ele foi, sem dúvida, a maior figura política do nosso século. Toda a gente, partidários e adversários, reconhecem os méritos que deram a esse homem superior a virtude de governar Portugal durante quatro decênios. Muitos o lisonjearam, o incensaram, e dessa prática extraiu ele todos os proveitos, aplicando as leis da sabedoria tradicional ou universal".[139]

No que respeita à importância que Oliveira Salazar atribuía aos escritores e pensadores, talvez só por aproximação a possamos surpreender no romance intitulado *Le Disciple* de Paul Bourget. Porém parece-nos que nunca chegou a criticar os efeitos negativos que a especialização incute na mentalidade do professor universitário. Assim, na entrevista que concedeu a Antônio Ferro, limitou-se apenas a afirmar que o professor não é por natureza um homem de ação.

Relembremos ainda que, em 14 de março de 1919, surgiu na cidade de Coimbra a questão universitária que levou, pela parte do Governo da República, à suspensão de quatro professores da Faculdade de Direito: Carneiro Pacheco, Fezas Vital, Magalhães Colaço e Oliveira Salazar. Estes, por sua vez, não só chegaram a ser acusados de terem praticado nas aulas propaganda monárquica contra o regime republicano, como também se haverem disposto a acolher saudosamente a figura militar de Sidônio Pais. Entretanto, é curioso verificar que outras foram as razões que, segundo Franco Nogueira, estiveram na origem daquela suspensão: as pressões sobre Lisboa do governador civil de Coimbra, Moniz Bacelar, respeitantes ao afastamento de quatro lentes de direito, o qual, por seu lado, houvera sido exigido pelos caudilhos de um movimento revolucionário de teor bolchevista.[140]

Digna de admiração foi, pois, a postura de seriedade moral e intelectual que Oliveira Salazar soube manter durante o inquérito presidido por Vieira Lisboa. Embora prezando os seus graus acadêmicos, a verdade é que o douto professor se recusou a aceitar que o valor do indivíduo pudesse ser posto em causa pelos interesses da Universidade. Nesse sentido, quando em dado momento lhe chegaram a pôr a hipótese do fim da Faculdade de Direito, pôde Oliveira Salazar responder o seguinte: "Ficar-me-ia orgulhando de que tivesse morrido tão bem".[141]

Concluído o inquérito em prol dos professores coimbrões, prolongar-se-ia ainda a questão universitária. Orgulhosa de suas tradições, direitos e privilégios, a Universidade de Coimbra procurava então reagir contra todas as intervenções que, provenientes de atos políticos do Governo, pudessem ferir ou ofender a sua própria autonomia. Contudo, estava privada de um sistema filosófico que lograsse defendê-la daqueles processos que desvirtuam o tradicional significado do ensino superior: exames, provas públicas, interrogatórios orais, enfim, todos aqueles malefícios que definem a Universidade pombalina.

Nessa altura era Leonardo Coimbra Ministro da Instrução Pública. Na sua intenção de transferir a Faculdade de Letras de Coimbra para a cidade do Porto, não hesitamos em reconhecer – como aliás já o fizera Orlando Vitorino no artigo "Leonardo e a política" – que o fim visado radicava na extinção da Universidade pombalina. Ao perder, porém, a questão universitária, o filósofo criacionista ficou deveras impossibilitado de impedir o crescente predomínio das cracias sobre as arquias.

Infelizmente, é hoje possível constatar como se processa no ensino a negação do pensamento filosófico. Sobrecarregado de exames, testes e provas, o ensino socialista tem vindo a planificar toda a aprendizagem segundo critérios exclusivamente técnicos ou profissionais. Proscrita e odiada a filosofia, assim se estabelece a submissão dos estudantes às irreversíveis consequências da doutrina igualitária.

Com efeito, cada vez mais se exige ao professorado que planifique toda a sua atividade docente. Preparados pela Universidade como agentes de ensino, a maioria dos professores não tem efetivamente consciência da planificação que lhes foi imposta e à qual tiveram que aderir. Na verdade, é mediante a elaboração de programas e seus respectivos compêndios que a corporação universitária logra planificar todo o ensino existente.

Por outro lado, não nos tem passado despercebida aquela tendência que, na Universidade atual, consiste na pretensão de historiar as principais teses do pensamento português. Mas, para nós, a originalidade da filosofia portuguesa jamais poderá ser atendida pelos professores universitários, cujo olhar profano logo denuncia a intenção de reduzi-la a uma empírica investigação de textos, em que, por conseguinte, não há lugar para a realidade do Espírito. Compreende-se, por isso, que a transmissão da filosofia portuguesa tenha como condição indispensável à relação acroática entre mestre e discípulo, ou seja, totalmente alheia às vicissitudes das instituições universitárias.

Habilitado a intuir a verdade histórica, Oliveira Salazar não se deixou iludir pela natureza anti-humana do comunismo invasor. Dessa forma, também não chegou a ignorar os perigos que tal doutrina representava para a situação econômica, política e religiosa do Ultramar português. Sob esse aspecto, o Dr. Henrique Veiga de Macedo pôde exprimir, nas palavras que se seguem, o seu mais ardente e elevado patriotismo:

> Temos de responder vitoriosamente ao desafio terrível que o comunismo lançou às consciências dos homens livres. É ver como ele cria prosélitos, perverte as inteligências desprevenidas e envenena as almas fracas, e como promove as discórdias entre os homens e as dissensões entre os povos numa tentativa diabólica para destruir os fundamentos da sociedade cristã e numa rebelião desesperada contra os valores morais e espirituais, o mesmo é dizer, contra Deus.
>
> Ateu, na sua essência doutrinária e na sua ação demolidora, divinizou-se a si próprio, arvorando-se em princípio e fim de tudo e criando uma mística "religiosa" de raiz e sentido eminentemente materialistas.
>
> Proclama em todos os quadrantes da vida mundial a paz, mas por toda a parte ateia guerras e revoluções e suscita ódios e ressentimentos. Diz-se defensor dos povos oprimidos, mas sob o seu despótico domínio nações inteiras jazem escravizadas e no mais total e degradante colonialismo de todos os tempos. Prega justiça, mas para os seus corifeus todos os crimes, perseguições e vinganças se legitimam desde que concorram para robustecer ou alargar o seu poderio.[142]

Com a derrocada do imperialismo de leste, a humanidade – ao contrário do que muitos julgam – não transpôs o perigo comunista. Seja qual for o destino da União Europeia, o certo é que a sua formação se tem devido, em grande parte, à técnica do socialismo. Ora, essa técnica tem vindo a preparar, passo a passo, a mais desumana uniformização que alguma vez foi dirigida à existência dos diferentes povos, culturas e civilizações.

A doutrina comunista, precisamente porque ignora a natureza espiritual do indivíduo, apresenta-se como puro materialismo ou, o mesmo é dizer, como operação de progressiva violência no domínio da matéria. E para tornar isso mais claro, notemos que já Henri Massis, na obra intitulada *Découverte de la Russie*, procurara descrever como o comunismo soviético houvera submetido a alma russa aos rigorosos processos da mecanização. Desse modo, se soubermos ver na fixidez dos modelos mecânicos e seus respectivos princípios a origem da atual sedução tecnológica, estaremos então aptos para delinear os traços característicos de um mundo anticristão.

Era no princípio das nacionalidades que Oliveira Salazar configurava a existência livre e independente de Portugal. Firmado nesse princípio, o estadista português desenvolveu uma invulgar percepção que, em termos políticos, lhe deu a possibilidade de enfrentar as fórmulas abstratas dos poderes internacionais. Aliás, só assim se poderá compreender o sentido da sua resistência perante o movimento desnacionalizante das ficções internacionalistas, e que hoje, mais do que nunca, obstam à evolução espiritual do povo português.

Nesse ponto, o talento pessoal de Oliveira Salazar permanece inabalável. Torna-se, por isso, digna de reprovação toda a atitude injuriosa daqueles que não podem, não sabem nem querem refletir sobre o que verdadeiramente caracterizou esse ilustre português. De qualquer modo, alenta-nos a esperança de que, acima do mundo dos homens, há de prevalecer a justiça e a misericórdia de Deus.

Capítulo 6 | A Índole Heroica do Povo Português

Desde o cavaleiro Gualdim Pais, irmão de armas do rei D. Afonso Henriques e dos cavaleiros Mem Ramires e Martim Moniz, todos eles exímios guerreiros na defesa do Reino contra os mouros, até ao nosso intrépido D. João de Castro, que pôs em fuga, com apenas três mil e quinhentos homens, os quarenta mil turcos que assediavam a praça de Diu, eis como, entre outros exemplos, o heroísmo do homem português é uma das mais belas qualidades elegíveis de que se pode orgulhar a nossa Raça.

Fazendo jus à memória coletiva quando, da passagem do dia 14 para o dia 15 de março de 1961, vagas de terroristas negros, comandados pela UPA (União dos Povos de Angola), invadiram o Norte de Angola,[143] para mediante catanas e canhangulos passarem a pente fino plantações e casas particulares, arrasar aldeias, cercar vilas e pequenas povoações, enfim, tudo destruir desde vias até meios de comunicação,[144] sublinhe-se, igualmente, os atos de heroísmo de "um povo para quem a terra muito significa" e "que não tolera o esbulho do que é patrimônio e custou sangue e trabalho".[145] Foi, consequentemente, no âmbito desta crise, agravada, no mesmo ano, pela invasão de Goa a 18 de dezembro,[146] que surgiu uma série de conferências sobre o *Ideal Português*, as quais, dedicadas a Álvaro Ribeiro, tiveram lugar na Casa da Imprensa de 20 de junho a 25 de julho de 1962. "Sabedores de que uma independência política se não explica, nem garante, senão a partir de uma autonomia cultural",¹⁴⁷ os organizadores do Colóquio, situando-se em um movimento de exigência filosófica, artística e religiosa, procuraram deste modo sustentar a "defesa intransigente das províncias ultramarinas portuguesas".¹⁴⁸

Dos conferencistas, cuja afirmação e presença já decorriam do jornal "57", tais como Antônio Quadros, Fernando Sylvan, Francisco da Cunha Leão e Antônio Braz Teixeira, temos a destacar Alexandre Coelho, cuja intervenção incidiu em dois pontos cruciais que reputamos da maior importância: o primeiro, uma vez lançada a hipótese da derrota portuguesa no Ultramar, culminaria, lamentavelmente, no fim da Pátria; o segundo, enfim, nas mais fundas implicações que daí resultariam "para o resto do mundo e até para a própria Igreja".¹⁴⁹ Ficaria então, como depois se veio a verificar, pelo menos no plano histórico, perdido para a humanidade aquele universalismo que, enquanto expressão profunda do gênio português, pôs fim aos exclusivismos continentais, rácicos e étnicos, ou seja, o mesmo que dando lugar à universalidade transcendente de Portugal estaria também, a seu modo, a "justificar a existência da universalidade da Igreja".¹⁵⁰

Nisto, os conferencistas, cientes do perigo materialista já praticamente instalado em todos os setores e atividades da época, pouco mais podiam fazer senão evidenciar o que chegaram a definir como *a lei da regressão*, isto é, a irreversível tendência para reduzir as categorias de quantidade e qualidade ao império da positividade.¹⁵¹ Sobrevalorização, portanto, da exterioridade em detrimento da interioridade,¹⁵² sempre patente, aliás, na metafísica jurídico-política da construção europeia e da sua pretensa defesa dos direitos do homem. E que contributo para o processo em causa é, igualmente, o da metafísica inerente às culturas germânica e francesa, contributo este plasmado na "indistinção dos homens, das pátrias e dos ideais", para não dizer precursor do repúdio a que, em prol da organização política, técnica e econômica, tem sido e vem sendo votada a vida espiritual.¹⁵³

* * *

Ora, não há dúvida de que tudo isto, avaliado pelos conferencistas como algo impossível de garantir os "mais altos ideais do povo português",[154] aparece hoje de uma tal forma que, certamente, ultrapassa em muito as mais audazes previsões que aqueles, quanto ao futuro, pudessem então fazer ou sequer imaginar. Nos tempos que correm, só os tolos e os ignorantes desconhecem que o socialismo representa a absorção de toda a singularidade no informe, quer dizer, o socialismo, reduzindo a atividade produtiva dos homens à indústria, é a forma de materialismo que melhor consegue esvaziar de sentido quer o indivíduo, quer as formas naturais, quer ainda e, acima de tudo, o pensamento. Vários são assim os aspectos desse materialismo, de que salientamos, de acordo com a atualidade, os mais preocupantes:

1. Destituição do pensamento decorrente da estatização da indústria.

2. Perversão da linguagem, cuja respectiva demência abrange em maior grau as populações das zonas urbanas (veja-se, por exemplo, o caso da palavra *liberdade*, correntemente difundida enquanto "liberdade coletiva", e, desse modo, não mais como "liberdade individual", ou ainda o caso da palavra *verdade*, em que a autoridade arbitrária de um grupo ou consciência coletiva se impõe e sobrepõe à consciência individual).[155]

3. A ciência e a arte, abominada e banida a filosofia, como instrumentos de ordem e finalidade sociais, nada valendo, portanto, como atividades em si e por si mesmas.[156]

4. Planejamento dos jogos e dos eventos desportivos com vista, antes de mais, à eliminação da espontaneidade criadora.[157]

5. Dissolução dos povos, nações e pátrias no internacionalismo utópico.

6. A educação entendida como fenômeno tecnológico programado pelo Estado.

7. O transitar do primado da ação e da vontade de poder para novas e inacreditáveis formas de violência, espetacularmente expostas nos filmes americanos e asiáticos, e com os quais se vem, sugestiva e

desastrosamente, incutindo nos jovens o alcoolismo, a delinquência e a prostituição.

8. Aviltamento da mulher, presente na vaga de pornografia que, em termos avassaladores, esgota a sua sexualidade no penetrar e manipular dos corpos, como acontece quando se desce à mais degradante manifestação de animalidade (a invasão não poupa nada nem ninguém: é nos jornais, nas revistas, na televisão, no cinema, na internet, enfim, por todo o lado onde estejam presentes a técnica e os meios de comunicação);[158] e, porque a enumeração já vai longa, embora não exaustiva, note-se o regresso à pena de morte, como é próprio das sociedades totalitárias.

Todavia, a geração do "57", consciente que estava, ao tempo, do peso e da projeção dominante da indústria, encarou a possibilidade de, por meio da viva e atuante reforma do ensino, assegurar a existência do ideal português. Só que, infelizmente, em vão. É que a voragem dos tempos, como se sabe, foi implacável, tanto no plano da cultura e do ensino, como no da política e da economia.

Ainda assim, valiosa foi a iniciativa daquela geração, que procurava então, na medida do possível, dar continuidade ao problema da filosofia portuguesa, enunciado por Álvaro Ribeiro em 1943. Segundo o filósofo portuense, aquele problema constituíra, na altura em que fora formulado, o problema do ensino, para o qual seria lícito "esperar da administração pública a melhor solução (...)".[159] Nesta linha, a geração do "57", consideradas obviamente as novas circunstâncias que um vintênio decorrido impunha, deixava alguns pontos de doutrina inerentes ao ensino, uma vez que, só apoiado neste, poderia o povo português, cada vez mais subjugado pela cultura nórdica, vencer e pôr de lado o seu "complexo de inferioridade".[160]

**

Comparemos, doravante, a situação atual com o que deveria ser, na óptica dos conferencistas, o ensino português.[161] Primeiro que tudo, preconizavam a relação mestre-discípulo, conquanto esta não fosse vivida nos estreitos limites de uma dependência conceitual, como é sintomático dos que teimam em confundir onde acaba a originalidade própria e começa a alheia. Ora, tal hoje não é possível, principalmente no que respeita às instituições de ensino. Nestas há, pelo contrário, professores e alunos, numa relação de impessoalidade na maioria dos casos.

O mestre ou os mestres, nos tempos que correm, são raríssimos. Logo, por correlação, também os discípulos. O mestre enquanto autor, criador de ideias, é espírito ativo e atuante. O discípulo, razão animada pelas ideias recebidas do mestre, torna-se por elaboração própria dessas ideias senhor do seu destino. Nada disto existe no ensino hodierno, reduzido que está a fazer da escola uma instituição de tortura psicológica, cujo exemplo gritante se projeta na quantidade infindável de provas, exames, notas e classificações.[162]

Consequentemente, aquela geração preconizava também a extinção dos diplomas e certificados com a respectiva certificação, não obstante, como é natural, a correspondente carta de habilitação "que afirma publicamente a sua competência para a profissão escolhida".[163] Evitar-se-ia assim o caos presentemente instalado em Portugal, se pensarmos nas centenas, senão milhares de licenciados que, em cada ano que passa, saem das universidades à procura de emprego.

E para quem queira um exemplo analisemos, a breve trecho, a situação profissional do professorado, atualmente dependente do automatismo a que se dá o nome de concurso público. Selecionados com base nos certificados e sua respectiva classificação, os professores, reduzidos a números, têm-se visto ultimamente em grandes dificuldades para, num sistema já esgotado, arranjarem colocação. Deste modo, impedidas as condições para que a atividade docente seja uma vocação, o problema subsiste e subsistirá enquanto prevalecer uma massa de licenciados cuja marca predominante é a total ausência de brio pessoal.

Acabar com a lista nacional de colocação de professores seria, para nós, uma pequena parte da solução à vista. Se as escolas, livres da inutilidade programática de que são vítimas, assumissem a liberdade de escolher o corpo docente com base em obra e realizações pessoais, uma coisa é certa: escolher o magistério seria, no futuro, uma decisão de grande responsabilidade, pois menor seria o número de indivíduos arvorados naquilo para que não foram destinados. Voltar-se-ia então à missão de criar e salvaguardar o *escol*, palavra nobre que está na origem da palavra *escola*.

No seu livro O *Caminho para a Servidão*, Friedrich Hayek demonstra-nos como uma sociedade planificada, ao contrário da sociedade liberal, controla, efetivamente, o acesso às diferentes atividades profissionais, bem como as condições em que serão pagas as respectivas remunerações. Daí a inevitabilidade, em um curto espaço de tempo, do totalitarismo expresso na regulamentação da vida econômica. Centralizada esta, transferida a propriedade dos meios de produção[164] para o Estado, suprimida toda a liberdade de escolha e decisão individuais, fica assim o Estado em uma posição tal que a imagem imediata a reter é a de um ditador com um poder jamais visto sobre todos nós.[165]

Dado isto, previsível é o fato da "criação de emprego", limitado que está às diretrizes do planejamento econômico, surgir como a mais pura das ilusões dos que tiveram a infelicidade, neste caso inevitável, de cair na "exclusão social". Disso é exemplo indiscutível, como já vimos, a onda anual de licenciados saídos da Universidade à procura de emprego, para já não falar nos que, tendo enveredado pelo ensino há já algum tempo, correm o risco de serem ou colocados onde não pretendem, ou, na pior das hipóteses, verem-se excluídos por ausência de vagas. Dir-se-ia espantoso, se não o soubéssemos, como a tão propalada "racionalidade" do planejamento houvesse de descambar na maior das arbitrariedades, sem dúvida causadora da degradação ética e política da sociedade portuguesa contemporânea.

***

Na complexidade deste processo, óbvio se torna que a maioria das pessoas não consiga, sequer, perceber por que razão a autoridade política, prometendo assegurar, justa e equitativamente, a distribuição da riqueza, falha no cumprimento dos objetivos e finalidades sociais. Por isso, revoltam-se, acusam, indignadas, o Governo (que nada pode garantir, devido ao caráter utópico e irrealizável da economia planificada), para, no final e em desespero, participarem em manifestações desencadeadas pelo mais ávido e inútil sindicalismo. "A atitude das pessoas em relação à sua posição na hierarquia social tem, então, de necessariamente se alterar. As desigualdades parecerão injustificáveis, os infortúnios parecerão imerecidos. Quando estas desgraças acontecem em uma sociedade racionalmente dirigida ou planificada, a reação das pessoas será muito diversa do que quando elas não resultam da racional deliberação de alguém. A desigualdade surge, sem dúvida, mais patente e espontânea, mas afeta muito menos a dignidade das pessoas, quando é determinada por forças impessoais do que quando é o resultado de um desígnio".[166]

Hoje em dia está mais do que visto que o exercício da carreira docente, de uma maneira geral, corresponde ao expediente de, através do Estado, se poder manter e salvaguardar as condições permanentes de trabalho, isto é, de garantir, com as consequentes restrições à liberdade individual, a segurança econômica.[167] Desta forma, os professores, simples funcionários do Estado, estão apenas encarregados, na mais estrita obediência, de fazer cumprir os programas de ensino saídos de um organismo político, a que se dá o nome de Ministério da Educação. E também de um modo similar é o que acontece com os colégios particulares, os quais, se quiserem ser reconhecidos oficialmente (em termos de certificados e diplomas), adotam os mesmos planos curriculares, os mesmos professores, os mesmos critérios e métodos de avaliação impostos pelo Estado.[168]

Possesso e obcecado na produção de técnicos e especialistas, como exige a tecnocracia (precursora da escravocracia), o ensino contemporâneo representa os antípodas do ensino de tipo espiritual. Assim sendo, a formação ética, poética e filosófica da alma humana passa-lhe inteiramente despercebida. A partir daqui, já só resta concluir que a educação, propriamente dita, tem os seus dias contados, quer dizer, deu lugar a um processo que, no âmbito do império planetário da técnica, irreversível se mostra até ao último sopro de uma "civilização" condenada à morte.

Entretanto, vão surgindo, por todo o lado, centros e salas de estudo, cujo propósito, em nome do apoio escolar, é o de explorar economicamente a clara falência do sistema de ensino. Afinal de contas, para que serve o dinheiro do "contribuinte" se, no plano educativo, tudo se confina à menorização mental do indivíduo? Seja como for, só cá faltava a escola paralela (sempre a mesma), com os seus professores e técnicos especializados, pronta, de acordo com o sistema, à função de preparar as pobres crianças para os perniciosos testes, exames e provas globais.

Destituído o pensamento, maior prova não podia haver de que no ensino oficial nada se aprende. No entanto, os pais, com grandes sacrifícios, continuam a perder o seu dinheiro, primeiro enquanto "contribuintes", depois enquanto "encarregados de educação". Desconhecendo os programas de ensino, não sabem, na realidade, as falsidades e os preconceitos que aos seus filhos vão sendo repetidamente incutidos, pois ao sistema o que interessa é, com vista a um futuro próximo, encará-los como mera e exclusiva força de trabalho.

Igual perda de dinheiro está também na compra anual de manuais escolares, os tais "absurdos livros únicos", que os colaboradores do "57" não se eximiram de denunciar.[169] Aqueles manuais, praticamente inacessíveis aos jovens, os que na força da idade anseiam conhecer, descobrir e abrir-se ao mundo, são, como se sabe, antes e primeiramente dirigidos aos professores cuja reflexão pessoal é, salvo um caso ou outro, nenhuma. Nem já interessa quem redige ou faz os manuais, como tampouco importa a discussão pública sobre quem os controla ou edita.

Quer se discuta se a "qualidade" ou, antes, a nulidade do manual deve estar garantida pelas "comissões científicas" do Ministério da Educação, quer ainda se opine se ela deve ser entregue ao arbítrio do negócio livreiro, o vazio é o mesmo. Mentalmente subjugados pelo que se faz lá fora, sobretudo nos países nórdicos, continuam os nossos legisladores, professores e editores a ignorar a civilização portuguesa.[170] Ao inverso, o educador, dando lugar ao mestre, só o é verdadeiramente quando, fiel ao pensamento da Pátria, apresenta, aos que o escutam e reconhecem, a esperada obra de transcensão mental.

Entre as teses propostas pela geração do "57" e o que, tanto quanto nos foi possível, achamos conveniente dizer sobre o ensino dos nossos dias, outros aspectos há, com certeza, a considerar e a atender. Pensamos, contudo, que os que foram apresentados são, pelo que de negativo representam, os suficientes para confirmarem que Portugal, mais do que nunca, está sem rumo. Chegados a este ponto, que será feito, perguntará naturalmente o leitor, do caráter transcendente e heroico dos portugueses?[171]

A resposta, a única possível, está em cada um de nós, ou seja, está nos que continuam, sem cessar, a *sentir*, a *imaginar* e a *pensar* como portugueses. Nos que, enfim, atendendo ao seu subconsciente espiritual, não têm medo de entregar o seu corpo, a sua alma e o seu espírito ao altar da Pátria. E se, na dúvida, de novo perguntardes, responderemos: *presente*.

Capítulo 7 | A Diplomacia dos Interesses

Aos que doravante possam vir a frequentar os cursos universitários de preparação para a carreira diplomática, decerto não lhes faltará ocasião para aí constatarem, como se de um prestígio se tratasse, o largo número de professores universitários com mestrados e doutoramentos tirados no estrangeiro. Nós próprios frequentamos, até certa altura, um desses cursos na Universidade Lusíada, onde, se bem me lembro, a ostentação de títulos apontava na direção de Lovain. O que ali se pretendia é que os futuros diplomatas se inteirassem por completo da crítica estrangeira, ou seja, aquela mesma que proíbe o *princípio das nacionalidades*, para não dizer condição indispensável para o sucesso na respectiva seleção das provas públicas.

Nestes meios, deparamos constantemente com o abuso de expressões tais como "a identidade nacional" ou "os interesses nacionais". Ora, tudo isto, para os que ainda não deixaram de pensar, caracteriza a baixa retórica dos agentes políticos que, agindo em nome de Portugal, tudo fizeram e têm feito para a sua cabal destruição, seja no plano econômico-político, seja, como quem aponta ao centro vital da Pátria, no plano da nossa autonomia cultural. Deste modo, quando falam dos "interesses nacionais", o que lhes importa é somente determinar até que ponto Portugal é economicamente viável, o que explica, aliás, o respectivo intuito de instrumentalizar a língua portuguesa como mero veículo de comunicação na ordem das relações internacionais.

Eis como se ignora que a nossa língua, portadora de valores espirituais, não é um instrumento, não se instrumentaliza, não se quantifica em termos estatísticos, ou, noutros termos, não se mede pelo número dos que, por esse mundo fora, a falam ou pronunciam. Há que aprender, de uma vez por todas, que o "gênio da Língua é a essência espiritual emanada dos seus vocábulos intraduzíveis, que se pode sintetizar numa expressão mais ou menos definida".[172] E que a "língua é, pois, o elemento cultural que excita e educa o pensamento individual a realizar as operações lógicas. Aprender a falar é, de certo modo, aprender a raciocinar. Antes de chegar a atingir a plenitude da razão livre, que poucos homens alcançam, há de o pensador desprender-se das contingências linguísticas para surpreender a fonte da sua vida interior, realizar a autognose".[173] Em uma palavra: "Língua de 'povo secreto'", para usarmos uma expressão de caracterologia étnica.[174]

Contudo, não é só a língua portuguesa que aqui surge instrumentalizada. A cultura oficial, subordinada aos interesses dos políticos, estende agora os seus tentáculos aos pensadores portugueses, como vem mostrando o Instituto Camões,[175] onde, por intermédio da Universidade, se procura absorver e divulgar o intelecto alheio. Mas faça-se o que se fizer, a verdade é que a natureza espiritual dos nossos maiores pensadores permanece e há de permanecer para além de toda e qualquer instrumentalização, tanto no plano institucional, como ainda no da formatação de currículos universitários para proveito pessoal. Em suma: *os pensadores portugueses, antes de mais, pensam-se, sempre em uma atitude que se deseja livre e independente.*

Entre Sampaio Bruno, Leonardo Coimbra ou Álvaro Ribeiro por um lado, e a cultura planificada do Ministério dos Negócios Estrangeiros por outro, nada há em comum. Aqueles, pensando, prestavam culto à Pátria, ao passo que este, repudiando o pensamento e, acima de tudo, obcecado por uma política econômica irrealizável, impele os portugueses para o vazio da uniformidade coletiva. Por várias vezes, na Lusíada, chamamos a atenção para o pensamento dos nossos filósofos acerca da política nacional, para então confirmarmos, sem exceção à regra, que o que mais importa aos estrangeirados – entenda-se aos indoutos universitários – são as ideologias em detrimento da filosofia. Escravos do socialismo, universitários, diplomatas, políticos, todos eles não querem saber de Portugal. E a quem, porventura, tudo isto pareça inacreditável, preste atenção ao testemunho de alguém que, nesses meios, esteve tão enredado ao ponto de confessar o seguinte:

> (...) ao longo da História de Portugal, em ocasiões de grave crise, algumas elites portuguesas, sem embargo da sua cultura e do seu talento, apresentam-se sem autonomia mental, sem coragem intelectual, sem independência criadora, sem julgamento crítico, sem verdades interiores próprias, sem ligação com o sistema de segredos e de certezas coletivas que constitui uma nação; por este motivo, são facilmente influenciáveis, impressionáveis, volúveis; por esse motivo, inconscientemente, insensivelmente, ficam à mercê das ideias alheias, dos princípios estrangeiros, dos interesses de terceiros, das novas *verdades* que os outros lançam pelo mundo para cobertura dos seus objetivos; finalmente, sempre pelo mesmo objetivo, passam a ter do país e dos seus interesses uma visão, um conceito, uma ideia, uma concepção que os leva a alinhar com o *estrangeiro* contra Portugal.[176]

Não há dúvida, pelo menos da nossa parte, de que o testemunho sério e desapaixonado de Franco Nogueira esteja acima de qualquer suspeita, tanto mais que a honestidade e a coragem com que, em tempos adversos, logrou revalorizar Salazar, contra juízos e opiniões que dele faziam um monstro, são mais que suficientes para hoje reconhecermos estar a "nossa" diplomacia sem uma *ideia* sobre Portugal. Isto, principalmente, quando a comparamos com um passado ainda recente, protagonizado pela resistência de Salazar perante a hostilidade dos poderes internacionais, que iam não só desde a organização, direta ou indireta, de atos de terrorismo contra o Ultramar português, como também ao financiamento, em território estrangeiro, dos respectivos campos de instrução e seus agentes revolucionários para cumprimento de programas e campanhas de subversão de que o comunismo internacional foi, como se sabe, o maior beneficiário. Dessa forma, a par dessas fontes de financiamento, que não passavam certamente despercebidas por Salazar,[177] a verdade é que se estava perante um novo imperialismo à escala mundial, e a que não foram isentos os Estados Unidos, por intermédio de quem o comunismo se pôde alargar em muitos pontos do globo, incluindo Portugal.

A comprová-lo estão, antes de mais, "os contatos secretos entre a Administração Kennedy e a UPA",[178] liderada pelo terrorista africano Holden Roberto. A comprová-lo, no mesmo âmbito, está uma ata ou protocolo – caído então nas mãos do governo português – "de um entendimento ou acordo político entre o encarregado de negócios americano em Léopoldville e o chefe do movimento terrorista, Holden Roberto, (...) discriminando subsídios financeiros e fornecimento de armas (...)".[179] Finalmente, a comprová-lo está ainda, na sequência da intromissão das Nações Unidas na jurisdição do Estado português, o posicionamento dos Estados Unidos ao lado dos soviéticos e afro-asiáticos na condenação da política portuguesa.

Admirável é, pois, em face deste cenário precursor da futura escravidão dos indivíduos e dos povos, o talento pessoal com que Salazar procurou salvaguardar Portugal enquanto nação euro-africana e euro-asiática. Um talento, aliás, que apostado estava em preservar Portugal enquanto nação historicamente situada, isto é, uma nação perante cujo segredo de nada valiam as figuras da ficção jurídica, entre as quais, por pressão internacional, se impuseram as do referendo, do plebiscito e da autodeterminação.[180] Por outras palavras, o inteligente estadista compreendia que, falida a missão original de organismos aparentemente apolíticos, como as Nações Unidas,[181] o único caminho verdadeiramente responsável traçar-se-ia em duas frentes políticas: a *interna*, em que Portugal garantiria, pela sua estrutura constitucional, a sua unidade formada por raças, cores e culturas diferentes, sob pena de se comprometer, como está hoje provado, o destino de milhões de seres humanos; e a *externa*, em que Portugal, jogando e aproveitando todas as vantagens e oportunidades no plano dos grandes blocos políticos e militares mundiais, daria lugar a uma *nova diplomacia*[182] capaz de resistir às pressões hostis de um mundo em queda.

* * *

Em todo o caso, a que se deve, porém, o talento pessoal de Salazar? Qual a sua origem? Como explicá-lo? Antes de mais, começando por atender ao pragmatismo que desde logo o caracterizou no cumprimento de um programa político por meio dos serviços do Estado. E para que, a este respeito, não restem dúvidas, perguntemos por que Salazar, tendo sobraçado todas as pastas ministeriais, nunca quis assumir a de Ministro da Educação? Porque, como então, na sua terra natal, tivera ocasião de responder à bela e formosa Cristina Garnier, problemas prementes, como os relacionados com a "ação governativa no campo financeiro ou colonial", ou com as "questões de defesa nacional e de relações externas", o impediam de "abordar problemas de solução longínqua".[183] Razões, portanto, de ordem pragmática, sem que, todavia, apesar de inspirado pelo princípio "Primeiro a Política", de Carlos Maurras, não deixasse de distinguir a educação propriamente dita da organização do ensino em termos meramente burocráticos e administrativos.[184]

Na verdade, várias foram as influências que desde logo estiveram na origem do seu pragmatismo, a primeira das quais assenta nos métodos de trabalho com que se formara na Universidade. Como exemplo dessa influência, estava, aliás, a sua "predileção aristocrática pelos professores universitários, como se comparasse a hierarquia civil do Estado ao trono dos graus acadêmicos, com honras, distinções e privilégios".[185] E, para mais um exemplo, não o esqueçamos, de como as estruturas pombalinas continuavam incólumes entre nós.

Outra influência estava no catolicismo político e antiliberal do já referido Maurras, no qual se atualizavam e perpetuavam os valores tradicionais de Nação, Família, Autoridade, Hierarquia, etc. Na sua sequência, vinham também os escritos de Latour du Pin e os de Frédéric Le Play, com o último dos quais se iam harmonizando, no plano religioso, os princípios propostos por Leão XIII. Enfim, tudo resumido, as raízes ideológicas de Salazar eram, segundo Franco Nogueira, "uma síntese da democracia cristã de Leão XIII, das doutrinas econômicas de Le Play, do princípio da vitória pela vontade de Gustave Le Bon, do historicismo de Maurras".[186]

Por último, uma influência que sobreleva as demais, e sem a qual Salazar não teria sido o maior político do século XX: a sua consciência, deveras *intuitiva*, da missão histórica e civilizadora dos portugueses por onde quer que passaram e deixaram memória inesquecível. A ilustrá-lo, para todos os efeitos, está a resposta que mais uma vez dera à jornalista francesa, quando esta lhe perguntara por que razão continuavam ainda os portugueses a ser recordados em territórios onde já não se fazia valer a sua presença:

> Não procure o motivo na extensão ou na permanência do poder político, por vezes superficial e breve. Não pense também na violência que teria podido marcar a nossa passagem. Todos sabem que o domínio português se exerceu sempre com doçura, no respeito das pessoas e dos seus costumes. Nunca tivemos preconceitos de raça. Em uma palavra, em nenhum dos lugares por onde passamos se encontrarão vestígios de imposição pela força, nem mesmo uma civilização imposta a outra mais rudimentar. Nalguns casos verificar-se-á até uma espécie de compenetração de duas culturas, quando duas culturas se encontraram face a face.[187]

Repita-se: uma consciência histórica, *profundamente intuitiva*, e, desse modo, imune ao historicismo abstrato e estrangeirado da Universidade.[188] Uma consciência, convém notar, somente explicável pela sua participação no subconsciente medieval do povo português, que Salazar tão bem personificava pelo que nele havia de presença telúrica, ou, acentuando ainda mais este último aspecto, o que nele, de humano, se identificava e confundia com a natureza.[189] Nesse sentido, testemunhos não faltam, mesmo quando vindos de figuras estrangeiras, como é o caso do americano George Ball, recebido por Salazar em 1963:

> um homem com encanto e urbanidade, muito rápido mentalmente e lúcido, extremamente conservador, profundamente absorvido por uma dimensão do tempo muito diversa da nossa, transmitindo uma forte impressão de que ele e todo o seu país estão vivendo em mais de um século, como se o Príncipe Henrique o Navegador, Vasco da Gama e Magalhães fossem ainda agentes ativos na formulação da política portuguesa.[190]

Tudo isso aliado, como vimos, a um pragmatismo que chegou, pela sua coerência intelectual, bem como pela sua firmeza moral, a causar a admiração – ainda hoje presente – dos seus partidários e dos seus adversários. Quanto às teses que defendeu, sempre as mesmas ao longo da sua vida, podemos encontrá-las, no seguimento das suas influências, na doutrina política, econômica e social consagrada pela Constituição de 1933. E não só nesta como também nos seus discursos e notas políticas, com base nos quais, por intermédio da Junta de Ação Social, chegou a ser editada, em 1960, uma antologia de excertos intitulada *O Trabalho e as Corporações no Pensamento de Salazar*.

Devemos o conhecimento dessa antologia ao estimado Amigo que foi o Dr. Henrique Veiga de Macedo, numa altura, como é de calcular, já bastante afastada do tempo em que ele assumira as funções de presidente da Junta de Ação Social. Jamais nos esqueceremos, em virtude da sua seriedade e probidade intelectuais, as palavras sinceras com que nos descreveu a satisfação com que Salazar encarara a publicação desta antologia. Uma satisfação, como então nos dissera, que decorria da necessidade de doutrinação do povo em matéria política e social, e sem a qual, no parecer de Salazar, equivalia a convidar o inimigo a estabelecer posição em terra portuguesa.

Entretanto, não deixa de ser interessante observar como Álvaro Ribeiro caracterizara Salazar partindo das teses pragmatistas que o nortearam: a "de um pensador independente da sistematização doutrinária".[191] E, de fato, tinha razão. Ou seja: compulsando os discursos de Salazar, este, "por lúcido oportunismo", somente compreensível à luz "do relato histórico dos acontecimentos políticos", substituía, no estilo que o caracterizava, uma ou outra das premissas do seu raciocínio por definições diretamente extraídas de uma experiência corretamente lida e observada. Basta, por exemplo, ver, no seu repúdio pelo comunismo, o modo como atendeu às experiências que na Rússia, por via do marxismo, resultaram na morte, miséria e sofrimento de milhões de seres humanos.[192] Ao que podemos ainda acrescentar, para mais fácil entendimento, o modo como encarava o lugar natural e imprescindível que a propriedade ocupava em um sistema verdadeiramente econômico, pois avisado estava perante a respectiva destruição no leste e sudeste europeu.[193] Ou ainda, para darmos mais um exemplo, a lucidez com que, referindo-se ao "comodismo nato" e ao "delírio burocrático do comum dos portugueses", afirmou ser o socialismo de Estado "o regime burguês por excelência".[194]

Porém as suas teses, para além do repúdio pelo comunismo, também se opunham, sempre com base na observação histórica, ao liberalismo. Assim, da confusão estabelecida nos séculos XVIII e XIX, entre liberalismo e democracia, ou da identificação entre a doutrina da liberdade e o partidarismo,[195] ou ainda da errônea aplicação da liberdade econômica no sentido do *laissez faire*,[196] resultara a respectiva condenação segundo os princípios informadores do corporativismo, que desde logo começara pela subordinação de todas as associações profissionais, mormente as de caráter econômico, ao interesse nacional representado pelo Estado e pelo Governo. Por outras palavras, pretendia-se, num primeiro momento, *pôr fim ao predomínio da política sobre a vida*, tal como, por meio do sufrágio e não da razão, impunha a democracia na eleição dos governantes; num segundo momento, *impedir o predomínio do econômico sobre o social*, tal como, na ausência de preceitos éticos e laços solidários, dera lugar o liberalismo histórico em um cenário de desordem e descoordenação econômica; e num derradeiro momento, *não permitindo o predomínio do social sobre o econômico*, tal como, partindo das perturbações de discussão ideológica e de agitação demagógica, queria o socialismo levar à prática num ambiente propício ao desentendimento entre o capital e o trabalho.

* * *

Contudo, decorria da parte de Salazar alguma simpatia para com o liberalismo econômico, se, para o efeito, a soubermos ler nas entrelinhas dos seus escritos. Tivemos, há já alguns anos, a respectiva confirmação da parte de Orlando Vitorino, que aliás se pode encontrar, de igual modo, na sua referência ao "liberalismo inicial a que [Salazar] recorreu para 'restaurar as finanças' (...)".[197] Isso está claro no que concerne ao liberalismo econômico, porquanto do ponto de vista político Salazar não era certamente liberal.

Várias são pois as passagens indicadoras da importância que atribuía à liberdade econômica do indivíduo, entre as quais desde já referimos a que, centrada na preocupação geral da falta de segurança no trabalho, assim como na da habitação, conclui pela impossibilidade de dar ao problema uma solução definitiva quando "ao mesmo tempo se quer salvaguardar, em benefício do trabalhador, a liberdade de escolher a sua atividade, restringir as suas habilitações e escolher o local de trabalho".[198] Mas outras passagens, se bem que reveladoras da concepção corporativa, falam por si:

> A economia nacional não pressupõe nem exige que o Estado absorva as empresas particulares e dirija os monopólios, mesmo quando a atividade deste é essencialmente um serviço público. O nosso nacionalismo é

antissocialista e desadora o estatismo, pela dupla razão de a experiência portuguesa tê-lo demonstrado antieconômico e de fazermos profissão de fé na iniciativa individual e no valor dos grandes campos de ação privada para defesa da própria liberdade humana.[199]

E já agora, para concluir, a afirmação de Salazar "de que a felicidade apenas pode ser individual", uma vez que ele próprio já vira estados e regimes "sacrificar totalmente o homem, que representa na terra o único valor de infinito, ao objetivo inacessível da felicidade nacional".[200]

Consequentemente, daqui se infere, mais uma vez, como a ação de Salazar, no plano econômico-político, extrai basilarmente os seus princípios da experiência e da observação histórica. Ou melhor: a sua "doutrina", em grande parte apoiada no pragmatismo que adotou, não decorre do pensamento propriamente dito, isto é, do pensamento categorial. Nesse sentido, eis a razão por que, na clareza da sua exposição estilística, Salazar "nunca tornou evidentes – no dizer de Álvaro Ribeiro – os mais íntimos segredos da sua alma de pensador".[201]

A melhor forma de tal compreendermos está, a nosso ver, na teoria aristotélica das categorias, que era, segundo Álvaro Ribeiro, uma teoria da predicação. A mesma teoria, portanto, que permitiu a Orlando Vitorino afirmar que, uma vez ignorada, ficam as diferentes ciências, como a da economia, compostas por resíduos ou cristalizações resultantes da permanente atualização em que a realidade se traduz e manifesta. Daí que só as categorias, por natureza imutáveis, podem determinar o que as coisas, em constante alteração, são em si mesmas, como acontece, por exemplo, quando dizemos que algo *cai* em uma categoria econômica, ou quando esse algo, por determinação de uma das três categorias da ciência econômica – a *propriedade*, o *mercado* e o *dinheiro* –, se torna suscetível de realidade econômica.

Repare-se, aliás, que estas três categorias, determinantes no plano da economia, constituem-se como modalidades de três das categorias aristotélicas, consoante já demonstrara Orlando Vitorino ao precisar que "a propriedade é um modo da *substância*, o mercado um modo da *ação*, o dinheiro um modo da *relação*".[202] E a articulá-las, entenda-se as categorias, estão os mediadores – o capital, a produção, o trabalho, a renda, o câmbio, etc. –, os quais, tomando, por via científica, a forma de princípios, leis e regras, tendem, pelo seu caráter operativo e instrumental, a relegar para plano ignoto aquelas mesmas categorias. Ainda assim, não deixa de merecer a nossa atenção o caráter intuitivo com que Salazar ligara a crise do pensamento econômico à crise dos princípios que o informam.

Quer dizer: Salazar, intuindo a insuficiência operativa e instrumental da moeda, dos câmbios, do crédito e dos preços na organização da vida econômica, como que se apercebeu, vaga e indecisamente, do pensamento categorial, sobretudo se atendermos à reformulação conceitual com que pretendeu reabilitar os conceitos de *riqueza*, de *trabalho*, de *família*, de *associação* e de *Estado*.[203] Mas daí até ao que permite transcender a mediania do pensamento organizador, manifesto no corporativismo de Estado, assim como na organização administrativa e burocrática do funcionalismo civil, vai uma grande distância somente calculável pelas consequências negativas que, a longo prazo, daí resultariam para a economia, para a política e para o ensino.

Dessa forma, com o golpe do 25 de abril, isto é, passados quatro anos do desaparecimento físico de Salazar, as estruturas socializantes estavam praticamente assentes em todos os domínios da sociedade portuguesa. E tanto assim foi que, a alta roda econômica e financeira, dominando o aparelho do Estado, dava lugar, com o triunfo do socialismo, ao controle da produção e ao planejamento da economia, ao passo que, no ensino, já todo ele minorado e positivizado durante o salazarismo, dava lugar, por seu turno, à mais abominável organização escolar e universitária que o marxismo finalmente trouxera e impusera a Portugal.

Enquanto Salazar governou, vencendo, por virtude do seu engenho pragmático, todos os obstáculos que politicamente, dentro e fora, lhe lançaram, Portugal pôde resistir até o ponto em que a tragédia se abateu sobre um povo cuja esperança de liberdade se transformara no seu pior pesadelo. Ao povo português esperava-o então, de acordo com um premeditado plano, a completa destruição da economia por força das nacionalizações do 11 de março de 1975[204] e, num momento posterior, a "institucionalização constitucional da revolução", para, com base nos fatos consumados do verão de 1975, surgir uma oligarquia política que, no maior desprezo do povo português, vem até hoje condicionando, em prol do seus interesses, todo o investimento público e privado, ou seja, a mesma oligarquia que, dominando o Estado, tem vindo a controlar toda a existência econômica dos portugueses. Tudo se resume, ao fim e ao cabo, ao que Franco Nogueira, já em 1978/79, dissera sobre o atrofiamento da liberdade econômica por parte de irresponsáveis políticos: "Em Portugal, o imposto não tem hoje um caráter social e de justiça corretiva, mas de extorsão aflitiva de recursos. E é a esta coletivização que tem sido conduzido o país: é a socialização pela miséria".

Neste ponto, escusado será dizer, tal como, em 1978, o fizera Franco Nogueira, que "o salazarismo está morto".[205] Ou designadamente, que "o salazarismo morreu com Salazar". Isto, não obstante ter o diplomata português afirmado existirem ideias-força que não foram um exclusivo do salazarismo, como, por exemplo, a de *indivíduo-pessoa humana* oposta à do *indivíduo-cidadão*, ou ainda a de propriedade, primeira e última garantia da livre iniciativa em matéria econômica.

Presentemente, uma coisa é certa: a existência dos portugueses, na sequência da revolução comuno-socialista de 1974, esmagada e asfixiada se encontra pela esquerda totalitária que fez do Estado um instrumento de servidão contra a Pátria, a Nação e a República. Derrotá-la, pôr-lhe fim, exige do homem português o que já poucos, resistindo com toda a sua alma, ainda ousam realizar com fé, esperança e caridade: o pensamento. Realizá-lo, pois, exige as categorias que lhe correspondem, sem o que se perderão os portugueses num revisionismo histórico ditado e falseado pelo esquerdismo dominante.

Não queremos com isto dizer que toda a experiência, por alguns adquirida perante o processo revolucionário, sobretudo na forma como "foi rapidamente conduzido sem que a massa do povo português se apercebesse do que se passava",[206] haja de ser tida em menor linha de conta. Até porque, neste aspecto, a experiência portuguesa, quando bem lida e interpretada, nos poderá ajudar a compreender como "a revolução começou por ter um âmbito muito restrito quanto à sua origem e objetivos, que se diriam quase disciplinares e de grupo",[207] para então e, posteriormente, agirem sob a coordenação de forças políticas e ideológicas exteriores. Um pertinente exemplo, capaz de ilustrar este cenário ideológico que precedeu o 25 de Abril, encontra-se na ação subversiva do Partido Comunista nas Forças Armadas, como relevantemente o procurou descrever Jaime Nogueira Pinto.[208] Assim, desde os agentes que o Partido Comunista encobrira, tais como Vasco Gonçalves, Melo Antunes e Rosa Coutinho, até ao culminar dos protagonistas analfabetos e "desejosos de ribalta",[209] como Vasco Lourenço, Otelo Saraiva de Carvalho e Victor Alves, eis alguns exemplos, entre os mais conhecidos, de como Portugal caíra nas mãos de um bando de perigosos facínoras a mando de um internacionalismo imperialista e uniformizante.

Um processo, sabemo-lo, que passou de todo impune e continua a passar mediante as três estruturas dominantes em Portugal: a estatização da economia, o controle da informação e a adulteração, por via de um marxismo larvar, do ensino e de todas as formas de existência cultural. E tudo possível devido ao que o comunismo revolucionário nos deixou: a tal oligarquia política apoiada no monopólio da representação popular pelos partidos políticos, em uma escala, aliás, sem precedentes, se nela incluirmos o partidarismo invasor nas autarquias e nas empresas públicas do Estado. Enfim, um sistema totalitário democraticamente encoberto, e que dele faz, para todos os efeitos, o maior inimigo da liberdade.

Paralelamente, o sistema em questão tem hoje uma grande dimensão, nomeadamente a europeia. Uma dimensão, como Agostinho da Silva perspicazmente vira, traduzida em um departamento econômico, ou, para citar as suas palavras, "uma organização inútil, doente, que não se entende, que dificilmente resolve os seus problemas pois levou anos até para saber qual deveria ser a cor do passaporte europeu".[210] Além de que, essa mesma Europa, apostada que está na centralização econômico-política, ou que o mesmo é dizer na transferência dos centros de decisão nacional para Bruxelas, também se vai esquecendo que, a par dos fundos com que nos vão perdendo, a nós portugueses, nada, ou quase nada daquilo que é hoje, o seria se não fosse o ouro e os diamantes, entre outras coisas, que Portugal, já lá vai o tempo, tão abundantemente lhe trouxera.[211]

Trata-se, sem dúvida, de uma invasão da Europa, que já no século XVI, segundo Agostinho, trouxera para Portugal, na sequência do que ele chamara o capitalismo europeu, um governo centralista autoritário que então se opunha ao direito concelhio português, até aí autônomo e descentralizado.[212] Seja como for, a verdade é que temos, no presente, um sistema político de origem estrangeira, e que já Agostinho da Silva, curiosamente, dissera ser, na sua origem, um absolutismo real que chegara até nós, por via italiana, no reinado de D. João II.[213] Um caso, por conseguinte, interessante, se atendermos ao que efetivamente resultara do tratamento que os judeus, entre nós agravado por D. Manuel I e pelos reis que se lhe seguiram, receberam no contexto da civilização europeia, isto é, um resultado que fez do judeu, ressentido e em desespero, o agente prático da civilização germânica com a qual, por meio da diáspora judaica, se daria lugar à transferência da Europa industrial para a Rússia e para a América do Norte.

Daqui decorre que a Europa que aí temos, por sinal hostil ao espírito medieval português, está como que a impor-nos um sistema estrangeiro econômico-político que é por si mesmo o antípoda do que para nós, portugueses, representou a pomba mística de Portugal. "Não queremos para nada essa porcaria de ser europeu",[214] dissera Agostinho. E com ele deviam também dizê-lo os portugueses, se não fosse o caso, pelas razões já demonstradas, de se encontrarem mentalmente condicionados pela aplicação sistemática de versões técnicas e ideológicas de um internacionalismo cujo rosto o "cidadão comum" não conhece nem faz a mínima ideia. Tudo, enfim, consumado sem que o povo português se dê conta de como os partidos políticos e seus respectivos chefes, por ele jamais eleitos, cumprem as diretrizes ideológicas de grupos e associações internacionais.

***

No caso de Agostinho da Silva, não passou certamente despercebida, após o 25 de Abril, a tentativa de exploração, por parte de alguns partidos políticos, de tão rica e singular personalidade. Mas, como é natural, de todos eles soube inteligentemente desmarcar-se, ao ponto mesmo de confessar publicamente, uma vez decorrido o 25 de Abril, já não ter a certeza se, a propósito da Lei Cabral de 1934, Salazar o demitira, ou se, ao invés, não teria sido ele próprio a demitir-se.[215] O que, na verdade, nos é perfeitamente compreensível já que, se tudo permaneceu incólume, para pior, como poderia ele, Agostinho da Silva, não ter ficado, neste aspecto, igualmente na mesma?

Como reflexo dessa tentativa de exploração, temos atualmente, ao nosso dispor, uma série de programas televisivos, onde Agostinho, corria então o ano de 1990, expõe o seu pensamento aos portugueses. É de ver, pois, como em tais programas, sob o título de "Conversas Vadias", o seu pensamento transcendia em muito, pelo teor escatológico e soteriológico, a pequenez mental dos entrevistadores.[216] Nisto devemos até dizer, perante o pedantismo jornalístico de uma Maria Elisa, ou perante o pseudointelectualismo de um Miguel Esteves Cardoso – este último abordando mesmo, sem o efeito desejado, o interlocutor num tom arrogante e minorativo –, que a personalidade de Agostinho da Silva, como as circunstâncias se encarregaram de mostrar, não se coadunava com a cegueira materialista de uma sociedade em evanescência.

Do missionário lusíada, que com ironia dissera ter um doutoramento em raiva e uma licenciatura em liberdade,[217] se diz e se escreve hoje, sobretudo da parte de universitários, que foi o inspirador da Comunidade dos Países de Língua Portuguesa (CPLP). No entanto, dito e escrito sem mais, omite, a nosso ver, o essencial: o de que, fazendo jus às palavras de Roberto Pinho,

> a realização dessa comunidade dos povos de língua portuguesa, que não foi entendida nem por portugueses nem por brasileiros, (...) acabou numa coisa lamentável, que é esses Palop (...), porque ele [Agostinho da Silva] jamais pensou numa coisa [ao] nível dos governos, [ao] nível administrativo, [ao] nível institucional (...), mas ao nível da integração e da ligação entre as pessoas...[218]

Daí, propondo para o "planalto de Angola" um Instituto das Culturas de Língua Portuguesa, cuja "iniciativa e direção brasileira" se faria acompanhar de um "conselho assessor com representação de todos os países da área e filiais em todo o lugar adequado",[219] tivera Agostinho em mente, isso sim, projetar no mundo o Portugal missionário, que era, no seu entender, o Portugal do Espírito Santo presente em todo o território de língua portuguesa. De modo que, na sua visão místico-nacionalista, só a língua, no sentido pessoano, daria a superior garantia de que a Pátria portuguesa cumpriria a sua missão por intermédio do Brasil, de Moçambique e de todos os povos que falam e pensam na língua de Camões. Uma proposta, note-se, exposta vinte anos antes da Declaração Constitutiva da Comunidade dos Países de Língua Portuguesa,[220] e de que fazem parte Portugal, Brasil, Angola, Cabo Verde, Guiné-Bissau, Moçambique e São Tomé e Príncipe.

Mas, então, o que esta Declaração nos diz que possa ir ao encontro do nacionalismo místico e ecumênico do nosso missionário do Espírito Santo? Nada. E nada porque, no atual contexto da ficção independentista das repúblicas africanas, a língua portuguesa corresponde apenas a "um instrumento de comunicação e trabalho" no jogo econômico-político das organizações internacionais. E se assim o é, nada melhor do que chamar a atenção do leitor não só para a emergente "concertação político-diplomática" entre os países-membros acima referidos, como também para a complexa rede universitária sem a qual não seria possível potenciar, em conjugação com o Instituto Camões, os alegados centros de língua e cultura portuguesas.

Quer dizer: tudo funciona aqui do ponto de vista estreitamente político e economicista, ao contrário do que projetara Agostinho da Silva, para quem a economia devia ser o sustento e não o objetivo. Cai assim por terra o que ele, sem ser iberista, propunha para Portugal em termos de uma política duplamente externa: "a dos Países de Língua Portuguesa, e a das outras línguas espanholas ou ibéricas".[221] Logo, perante quem fora, de uma forma claramente superior, cofundador de universidades brasileiras e seus respectivos centros de cultura ecumênica, tudo menos inocente permanece a ação concertada de uma cultura oficial e situacionista, como a que está sendo agora veiculada por via universitária.

Neste ponto, já Antônio Quadros, há mais de trinta anos, não deixara passar despercebido o papel contraproducente de instituições "vogando em águas universitárias", como então, na sequência do Instituto de Alta Cultura, dava sinais o Instituto de Cultura Portuguesa.[222] Um ponto, além do mais, que a Agostinho da Silva também não passara despercebido, pois sabia, melhor que ninguém, que "quando uma pessoa faz um curso e consegue alcançar o doutoramento, em geral sai de lá com a cabeça cúbica".[223] Ou seja: com Agostinho, fosse na África, no Brasil ou no Oriente, qualquer escola que se projetasse e se visse concretizada não era algo de comparável com as muitas escolas que por esse mundo afora condicionadas estão pelos poderes instituídos.

Por aqui se vê, pois, a razão por que Agostinho, sempre que podia, dizia aos portugueses para não cederem às condições materiais que pudessem obstar ao verdadeiro desenvolvimento das capacidades individuais da pessoa humana. Fazia até questão, neste contexto, de apontar os exemplos heroicos de Camões e Fernando Pessoa, que para cumprirem o seu destino "arriscaram a vida e a morte tiveram".[224] E de tal modo preconizara, para o bem da humanidade, um novo rumo assente na imprevisibilidade do Espírito, que até a abolição, também por ele preconizada, "de todo o sistema econômico", de "toda a forma de governo" e de "toda a instituição religiosa", lhe valera, da parte de Antônio Quadros, a respeitosa designação de mítico-ucronista.[225]

Seguindo Antônio Quadros, não há dúvida, pese embora a grande ação paraclética encarnada por Agostinho, de que não se podem dispensar, com vista à civilização, "estruturas, organizações, (...) constituições, leis, Estado, etc.". E também não há dúvida, hoje porventura mais do que nunca, de que se torna necessário realizar não só uma contraeconomia, como ainda e sobretudo uma contrapolítica e uma contra-Igreja. Porém, não sem antes se dar o acordo ou o ponto de encontro de todo o pensamento com todo o real, depois de atualizada a questão categorial.

Talvez agora o leitor compreenda melhor o que realmente representa a atual Comunidade de Países de Língua Portuguesa. Talvez agora, mais avisado, compreenda melhor como ela se perde e anula nos descaminhos de uma Nova Ordem Mundial, já de si, aliás, envolvida nas ameaças resultantes de uma política hostil à livre existência de uma sociedade planetária multirracial. Em todo o caso, para que a respectiva compreensão não se dê por perdida, procure o leitor seguir de perto o atual programa da política externa portuguesa, para assim ficar a saber como ela se reduz ao que se convencionou designar por *multilateralismo*, isto é, uma agenda internacionalmente imposta sob o pretexto de se poder fazer frente a uma escalada de violência e de terror poderosamente organizada.[226]

Com um cenário destes, protagonizado por Washington e Nova York, que papel, no mundo, terão afinal os agora designados "povos de expressão lusófona"? E para mais em um mundo em que a Língua Portuguesa se vê reduzida a um mero e estratégico instrumento de comunicação?

Hoje, perdida a unidade política do que realmente fora a África portuguesa – unidade essa, não o esqueçamos, que se quis ver então reconhecida em termos de direito histórico, e, portanto, perfeitamente legítimo em face dos interesses momentâneos dos que tudo fizeram para entregar um continente inteiro aos chamados "ventos da história" –, utópica se torna a tão apregoada autodeterminação dos "povos lusófonos", mesmo quando, na mais pura ficção jurídico-diplomática, se estabelece a tal comunidade identificada pelo idioma comum. Quer dizer: as presentes repúblicas africanas, que há trinta anos, por intervenção abusiva de terceiros, negaram a soberania portuguesa e, com esta, a possibilidade efetiva de uma organização econômica, política e juridicamente garantida, estão presentemente a braços com a miséria e o desamparo das suas populações. Pelo que, tais repúblicas, sendo o resultado de ambições e arranjos políticos, condenadas estão hoje, por ironia do destino, a novas e dependentes formas de escravidão impostas por via ideológica estrangeira.

De resto, traída assim a vocação pátria universalista, à sombra da qual, por mais imperfeita que fosse, se tinham até então abrigado as populações mais diversas, não há dúvida de que a respectiva alienação tem por principais responsáveis todos os que, direta ou indiretamente, vieram e vêm colaborando na hipócrita e cínica projeção de um internacionalismo dito solidário dos direitos humanos e da paz mundial. E como tal, uma projeção que, obstando à missão espiritual e ecumênica do homem português, contraria a transcendência de um ideal patriótico que jamais se confinará à sociedade com seus partidos políticos e grupos socioeconômicos. Logo, a Pátria, se bem que suscetível de expressão histórica, é, mais que tudo, a entidade espiritual que ora se esconde ora se patenteia em função do que o destino, adversa ou favoravelmente, lhe inspire ou reserve.

Ora, aqui chegados, uma só conclusão se nos impõe: Portugal, sendo a mais alta expressão da vida material e espiritual dos portugueses, dispensa certamente uma diplomacia que o dá por perdido num aglomerado de interesses egoístas e diminutivos da superior condição humana. E dispensando-a, espera "a Rosa, que é o Cristo". Numa palavra: "A Rosa do Encoberto".[227]

Capítulo 8 | A Universidade Vencida pelo Espírito

Partindo de Algés em direção a Belém, é ainda hoje possível observar, do lado esquerdo, um conjunto de velhas casernas que perfizeram outrora a Universidade Moderna. Ligada à maçonaria, de que resultara um escândalo que a comunicação social tornou amplamente conhecido, esta Universidade, a par do Centro Cultural de Belém, chegou, de fato, a ensombrar o que António Telmo considerou ser a "cifra arquitetônica" da História Secreta de Portugal. Referimo-nos, obviamente, ao Mosteiro dos Jerónimos, suprema expressão da nossa nacionalidade por via do simbolismo manuelino.

No entanto, relembro a ocasião em que propus a Orlando Vitorino irmos à Moderna com o fim de propor um curso livre de filosofia portuguesa. Fomos então recebidos por quem, no ínterim das eleições autárquicas, aparecia quase sempre na televisão a apoiar o sempiterno candidato à Câmara de Oeiras. Era, pois, mais um indício de como a Universidade, em paralelo com a maçonaria, já então constituía o agente subversivo do poder político, de acordo com o que já dela fizera o Marquês de Pombal.

Estava, portanto, prestes a assistir à capacidade dialética de um mestre que, na casa dos oitenta anos, refletia ainda uma vitalidade anímica e espiritual capaz de suscitar a digna admiração de quem o escutasse. Articulando os argumentos na mais perfeita concordância com os princípios do pensamento, Orlando Vitorino deixou boquiaberto o seu interlocutor ao demonstrar que uma Universidade sem filosofia é coisa que não existe. Mais: a base dessa demonstração trazia bem patente o mal que vem degradando por completo a nossa civilização, desde o Direito sem Filosofia até às atrocidades cometidas pelos agentes da política vil.

Perante o insólito, a reação não se fez esperar quando o universitário procurou imediatamente refúgio nas ideias feitas do positivismo dominante: "O princípio da Universidade é a matéria...", ao que Orlando Vitorino prontamente replicara: "Ora essa!... Não é a matéria... é o Espírito...!".

Na realidade, o dito universitário nem sequer fazia a mínima ideia com quem efetivamente lidava, limitando-se, por fim, a dizer: "Já não sei onde estou!". Aturdido, limitou-se a adiantar que teria de submeter o programa do nosso curso ao conselho científico da Universidade. Dispusemo-nos a entregar-lhe o programa logo que possível. E no fim, dissemos adeus na certeza de qual seria o veredicto, uma vez sujeito à inquisição de uma corporação incapaz de distinguir o pensamento filosófico do conhecimento científico.

Ora, imagine-se, para o efeito, um conselho letrado e bem-falante de sábios universitários diante de um programa onde predominavam expressões tais como: "O mundo atual é um mundo de desolação, dominado pelo império planetário da técnica e habitado por sociedades totalitárias"; ou: "Como *pensamento do homem*, a filosofia é sempre filosofia situada e radicada na história, no povo, na língua e, por essa radicação, se apresenta como filosofia nacional"; ou ainda: "A fixação do conhecimento científico nas teses metafísicas que deram origem à ciência moderna – irrealidade do mundo sensível, divisibilidade do tempo e do espaço, decomposição dos corpos, causalidade na relação de anterior e posterior, imagem mecanicista do homem e do mundo – mas gradual indiferença perante a metafísica e seu consequente abandono...". Enfim, todo um arsenal conceitual somente compreensível à luz da especulação filosófica.

Por outro lado, há quem pense, mesmo no seio da filosofia portuguesa, que o pensamento varão de Orlando Vitorino pecava por manifestar pouca ou nenhuma tolerância no que toca aos disparates provindos da Universidade. Mas talvez, nesse aspecto, Orlando se aproximasse de Leonardo Coimbra, a avaliar como este último justificou a sua ação ao transferir a Faculdade de Letras de Coimbra para o Porto:

> Discute-se se consultei ou não a faculdade, o que já está suficientemente esclarecido. Não vale a pena estar a pôr a nu mentiras e traições, pois à República deve acima de tudo interessar o valor intrínseco do que fiz e muito menos o muito ou pouco tacto diplomático com que o fiz...

Para mais, Orlando Vitorino sabia perfeitamente da incompatibilidade da filosofia portuguesa com o "marxismo universitário", como, aliás, fazia questão de lembrar aos mais desprevenidos. E de fato, eu próprio, enquanto "estudante de filosofia" (passe a expressão!) na Faculdade de Letras de Lisboa, pude confirmar até que ponto ia a hostilidade, mal alguém ousasse abordar ou mencionar a existência do pensamento português. Assim, desde os insultos dirigidos a Álvaro Ribeiro, aqueles mesmos que, de um modo infeliz, cheguei a ouvir vindos de um sôfrego aspirante ao título de mestre – em um seminário dado pelo franciscano J. Cerqueira Gonçalves –, até ao desprezo manifestado pelo nome dos nossos filósofos – "o Álvaro Marinho", como em tom de repúdio ouvira dizer a um dos analíticos encarregados da cadeira de "Lógica" (puro cálculo, diga-se de passagem) eis, pois, como a universidade acolhe a filosofia portuguesa.

Posto isto, terá o problema da filosofia portuguesa realmente perdido a atualidade, como já Álvaro Ribeiro, num misto de amargura e ironia, afirmara no *Diário Ilustrado* de 20 de dezembro de 1962? Decerto que não, pois enquanto houver pensamento, nem que seja na eventualidade de haver um só português que pense, estará sempre garantida a presença da filosofia portuguesa. Se não for o caso, resta a sua ocultação, da qual triunfará passada a idade das trevas.

"A vitória será nossa!", disse-me um dia Orlando Vitorino. E assim dizendo assegurava, sem qualquer espécie de ironia, que a vitória pertence ao Espírito.

Capítulo 9 | A Doutrina da Liberdade de Orlando Vitorino

Do ponto de vista histórico, efêmeras são as imagens que nos têm sido dadas sobre a formação e a essência do liberalismo, pois, para além do seu acentuado aspecto econômico, é sobretudo no de ordem política que aquele veio a predominar como um dos inúmeros sistemas doutrinais ou ideológicos possíveis. Mas do ponto de vista filosófico, certamente o que mais nos interessa, há a realçar que, não obstante a errônea interpretação que se tem vindo a fazer do liberalismo, seja por efeito da sua confusão com a atividade capitalista desvinculada de fins superiores, seja sob a tendência subversiva da linguagem levada a cabo pelo socialismo, só a liberdade principial nos poderá garantir a diminuição dos males que hoje afligem e atormentam a humanidade. Desse modo, ninguém melhor que Orlando Vitorino pode merecer, aqui e agora, a homenagem devida a um pensador que logrou refutar as várias formas de positivismo que há mais de dois séculos vêm ensombrando o povo português e sua respectiva espiritualidade.

É já sabido, pelo menos entre aqueles que reconhecem as teses da filosofia portuguesa, que da reforma pombalina da Universidade de Coimbra houvesse resultado a eliminação da doutrina de Aristóteles. Todavia, imperceptível tem permanecido, sobretudo para os pombalinos de ontem e de hoje, que tal reforma implicasse a não realização dos princípios filosóficos do liberalismo econômico, político e religioso. Por conseguinte, essa relação oculta, sempre atuante no intelecto de Orlando Vitorino, assume o seu ponto culminante quando o próprio, fiel à tradição portuguesa, nos remete por meio da sua obra para o problema do pensamento categorial.

Com efeito, ao iniciar a segunda parte do seu livro *Exaltação da Filosofia Derrotada*, Orlando Vitorino, procurando antecipar a boa compreensão do leitor a respeito do sistema das categorias econômicas, expõe e demonstra a questão decisiva que permite distinguir a filosofia moderna da filosofia clássica: a inversão kantiana das categorias de Aristóteles. Ora, esta inversão, sem dúvida reveladora da índole agnóstica da filosofia alemã, visto haver comprometido toda a liberdade espiritual ao subordinar o pensamento à vontade, estabeleceu que as categorias aristotélicas, tidas por incompletas e, consequentemente, destituídas do seu poder operativo, fossem desgraduadas ao ponto de, a par da determinação dos distintos mas isolados domínios da realidade, dar lugar a outras suscetíveis de mais exata aplicação aos objetos do conhecimento científico.[229] Por isso, em face da inteligência vulpina de Kant, cujo artifício dialético assentara na negação da *intuição intelectual*, Orlando Vitorino argumenta, por sua vez, que "as categorias residem no ponto de encontro de todo o real com todo o pensamento, entendendo por *todo o real* que nada é real se não o implicar e por *todo o pensamento* que nada é *pensamento* se não o implicar".

Assim se explica, aliás, como Orlando Vitorino, inquirindo a origem milenária da ciência moderna, chegara ao ponto de, na sua *Refutação da Filosofia Triunfante*, afirmar não ter havido uma ruptura entre a teologia e o que se convencionou designar por "filosofia moderna". E se de uma ruptura não se trata, é porque, segundo o autor, o primado da vontade, uma vez presente na teologia escolástica, transita para a nova fase humanista e científica do chamado pensamento moderno. E, já agora, podemos até dizer, na concepção que Orlando Vitorino fizera deste prolongamento, haverem concorrido linhas mestras vindas de quem lhe transmitira ora uma *doutrina do espírito*, ora uma *teoria da verdade*.[230]

Entre ambas, temos, por conseguinte, a confirmação de que a origem do racionalismo moderno, em grande parte confinado à razão natural, se deve ao racionalismo medievo de expressão sobrenatural. Ou seja: temos, por um lado, da parte de Álvaro Ribeiro, a possibilidade de reconhecermos como "o princípio de separação nítida entre a lei científica e o dogma religioso, imperante nas Universidades, facilitou o advento do racionalismo iluminista, caraterístico da Idade Moderna";[231] por outro lado, da parte de José Marinho, temos, por fim, de admitir "que se a causa da verdadeira filosofia não foi assegurada por uma escolástica de inspiração divina e teológica, ela não é também assegurada pela nova escolástica de inspiração humanística e científica".[232]

Porém, não obstante o pensamento moderno constituir um prolongamento da escolástica medieval, a verdade é que ainda hoje continua a predominar, sobretudo nas escolas, uma imagem de ruptura que remonta a Descartes. E se a esta remonta é porque, segundo Orlando Vitorino, parece não ter aflorado a Descartes a mínima suspeita de que a sua filosofia prática traduz e projeta, na sequência milenar da mais ortodoxa tradição agostiniana, o primado absoluto da vontade. Quer dizer: com Descartes, a filosofia da natureza, puramente mecânica, desenvolve-se até ao presente como uma linguagem da vontade, isto é, uma linguagem que, destituindo de realidade e ser as formas naturais, reduz o conhecimento científico a um conhecimento possuível, dominável e utilizável.

Ora, tudo isso preconiza Descartes no seio de uma ambiguidade que irá determinar toda a evolução da filosofia nórdica, pois esta, no seu mais declarado materialismo, não consegue "esconder o mais enraizado espiritualismo".[233] Referimo-nos, antes de mais nada, à natureza como fabulosa, ou, por outras palavras, à irrealidade do mundo sensível preconizada pela filosofia prática. Só que aqui, uma antinomia, no mínimo, se apresenta ao caráter de necessidade característico das leis e certezas da ciência moderna, tal como, aliás, a enuncia Orlando Vitorino ao pôr a seguinte questão:

> Se a filosofia prática é a ciência de um mundo dado por irreal, como garantir a realidade do conhecimento científico? Se o mundo sensível é irreal, e fabulosa a natureza e fugazes aparições as formas e os corpos, onde e como garantir a realidade do conhecimento do que é irreal? Como tornar redutível a contradição? Como resolver a antinomia? Como escapar ao absurdo?[234]

A resposta está, praticamente, no primado do racionalismo e da metafísica enquanto princípios idealistas da filosofia moderna, ou, na expressão de Orlando Vitorino, na "radical distinção entre pensamento e natureza para situar no pensamento toda a origem do conhecimento".[235] Trata-se, pois, em termos cartesianos, de uma construção racional de base lógica e matemática, visto que só ela está, simultânea e paradoxalmente, quer na origem das "ciências exatas", quer na do mais extremo e abstrato espiritualismo. Do que resulta, por outras palavras, que *a afirmação do ser* passa desde logo a depender do pensamento, pois, com Descartes, as afirmações do cogitacionismo são, elas próprias, a única garantia de que à irrealidade do mundo sensível venha a corresponder a realidade do conhecimento científico.

Consequentemente, admitir-se-á, quanto à natureza, a efemeridade que os modernos lhe atribuíram, uma vez que, com eles, o conhecimento do mundo sensível deixa de ter origem em si mesmo, ou seja, os corpos, os fenômenos e as formas naturais, não estando em si mesmos, são antes representações dadas nos "intransponíveis limites que virão a ser o objeto da crítica kantiana".[236] Depois, admitir-se-á, por comparação, a eternidade que os antigos atribuíram à natureza, já que, se a "efemeridade supõe o inerte, o morto, o fabuloso e o irreal", a eternidade "representa a vida, com o que ela tem de secreto, de sagrado e intocável", até porque, na concepção clássica, "nada há na natureza que não seja aparência de ser ou símbolo da verdade (...)".[237] Finalmente, admitir-se-á ainda, em face da diferença abissal entre antigos e modernos, a destruição a que os segundos, hoje mais patente do que nunca, sujeitaram a natureza em nome do conhecimento científico.

* * *

Lançado, por esta via, o racionalismo moderno, tornar-se-ia a filosofia uma *ancilla scientiae*, tal como já antes, convém lembrar, a escolástica dela fizera uma *ancilla theologiae*. Deu-se, portanto, um movimento que, partindo da tese escolástica da identidade entre as leis do pensar e as leis do ser, decaiu no extremo da abstração enquanto processo meramente intelectualista e raciocinante. Neste caso, como que a confirmá-lo, temos, acima de tudo, a adulteração do racionalismo aristotélico pelo "racionalismo extremo dos escolásticos",[238] pois este, na acepção do que se veio a designar por lógica formal, limitou-se a uma ontologia fictícia perante o que verdadeiramente caracteriza os princípios de investigação e de demonstração do *Organon* de Aristóteles.

Contudo, em escolásticos como Santo Anselmo, também vê Orlando Vitorino, na

> chamada "prova ontológica da Existência de Deus", a identidade do pensar e do ser na qual se vai fundar e alimentar todo o triunfante desenvolvimento da filosofia moderna, desde Descartes – substituindo a ideia anselmiana, ou pensamento objetivo, pelo *cogito* ou pensamento subjetivo, e o ser de Deus pelo ser do homem – até Hegel, substituindo a ideia pela razão e o ser pelo real.[239]

Ou seja: para Orlando Vitorino, a "absolutização da vontade", que é o que, por cisão, se separou da verdade absoluta, recebe o seu mais cabal desenvolvimento com a filosofia moderna, isto é, a mesma filosofia que levará o raciocínio matemático ao mais extremo e abstrato espiritualismo a que pode chegar o conhecimento científico.

Logo, um conhecimento, como vimos, feito para dominar a natureza, e que teve, de acordo com o nosso autor, "o seu primeiro pensador em Descartes e o último em Hegel".[240]

Todavia, coube a Hegel, com base na sua *Ciência da Lógica*, o haver confirmado a lógica de Aristóteles. Isto é, efetivamente, o que nos diz Álvaro Ribeiro,[241] para quem a lógica de Hegel, formulando o princípio da identificação entre o ser e o não ser, não significava, apesar de tudo, a afirmação da possibilidade absurda da identidade dos contrários.[242] E se tal não significava, era porque Hegel, fazendo da lógica como que uma "biografia dos conceitos",[243] procurara superar as antinomias que já Kant reconhecera existirem no pensamento transcendental.

Ora, a nosso ver, é neste ponto que sobressai a acuidade intelectiva de Orlando Vitorino, ao distinguir, em especial, o pensamento do conhecimento, ou, como já tivemos ocasião de referir, a diferença abissal que existe entre a filosofia clássica e a filosofia moderna. Neste ponto, portanto, em que Hegel, sem dúvida um notável pensador especulativo, também faz depender, com o cuidado que se lhe deve reservar, o pensamento do conhecimento, se para tal encararmos, como convém, toda a sua lógica na mais estrita dependência do princípio segundo o qual "tudo é e não é ao mesmo tempo".[244] Ou ainda se para tal encararmos, em contraste com a lógica de Aristóteles, a contradição, em Hegel, como a "lei a que todo o real e todo o racional obedecem".[245]

Na concepção de Orlando Vitorino, Hegel é, com efeito, a perfeita sistematização da filosofia que deu origem à ciência moderna. Mais: Hegel é, "mais e melhor do que todos os pensadores alemães",[246] o filósofo da vontade, já que toda a sua sistematização filosófica, partindo da concepção kantiana, a esta acabasse por preservar no que, de essencial, a caracteriza: a do primado da ciência e do conhecimento em geral sobre o pensamento. Dessa forma, não obstante a sua tentativa para restaurar a metafísica, só aparentemente restabelece o primado do pensamento "que se pensa a si próprio como o único real de que participa tudo o que se pode dizer real".[247]

Mas por que razão só aparentemente o restabelece? Porque, para Orlando Vitorino, o princípio hegelino de identificação do ser e do não ser, se bem que fundado para salvar o kantismo, não deixa de ser um princípio que, introduzindo o ser no não ser, impõe pelo pensamento "as suas leis à natureza (e é isso a ciência moderna)", ou "as suas formas à sociedade (e é isso o Direito)".[248] Por conseguinte, Hegel, fechando o círculo iniciado por Descartes, culminara, com o primado da vontade, "na sujeição da natureza e da sociedade a leis que são elaboradas, ou 'pensadas', fora delas e soberanamente, mas sem a garantia de verdade que só teriam se fossem pensadas dentro delas, conforme o princípio da 'filosofia portuguesa' estabelecido por Leonardo Coimbra", a saber: "toda a realidade é penetrada de pensamento, que a excede".[249]

Talvez agora já o leitor, que até aqui nos tenha acompanhado, mais apto esteja para entender que a filosofia portuguesa "está, pois, nos antípodas do hegelianismo e da modernidade".[250] Ou seja: "O que há de mais sério na 'filosofia portuguesa' – esclarece Orlando Vitorino – é a sua atualização do aristotelismo". Em suma: Hegel, identificando o real com o racional, isto é, formulando a indistinção entre o pensar e o ser, divergira significativamente da filosofia clássica, a qual, mediante a gnosiologia de Aristóteles, permitira realizar a *adaequatio intellectus et rei*.

Destituída a remota noção de verdade, assim como desatendido o que, na *Ciência da Lógica*, culminara "na tentativa iniciada por Kant para a formação de uma lógica adequada às ciências modernas",[251] não é, pois, de estranhar como os cientistas, ignorando Hegel, esboçassem, perante a "crise dos fundamentos da ciência", um "regresso a Kant". Contudo, o fracasso não se faria esperar, já que o próprio Kant, criticando, por um lado, a lógica dos escolásticos decadentes, e por outro, deduzindo as categorias dos juízos lógicos, conduzira a ciência moderna pela mão dos tais cientistas a ver o seu fundamento no raciocínio matemático. Daí que, para Orlando Vitorino, assim se expliquem "as sucessivas tentativas para fazer da matemática uma lógica: a dos positivistas do Círculo de Viena, a de Bertrand Russel e Alfredo N. Whitehead, com os famosos "Principia Mathematica", e, mais recentemente, as de T. Kuhn e de Karl Popper, este com a sua "Lógica da Descoberta Científica".[252]

* * *

Ora, o que é próprio de tais tentativas é o fato de se atribuírem, quando levadas à prática, o poder de ordenarem e até transformarem o mundo. Isto, por sua vez, representa algo que ultrapassa radicalmente o que já vimos ser o princípio enunciado por Hegel, que diz "que o real é imanente ao racional e o racional imanente ao real".[253] Assim sendo, tal significa que os cientistas, possessos do orgulho que lhes suscitaram os êxitos da técnica na dominação da natureza, não mais se libertaram de uma razão puramente antropológica, isto é, de uma razão que, procurando conformar e transformar o real segundo as categorias e os conceitos de um intelecto sem conteúdo, acaba por se fechar e isolar numa subjetividade evanescente.[254]

Ao longo deste processo, refira-se ainda o acentuar do formalismo com que a lógica de Aristóteles, primeiramente com os escolásticos medievais, depois com a lógica simbólica de G. Boole, seria reduzida a um capítulo particular da lógica moderna. Um formalismo, como se vê, em oposição à "lógica formal" de Aristóteles, dado que, ela mesma precedida de uma teoria das categorias, jamais afirmara, no sentido kantista, o juízo como ato de pensamento. E se, na verdade, jamais o afirmara, é porque, na expressão de Orlando Vitorino, o pensamento, indo das categorias para os juízos, "tem sempre em vista ou o universal ou o geral e sem isso não é pensamento".[255]

Ou melhor: para sabermos que "Sócrates é mortal", é preciso saber "que mortal é o predicado de todos os homens", isto é, "que, segundo a universalidade, todos os homens são mortais ou que, segundo a generalidade, a ideia de homem é a ideia de ser mortal".²⁵⁶ Ora, tal só será possível se as categorias precederem a formação dos juízos, pois sem elas não passam de ditos, propostas e proposições que dão por "conhecido e por real o que nenhuma garantia tem de o ser".²⁵⁷ Como tal, duas são, para resumir, as condições de toda a realidade que ao homem é dado pensar e de todo o pensamento seguro de si:

1. Que não há predicados exclusivos de um único ser ou coisa, (...) pois, se tal acontecesse, a atividade mental, caso se pudesse ainda chamar assim ao que não seria mais do que uma simples presença, limitar-se-ia à passiva e inerte observação da simultânea existência da imensa variedade de seres que há no mundo, como acontece aos vegetais e a grande parte dos animais.

2. Que não há nenhum predicado que convenha a todos os seres e coisas. Pois, se assim acontecesse, tudo seria o mesmo.²⁵⁸

Observe-se, porém, que estas condições vão muito para além do que a respeito da lógica se vem prescrevendo no ensino escolar e universitário, pois uma coisa é, como fez a filosofia alemã, adulterar os termos e as noções da lógica substituindo o silogismo pelo juízo,²⁵⁹ outra, reabilitando o logismo, restituir à lógica de Aristóteles os modos verbais contra "a significação essente e não existente do verbo ser".²⁶⁰ No fundo, "contra a constância do primado do ser", conforme sabia e preconizava Orlando Vitorino perante a "ilegítima substantivação de um verbo"²⁶¹ que impede, como tal, o primado do dever-ser. Entretanto, é de ver como, nesta questão, Álvaro Ribeiro, ao longo dos seus livros, nos esclarece até que ponto a disciplina jurídica, por intermédio da cultura greco-romana, imperou, antes de mais, sobre a nomenclatura retórica, para então, por via desta, imperar finalmente no domínio da lógica.

Ou seja: com a retórica judiciária, em que o juiz formula a sentença com referência a uma lei já escrita,²⁶² a *qualificação* que recai sobre o acusado dá lugar à *classificação*, "porque só quando incluído na *classe* pode o indivíduo ser condenado ou absolvido".²⁶³ Quer dizer: "as classificações sociais, mais próximas dos interesses vulgares e, portanto, mais facilmente inteligíveis", passam a servir "de paradigma a todas as ordenações de conceitos".²⁶⁴ E assim sendo, conclui Álvaro Ribeiro que:

1. O conceito não é uma classe, pois além da *extensão* compreende igualmente propriedades discerníveis.²⁶⁵

2. O conceito, dotado de *extensão* e *compreensão*, representa antes ou uma *imagem* ou uma *ideia*.

3. O conceito, que dá virtude ao silogismo, jamais poderá ser substituído por uma proposição geral.

4. Correlacionar juízos ou realizar inferências, conforme as regras postuladas nos compêndios de lógica, está muito aquém do verdadeiro ato de pensar por conceitos.

5. O juízo, que naqueles compêndios se define como a relação entre o sujeito e o predicado, não corresponde ao *logismo* que "é a relação do substantivo com o verbo, a que Platão se refere no *Sofista* e Aristóteles na *Interpretação*".²⁶⁶

6. O verbo, que na relação *S é P* destituído se encontra de todos os seus aspectos modais e temporais, exprime e revela o domínio lógico da conexão entre a ação e o agente.

7. O juízo essente e estante, contrário à advertência aristotélica de que *o ser se diz de vários modos*, prepara, pela adjetivação determinista de uso frequente na ciência e na técnica, a submissão às abstrações matemáticas.²⁶⁷

Atualmente, o resultado desta submissão está no que se convencionou designar por inteligência artificial, conforme, aliás, fazem questão de destacar os compêndios escolares em que a aplicação da lógica, absorvida pela matemática, aparece, por exemplo, em novos domínios que vão desde a cibernética à robótica.²⁶⁸ Por isso, nesses compêndios, especialmente destinados à enganosa disciplina de filosofia, a lógica, alterada e deturpada pelos escoliastas das várias idades, reduz-se, de fato, a uma abusiva formalização em que, ao homem, deixaram de ser possíveis, ainda que nos limites da sua subjetividade, as representações no espaço e no tempo. Um processo, portanto, que partindo da lógica medieval de matriz aristotélica, decaiu, num tempo relativamente recente, num cálculo que doravante se propôs ir além dos limites idiomáticos em prol de símbolos e sinais de notação unívoca.

Hoje, sabemos como, de uma maneira geral, essa adulteração tem passado despercebida aos professores das escolas do ensino médio e universitário. Tal não é, pois, de estranhar, uma vez que, ignorando eles que a "lógica obriga a uma desespacialização e a uma destemporalização, comparável com a morte, para visão do inteligível",[269] iludidos permanecem quanto à verdadeira natureza da silogística de Aristóteles. E se dizemos iludidos é porque, tomando o silogismo como uma *série* de proposições, ou, no caso paradigmático do silogismo categórico, por um *conjunto* de três esquemas quantificados, reduzem a lógica a um automatismo desqualificante e de extensão ilimitada.

No domínio da lógica formal, fácil se torna reconhecer como a conversão e a combinação de proposições, indiferentes para com o real, vieram a dar lugar, com base no princípio da extensão, à lógica entendida como logística, ou que o mesmo é dizer a "um sistema de operações mentais sobre símbolos escolhidos mas univocamente definidos".[270] Referimo-nos, como é óbvio, ao cálculo lógico, que é, antes de mais, uma técnica que, distinta do pensamento triádico, se propõe representar a *forma lógica*[271] de um raciocínio segundo o modelo da abstração matemática. Ora, sem esta *forma lógica*, já adulterada na escolástica medieval, não teria sido possível o progresso do cálculo enquanto progresso metafísico de abstração e de indiferença para com os três reinos da natureza.

Na verdade, tudo se processa como se de um jogo se tratasse, e cuja aprendizagem, postulada nos compêndios de lógica, não exige mais do que algumas disposições intelectuais. A comprová-lo, temos hoje os adolescentes que na escola, por imposição programática, se veem confinados às regras desse jogo, já que este, começando por correlacionar juízos para realizar inferências, vai até ao ponto em que às proposições se sucedem símbolos e sinais que somente conduzem ao predomínio das ficções matemáticas. Desse modo, temos assim, para o primeiro caso, uma relação espacial de inclusão de objetos em classes, de que oferecem exemplos os silogismos categóricos e hipotéticos,[272] ao passo que, para o segundo caso, temos a representação simbólica por meio do cálculo proposicional e do cálculo de predicados.[273]

***

Porém, em contraste com o caráter constringente da lógica formal e da lógica simbólica, tem vindo a ser revalorizada, no âmbito escolar, a importância dos estudos de retórica para a formação dos adolescentes.[274] E a razão é-nos completamente compreensiva, pois de uma maneira geral, sobretudo na sequência da reabilitação da retórica por Chaim Perelman e Lucie Olbrechts-Tyteca, vem sendo reconhecida a necessidade de uma teoria da argumentação que não identifique a lógica com os novos processos de cálculo dos matemáticos modernos. Por outras palavras, trata-se, no dizer de C. Perelman, de uma "lógica não formal", isto é, uma "lógica do provável e do verossímil" capaz de convencer e persuadir um "auditório universal".[275]

Seja como for, convém relembrar que a desvalorização da retórica foi devida ao positivismo, o qual, eliminando os juízos de valor, eliminou assim a metafísica enquanto ponto de apoio do raciocínio silogístico. Nisso, até o próprio Perelman, que o compreendera, começara mesmo por investigar se seria ou não possível constituir uma lógica dos juízos de valor, mas, como se sabe, acabando apenas por renovar, em vez daquela, a antiga arte de persuadir e convencer.[276] A esse respeito, não faltam sequer, da parte de Álvaro Ribeiro, explícitas referências à obra conjunta de C. Perelman e L. Olbrechts-Tyteca,[277] assim como referências implícitas quando afirma, perante os juízos de existência e de essência dos lógicos, que "só há juízos de valor" enquanto expressão da "liberdade de pensamento, que é – acrescenta ainda – a liberdade *humana*".[278]

Em oposição, José Marinho, "afetado por funda aversão contra a filosofia escolástica",[279] representara, com sua "doutrina imperitura do insubstancial substante",[280] uma ontologia do espírito com seu fim na liberdade divina. Essa oposição, se bem que revelando, para Orlando Vitorino, "as duas faces da mesma filosofia",[281] mais patente se torna quando, a respeito da *doutrina do espírito* de Álvaro Ribeiro, se compreende como esta muito dificilmente pudesse "aceitar a ontologia do espírito de José Marinho, porque – prossegue Orlando Vitorino – ela implica a realidade do não ser e do nada que, de acordo com o realismo aristotélico, não são possíveis: só é o que se diz, só se pode dizer o que é, do não ser nada se pode dizer, o não ser não é".[282]

Dessa forma, não obstante a sua divergência, duas vias complementares se abriram: a do não ser de José Marinho e a que, inspirada no aristotelismo, resultou na tese alvarina de que *filosofia sem teologia não é filosofia portuguesa*. A primeira, portanto, entendida como a via do não limite, uma vez que os "caminhos de toda a ontologia do ser enquanto ser, quer ontologia de Deus, quer ontologia do homem vão a nenhures", isto é, à "irremediável cisão".[283] A segunda, por seu turno, entendida como

> uma antropologia que, situada ou sitiada na misantropia que a existência do mal e do erro tornam inevitável, é, no entanto, consciente das infinitas potencialidades da natureza humana que a si mesmo ignora, e apresenta-se como uma doutrina da educação destinada a fazer do homem, libertando-o do erro, o privilegiado agente do espírito.[284]

Duas vias, consequentemente, em clara oposição a todas as formas de traição ao pensamento vivo, porquanto todas elas, na apropriada expressão de José Marinho, não passam de uma "qualquer estática doutrina em estáticos conceitos",²⁸⁵ pois cada uma em si mesma surge como "um dos conúbios monstruosos da razão formal e do objetivismo de aparências".²⁸⁶ Daí que este ilustre portuense tenha oposto ao juízo parcial a "compreensão una e onímoda", enquanto Álvaro Ribeiro, seu ilustre conterrâneo, tenha igualmente oposto às operações da dialética a indispensável arte de filosofar. Mas arte, entenda-se, no sentido de *arte da palavra*, e não como mera comparação de termos, ou até mesmo de simples conveniência de sujeitos e predicados, que somente definem a certeza das proposições lógicas, sem que por isso determinem o seu caráter ontológico e de verdade.

O problema ontológico, como tal, apresenta-se como o problema da verdade, porque medir ou estabelecer correspondências, como faz a ciência positiva, equivale apenas a considerar o realismo como um coisismo. Pelo que, se Álvaro Ribeiro entendia "por ontologia o saber da verdade como real",²⁸⁷ uma vez que o "problema ontológico é o problema da relação do pensamento com a realidade",²⁸⁸ há que a compreender na tangência do natural com o sobrenatural, até porque a "ontologia forma-se em consequência de nos ser difícil conceber a transcendência".²⁸⁹ Por conseguinte, a "exigência de realismo leva Álvaro Ribeiro a distinguir entre *espírito universal* e *espírito humano*",²⁹⁰ porque o pensamento, para ser real no indivíduo, não pode deixar de recorrer a tal distinção sem separatividade e, por isso mesmo, desde logo complementar.

Com efeito, a razão, para Álvaro Ribeiro, é sempre uma relação que se situa entre o homem e a transcendência, entre o mundo real das relações vividas e o pensamento que constantemente se pensa a si próprio. Já para José Marinho, mais radical e difícil em sua expressão filosófica, não há lugar para "uma interpretação que confunda a teoria pura do espírito e da liberdade com as condições em que um e outra se manifestam e tornam reais",²⁹¹ pois, como já vimos, a liberdade é, para ele, o próprio espírito. Em todo o caso, ambos os pensadores, filósofos da liberdade, foram e continuam sendo ignorados pelos que, usando e abusando da retórica da liberdade como um "instrumento de certo poder e certa propaganda", empregam toda a sua força, triunfo ou riqueza para "manter e alargar a servidão humana".

Ora, é precisamente na permanência e no alargar dessa retórica que Orlando Vitorino nos chama a atenção para o que mais importa: o sentido demasiado valorativo ou transcendentemente afirmativo da liberdade, isto é, "um sentido que indicará só haver para ela um único modo de ser: o da liberdade absoluta".[292] Logo, uma absoluteidade que, recusando a categoria da modalidade, não admite nem suporta, nas condições concretas e sempre limitadas da realidade vivida, a gradual realização da liberdade, ou seja, "não admite quaisquer concessões a tornar real ou social, jurídico ou político, o que seja apenas uma parte dela". Temos, assim, o que Orlando Vitorino, a respeito da "teocracia sem Deus", dissera corresponder à segunda das suas afirmações capitais, porquanto que, de acordo com esta, a liberdade ou será de todos ou de nenhum.[293]

Note-se ainda, com base nessa teocracia que a si mesma se ignora, que o absolutismo da liberdade cai também ele numa contradição histórica, já que, sendo de "origem teológica, católica e medieval",[294] tem-se apresentado, há mais de um século, como humanista e anti-teológico, racionalista e antirreligioso, moderno e antimedieval. E se assim o é, também nós não vemos, à semelhança de Orlando Vitorino, "como hão de os Portugueses e os seus retores conciliar pontos tão contrários e alcançar os modos, ou, sequer, as formas de lhes dar realidade social ou política". A não ser, claro está, que se recorra a uma variedade de soluções que não passe pela "zona da cultura, da política e das instituições onde se fabricam, ou se recebem já fabricadas",[295] as opiniões dominantes, como por exemplo, no que a essas soluções respeita, as que podemos encontrar em pensadores como Álvaro Ribeiro e José Marinho.

Mas porque, como apontara Orlando Vitorino, aos portugueses possa parecer "desesperada e desesperante" a filosofia da liberdade de José Marinho, para quem, perante a inevitável coisificação da verdade, da liberdade e da justiça, só o espírito é livre, talvez melhor seja, por agora, ficarmos pela filosofia de Álvaro Ribeiro, que tão bem soube, entre nós, reagir contra a germânica fundamentação da liberdade na vontade. Ou seja: ao contrário de Hegel, para quem a razão, conhecendo-se a si mesma como razão, é "o reino do pensamento puro", ou mesmo até, considerado o seu conteúdo, "é a exposição de Deus, tal como ele é na sua eterna essência, antes da criação da natureza e de um espírito finito",[296] Álvaro Ribeiro, por seu turno, identificando o espírito com a razão, "repudia o conceito kantiano de razão pura", do qual, como vimos, Hegel partira sem ter sequer a suspeita "de que o mundo espiritual a que pertencia ia entrar em crise".[297] Desse modo, a razão, para Álvaro Ribeiro, estando "sempre inserida no mundo real das relações entre seres, entre almas, entre o passado e o futuro", é não apenas a garantia da "liberdade absoluta do espírito, mas de toda a real e concreta liberdade".[298]

***

Entretanto, eis porque Orlando Vitorino, acompanhando Álvaro Ribeiro, tenha a seu modo acentuado a liberdade como elemento principial do espírito, já que, para o filósofo, ela não está nem imediatamente referida à ação nem por meio desta à vontade. Quando muito, pode ela manifestar-se no significado atribuído à ação, pois esta tanto se pode constituir ora como domínio da liberdade ora como domínio da servidão. Assim, a liberdade, suscetível de ser identificada com o caráter vazio e indeterminado da subjetividade humana, é em si mesma inconquistável, dado que "nunca definitivamente e na tranquilidade do que é definitivo pode o homem possuí-la, possuir-se dela ou abandoná-la".[299]

Por outras palavras, o princípio da liberdade, por natureza fugaz e sutil, surge em Orlando Vitorino como um princípio que não é suscetível de permanecer quer no conhecimento que promove, quer no significado que atribui à existência do próprio homem. Trata-se, portanto, de um princípio que mal se manifesta, logo desaparece, como acontece quando ficamos perante formas, conceitos e ideias cuja vida e plenitude deixaram de o ser quando a liberdade principial deles fugiu ou, simplesmente, os abandonou. Mas, então, como garantir que o conceber "é, na ordem do pensamento, a revelação e a realização da liberdade"?[300] E a resposta, segundo o nosso autor, é esta: "Aqui, a liberdade tem de ser substituída pelo pensamento",[301] porquanto neste processo, em que se nos oferece a realidade como algo suscetível de se conhecer e ser conhecida, a razão, "conhecendo-se como razão, é o próprio espírito, agora não volátil e fugaz como na liberdade, mas permanente em todo o real".[302]

Por outro lado, é neste modo de compreender a liberdade que Orlando Vitorino concebe a propriedade "como o que é próprio das coisas", ou "o que reside nas coisas mesmas e não em quem as possui".[303] E a razão por que estabelece essa relação encontra-a o filósofo na "imagem plena e, ao mesmo tempo, concreta e real"[304] com que se nos apresenta o corpo do homem, ele próprio, ideia ou arquétipo de todas as outras espécies de propriedade, tais como a terra enquanto espécie *perfeita*, ou a dos produtos industriais cuja *imperfeição* reside no simples fato de se destinarem a ser naturalmente consumidos. No fundo, tudo resulta, portanto, da identificação da propriedade com a liberdade, pois se "a propriedade do corpo é a imagem perfeita do conceito e se o conceito, por pertencer ao domínio do pensamento, pertence ao puro domínio da liberdade, uma vez que só o pensamento é livre, nela reside a realização natural e espontânea da liberdade no mundo".[305]

Precisamente por isso, a liberdade, na concepção de Orlando Vitorino, é não apenas concreta mas singular. Ou melhor: o universal da liberdade, ao contrário da justiça, "que só é quando for de todos",[306] não impede a liberdade de algum em face da não liberdade de todos, já que, não sendo participação ou partilha de qualquer espécie, a liberdade, no sentido absoluto e universal, não se obtém na sua extensão à totalidade. Logo, para Orlando Vitorino, bem como para nós que o acompanhamos, o "caráter da singularidade está tão intimamente ligado à liberdade que esta já se afirma, já de algum modo se realiza, só na afirmação do ser singular como ser singular".[307]

Com efeito, sendo a propriedade a efetivação da liberdade, é de ver como ela, muito mais do que uma relação econômica, possui um caráter inalienável em virtude da sua substância religiosa, tal como, aliás, se manifestara outrora no direito romano. A tudo isto atende, pois, Orlando Vitorino, que tão bem sabia como a abolição da propriedade estava intimamente ligada ao apagar da personalidade e da individuação, do mesmo passo que, contrapolarmente, também sabia estar a propriedade ligada "com a hereditariedade e a herança, com a individualidade e sua perpetuação, com o amor e a família portanto".[308] Enfim, tudo se referindo a uma concepção que considera a justiça, não como o domínio da igual distribuição ou repartição de bens materiais, como quer o socialismo, mas antes como o da infindável desigualdade, já que são desiguais as coisas que pertencem aos homens, os homens a quem as coisas pertencem e as relações entre os homens e as coisas.[309]

A justiça retoma assim o conceito que Platão lhe dera: dar a cada um o que lhe pertence. Mais: a justiça, sendo "o justo proporcionado ao mérito", na acepção aristotélica, não pode deixar de se referir à afirmação ou à expressão da singularidade de cada homem. Caso contrário, das duas uma: ou se instaura "a injustiça da igual distribuição dos bens, veleidade irrealizável mas só por si escravizadora, ou se recorre ao processo, ainda mais aviltante, de obrigar cada um a conformar-se a si mesmo com a imagem que sabe terem da justiça aqueles que julgam".[310]

Consequentemente, sem a propriedade, que Orlando Vitorino distingue da apropriação ou da posse, torna-se igualmente patente como a harmonia entre o homem e o mundo, de que a propriedade é a expressão concreta e vivida, não mais se viu ultimamente transposta para as relações entre os indivíduos e o Estado. E se assim é, podemos já dar como assente estarmos perante um primitivismo em que predomina "uma abstrata generalidade de interesses sempre alheios e limitativos dos reais interesses de cada um", isto é, um estado de barbárie em que "o homem vê-se extremamente carecente e quase só é um ser de necessidade".[311] Dessa forma, com a destruição a que a posse primitiva tem sujeitado o homem, a propriedade não mais se veio a assumir e a revelar como uma relação de complementaridade entre aquele e o mundo, já que ela consiste, "da parte da coisa, na dádiva do que lhe é próprio e, da parte do homem, no conhecimento do que a coisa tem de inviolável".[312]

Além disso, tal como Álvaro Ribeiro, também Orlando Vitorino, atento que estava às obras de Platão e Aristóteles, mostrara saber como a realidade vivida é uma realidade em decadência. E talvez aqui, à semelhança dos filósofos gregos, ambos se identifiquem pela misantropia que só o contraste entre a universalidade do pensamento jurídico e a efemeridade do direito positivo pode sugerir. Mas, apesar de tudo, a redenção é não somente possível para eles, na medida em que o direito permite retificar os erros que alimentam a coisificação nas instituições, como ainda, perante as vias triunfantes da modernidade, permite encarar o mal como uma realidade fenomenológica que, não sendo substancial, ou não sendo inerente à essência do homem, suscetível é de ser corrigido pelo pensamento que demande e afirme uma doutrina do Espírito tão infinitamente real quanto possível.

É, aliás, partindo deste ponto que se pode explicar no que consistiu a ação positiva do Marquês de Pombal ao fazer da política uma doutrina do mal, uma vez que, combatendo a Nobreza e o Clero, lançou as bases para a substituição do tradicionalismo português pelo funcionalismo público. Não se estranhe, pois, que Álvaro Ribeiro, em quem Orlando Vitorino vira o mestre dos que sabem, haja sido, no âmbito da cultura nacional, o pensador que melhor soube patentear a disciplina mecânica que desde a época pombalina subjaz ao funcionalismo civil, ou, noutros termos, aquela que, baseada em critérios de ordem pública ou administrativa, sobrepõe o ministério ao magistério. Daí que no seguimento da expulsão dos jesuítas e, com eles, banido o "abominável Aristóteles", conforme a expressão do despótico Marquês, a Universidade, destituída de um sistema filosófico ou teológico, se tenha apresentado até os nossos dias como a instituição que mais hostiliza o princípio aristocrático, isto é, que mais obstáculos oferece ao livre exercício do pensamento especulativo.

Neste sentido, se, por um lado, Delfim Santos, em *Linha Geral da Nova Universidade* (1934), sem rodeios e numa atitude alheia ao espírito reformista, chegara à conclusão de que só a extinção da máquina universitária poderia trazer uma esperança de incalculável valor para a cultura portuguesa; se, por outro lado, Afonso Botelho, em *O Drama do Universitário* (1955), logrou evidenciar que a morte da Universidade portuguesa, sem alma e, portanto, privada de uma finalidade espiritual, se deve ao predomínio de um atroz e tacanho funcionalismo; se ainda Antônio Quadros, numa série de ensaios vindos a lume sob o título de *A Angústia do Nosso Tempo e a Crise da Universidade* (1956), fez valer que, na ausência de uma Faculdade de Filosofia, o saber espiritual se reduz ao domínio puramente técnico das ciências particulares, compreensível se torna, enfim, que Orlando Vitorino, no último dos seus livros, de novo preconize, na linha de Delfim Santos, a extinção da Universidade pombalina.

Em todo caso, cumpre-nos salientar que o problema da educação nacional tomou proporções incontornáveis quando da crise da Pátria em 1961, dado que, agravada a organização do ensino segundo os desígnios da legislação estrangeira, nada pior daí poderia advir para as gerações futuras do que posteriormente se generalizou por "veiga--simonismo". Tal expressão, oriunda do nome do agente socialista que foi Ministro da Educação durante o Governo de Marcello Caetano, é, deste modo, reveladora do que caracteriza o modelo internacionalista de organização do ensino: em primeiro lugar, intervencionismo do Estado, ora no plano administrativo, ora no plano "pedagógico" e profissional; em segundo lugar, intensificação do que, em nome da ciência, apenas se reduz ao domínio prático e utilitário da técnica ou da tecnologia; por último, eliminação das formas superiores e desinteressadas do saber, cujo processo se impõe através de idênticos métodos e programas de ensino ou, se quisermos, mediante a uniformização da existência humana. Assim, se já em 1983, Orlando Vitorino, ao publicar a *Exaltação da Filosofia Derrotada*, aí constasse como o "veiga-simonismo" – na sequência da sua adoção pelos governos comunistas do pós-revolução de 1974 –, permanecera incólume até aquela data, teremos então de reconhecer, para nosso espanto, como tudo isso, aliás previsto pelo autor, se projeta nos tempos que correm.

Em certa ocasião, conversando com Orlando Vitorino acerca da questão do ensino público, pude a dado instante intuir o significado mais fundo destas suas palavras: "A Universidade é um instrumento do mal". Pois bem: dir-se-ia que da sua corajosa reação contra os malefícios de uma instituição onde, efetivamente, se impede o florescimento das virtudes anímicas e espirituais dos seres individuados, sobressai, acima de tudo, a singular imagem de que os filósofos portugueses são, por natureza religiosa, os que maior atenção procuram prestar ao problema do mal. Senão vejamos: em termos atuais, em face do positivismo jurídico instilado pelas Faculdades de Direito, bem como ante as fórmulas historicistas do ensino da filosofia e da literatura, como ainda perante o predomínio das técnicas de planejamento centralizado nas Faculdades de Economia, que outra coisa poderá tudo isto significar a não ser os malefícios do "marxismo universitário"? Logo, cumpre aos filósofos, enquanto homens de pensamento e de ação, resistir ao criptocomunismo invasor da Universidade.

Consequentemente, a obra filosófica de Orlando Vitorino, tal como a de Álvaro Ribeiro, surge para todos os efeitos como uma obra que, pelo seu valor de verdade, jamais será, infelizmente, compreendida no seu elevado grau de elaboração conceitual, quer pelos políticos que no presente tiranizam um povo já descaracterizado das suas próprias qualidades, quer pelos intelectualistas do meio universitário. É que a dedicação dos pensadores portugueses à sua Pátria pressupõe, antes de mais, fidelidade ao pensamento. E graças a Deus, Orlando Vitorino há de ficar para sempre como um desses pensadores!...

Capítulo 10 | Ainda Existe Portugal?

> Nação que tudo perdeste, até os padrões da tua história!...
> Ehu, ehu, Portugal!
>
> Almeida Garrett

Ignorando a tradição portuguesa, os políticos, militares e historiadores do nosso tempo continuam a não saber e a não querer atender às consequências que, a partir de 1772 até à atualidade, viriam a decorrer da reforma pombalina da Universidade de Coimbra, a mais importante das quais foi a proscrição do ensino de Aristóteles. Quer isto dizer que o Marquês de Pombal, tendo por base a *Dedução Cronológica e Analítica* (1767), bem como o *Compêndio Histórico da Universidade de Coimbra* (1772), consolidou todas as estruturas tendentes a impedir, no âmbito do ensino público, a realização autêntica e original do pensamento filosófico. Assim, não obstante sabermos que o verdadeiro intuito do Marquês estava na eliminação da política dos jesuítas, o que aqui nos importa assinalar é que, de então para cá, o ensino universitário não mais se constituiu como um ensino superior, porquanto sem filosofia a razão humana decai, numa primeira instância, no vício positivista para, finalmente, sucumbir perante as destruições morais, políticas e econômicas do socialismo.

Ora, que outro sentido poderia ter, por exemplo, a posição antiuniversitária de Antero de Quental, muito embora o seu pensamento – coincidindo com a entrada do positivismo em Portugal – não só se tivesse revelado incapaz de, por um lado, ir além dos prestígios da ciência moderna, como também de superar, na sua época, as ilusões do socialismo libertário? E que dizer, entretanto, de Sant'Anna Dionísio quando, no escrito intitulado *A Não Cooperação da Inteligência Ibérica na Criação da Ciência* (1941), nos permite compreender o papel superficial e estéril do professor universitário, isto é, aquele cujo esforço intelectual, surgindo "como uma forma de bovarismo", apenas se limita a desempenhar a sua atividade em termos puramente burocráticos e, desse modo, estranhos ao saber científico ou especulativo? E já agora, na medida em que pretendemos salientar a progressiva profanação do ensino superior dado a um exclusivismo administrativo e externo, não esqueçamos também o contributo daquele valiosíssimo opúsculo que Delfim Santos fez vir a lume com o título de *Linha Geral da Nova Universidade* (1934), onde o autor, para além de preconizar a extinção da velha instituição, propõe ainda um novo modelo capaz de harmonizar a Faculdade de Filosofia – a alma propriamente dita da Universidade – com as Faculdades de Letras e de Ciências.

Contudo, o problema do ensino só viria a encontrar a sua adequada expressão conceitual graças ao aristotelismo de Álvaro Ribeiro. Vendo que a Universidade "dormita sobre os bens espirituais da Pátria", conforme o pensamento do seu mestre Leonardo Coimbra, o filósofo portuense não mais deixou de nos chamar a atenção, ao longo da sua obra, para o seguinte silogismo: "Sem Deus não há filosofia; sem filosofia portuguesa não há escola portuguesa; sem escola portuguesa não há política portuguesa". Acontece, por isso, que a Universidade pombalina, encerrando a filosofia num departamento da Faculdade de Letras, continua a manifestar o seu ódio às ideias e ao pensamento, quer dizer, faz questão em separar a filosofia da política e do direito.

Na medida em que o saber se transmite de geração em geração, podem os portugueses dar-se por felizes quando, nos tempos que correm, haja alguém que avance na defesa da fisionomia espiritual da

Pátria. Neste sentido, convém lembrar que também nós (corria então a Primavera de 2002) estivemos apostados, sob a inspiração de Orlando Vitorino, na realização de um ciclo de conferências sobre as raízes e a tradição do pensamento português. Aquelas chegaram a estar previstas para fevereiro de 2003, no Colégio da Bafureira, o que teria sido mais uma exceção num período de pelo menos dois séculos dominados pela universidade.

Infelizmente, o destino encarregou-se de nos privar da presença física de Orlando Vitorino, dois ou três meses antecedida do falecimento de Henrique Barrilaro Ruas, também ele inserto na plêiade de pensadores encarregados de dar corpo e alma a tão singular evento, como era o caso, entre os demais, de Antônio Braz Teixeira, Pinharanda Gomes e Joaquim Domingues. Tais conferências vinham, de certo modo, prestar homenagem a um outro grande acontecimento que foi, sem dúvida, a Faculdade de Letras do Porto, fundada por Leonardo Coimbra, quando Ministro da Instrução (1919), e extinta a 12 de abril de 1928, precisamente quinze dias antes de Salazar assumir a pasta das Finanças. E para mais, não estavam condicionadas pelos poderes do Estado, pois a sua finalidade *era levar os portugueses a pensar*.

Conscientes do fim histórico de Portugal, cujo futuro, nos últimos três decênios, vem sendo, sobretudo para as novas gerações, claramente comprometido por estranhos e complexos socialistas – quer sejam de esquerda ou de direita –, aqueles pensadores tinham como fio condutor esclarecer temas da maior atualidade, a saber: a inexistência do ensino livre; a Universidade como a instituição mais poderosa de Portugal; a estatização da existência no plano político; a inflação, o desemprego e a recessão econômica; o liberalismo e os regimes políticos (monarquia, aristocracia e democracia); exposição e comentário de um projeto de Constituição Política para Portugal, etc.

Lograda esta iniciativa de feição colegial, que se pretendia, aliás, apoiada pela segunda série da revista *Escola Formal*, cabe agora, por via individual, dar continuidade às teses da filosofia portuguesa. Aos poucos que ainda tiverem coragem e determinação para enveredarem por este estreito e difícil caminho, a palavra de ordem continua a ser resistir, por um lado, ao internacionalismo, destruidor de pátrias, nações e povos, e por outro lado ao socialismo enquanto fator aniquilante da pessoa e do indivíduo. Para nós, não há dúvida alguma: tudo podre em Portugal, sobretudo quando atendemos à crescente imposição de um vil economismo da parte de criminosos políticos.

Contudo, uma esperança alenta-nos o coração, uma vez que sabemos ser Portugal uma *ideia*, ou, na nobre expressão de Teixeira de Pascoaes, uma *entidade espiritual*. Sempre dependendo, claro está, da transcendência, e não, como quer a "esmagadora maioria", do mundano e do efêmero.

PARTE II

Esperança

Capítulo 11 | Pinharanda Gomes e os Conimbricenses

Conceber a filosofia portuguesa como movimento gerador de profunda humildade perante a ideia de Deus, é aventura que corresponde à atualização das operações lógicas do pensamento humano. Importa, porém, reconhecer que a descrição dessa filosofia constitui uma prestável via de descoberta e elucidação dos dramas históricos que acompanham a vida e o espírito do homem, sobretudo quando se compara a cultura do tempo presente com a cultura do passado. Assim, apresenta-se-nos digna de admiração a obra de Pinharanda Gomes, principalmente naqueles escritos que configuram a História da Filosofia Portuguesa, dos quais se encontram publicados *A Filosofia Hebraico-Portuguesa*, *A Patrologia Lusitana* e *A Filosofia Arábigo-Portuguesa*.

O ilustre pensador católico sempre reconheceu, de acordo com a doutrina magistral de Álvaro Ribeiro, que a tradição portuguesa só poderia ser devidamente descoberta quando estivessem criadas as condições favoráveis para a difícil mas necessária indagação da história do aristotelismo português. E tanto assim é que, alheio à imposição de sistemas de cultura estrangeira no ambiente universitário, pôde Pinharanda Gomes contribuir para o esclarecimento da verdade histórica no que respeita à existência, no Colégio Conimbricense, de um curso de filosofia escolástica referido à obra lógica, física e metafísica de Aristóteles. Eis o que funda e promove o valioso estudo de

Pinharanda Gomes sobre a tradição aristotélica dos coimbrões, mais especificamente na sua obra *Os Conimbricenses,* onde procura mostrar como Portugal, no extremo ocidental da Europa, permaneceu fiel à doutrina de Aristóteles até à reforma pombalina da Universidade de Coimbra, efetuada em 1772.

De fato, com o Colégio das Artes sob a regência da Companhia de Jesus (1555), abre-se um período de renovação filosófica a que não era de todo estranho o averroísmo latino, cuja influência predominara durante a Renascença, mormente em Pádua.[313] No caso desta última tradição, que não ignorara certamente a exegese filológica e a hermenêutica filosófica dos escolastas cristãos, remontava ela, como é sabido, aos antigos comentadores helênicos e helenísticos. Todavia, convém ter em conta de que existiu na Península Ibérica um aristotelismo arábico de profunda influência na Andaluzia e no Califado de Córdova, de modo que, aceite o princípio de que sem o conhecimento de Averróis muito dificilmente será possível interpretar o pensamento de S. Tomás, é de admitir que a adoção da síntese albertino-tomista no Colégio Conimbricense tivesse a sua origem na "preparação arábica do aristotelismo português".[314]

Como tal, razões de ordem filosófica aconselham o devido reconhecimento da tradicional contribuição dos povos orientais na formação do pensamento português. E, assim sendo, a aceitação desta verdade compatível se mostra com a disciplina ininterrupta de aristotelismo tomista que predominou nas obras dos aristotélicos conimbricenses.[315] Logo, apesar da elogiosa referência de Leão XIII na encíclica *Aeterni Patris* aos pensadores ibéricos da neoescolástica conimbricense, nomeando-os entre aqueles onde "Tomás reinava como príncipe em seu próprio império",[316] a verdade é que eles estavam providos de toda a liberdade de pensamento que lhes permitiu formar – não obstante a existência de diferentes tomismos como o dominicano e o carmelita – um novo tomismo ou, por outras palavras, o tomismo jesuíta cujo valor e significado conviria atender.[317]

Hoje, está praticamente aceito como o pensamento filosófico conimbricense logrou fama nas universidades europeias do século XVI, em grande parte devido à leitura que ali se fazia das nossas principais interpretações escolásticas, como é o caso, por exemplo, das *Instituições Dialéticas* de Pedro da Fonseca. De qualquer modo, não nos devemos esquecer que o tomismo jesuíta dos conimbricenses muito difere do aristotelismo latino dos cistercienses de Alcobaça, os quais, no decurso da Idade Média, seguiam vivamente o pensamento teológico do Doutor Angélico, tal como nos relata Ferreira Deusdado.[318] Por tudo isso, na medida em que o século XII entrevia o apogeu da filosofia escolástica segundo uma nova versão interpretativa da doutrina de Aristóteles, que no século XIII se apresentara ao mundo cristão por meio das obras de Santo Alberto Magno e de S. Tomás de Aquino, não menos importante seria inquirir até que ponto a Ordem de Cister, superiormente edificada pela visão seráfica de S. Bernardo de Claraval, influíra na cultura portuguesa à luz das profundas relações entre a Ordem do Templo e os mistérios das ordens monásticas.[319]

***

Entretanto, notável será, pois, observar que o Curso Filosófico do Colégio das Artes publicou oito Comentários relativos à sistematização aristotélica dos conimbricenses, com o título geral de *Commentarii Collegii Conimbricensis Societatis Iesu*.[320] Sendo a língua do culto e da cultura o latim, os *Commentarii* apresentaram-se como a nova enciclopédia do saber, onde a mediação da filosofia acabou por se revelar como o princípio libertador da inteligência humana e, portanto, capaz de transformar a *crença* em *ciência*. Consciente de que não tivemos entre nós aristotelismo puro, isto é, diretamente radicado nas fontes helênicas, com razão escreveu Pinharanda Gomes o seguinte: "Os *Commentarii* não são expositivos de uma tese dogmática sobre cada um dos problemas filosóficos; são uma enciclopédia de todas as teses sobre cada problema, teses essas expostas e demonstradas umas contra as outras, só que, alfim, o silogismo, em rigor, é elaborado por forma a concluir pelo que chamaríamos *tese oficial*"; e afirma posteriormente que "após anos de elaboração mental e prática, os livros conimbricenses podiam trazer à luz o aristotelismo peculiar: o texto de Aristóteles na versão latina, os primeiros comentadores de Aristóteles, desde Porfírio a Averróis, e todos os comentadores medievais do aristotelismo, desde os greco-romanos aos árabo-medievais".[321]

Com efeito, sabido que os *Commentarii* foram elaborados em profunda harmonia com a filosofia católica, o certo é que eles constituíam um processo preliminar de reflexão filosófica, pois permitiam o pleno acesso às Faculdades maiores, nas quais se distinguiam então as de Direito, Medicina e Teologia. Como tal, o liceu aristotélico apresentava-se como um curso septivial, já que dispunha de condições superiores resultantes da inteligente organização das disciplinas do *trivium* e do *quadrivium*. Explica-se, por isso, a preferência dos aristotélicos conimbricenses por uma metodologia capaz de estimular no homem a translação mental da *imagem* para os domínios lógicos do *conceito* e da *ideia*.

É preciso reconhecer que o pensamento dos coimbrões, ao contrário do que posteriormente se manifestou na ciência linguística dos séculos XIX e XX, procurou seguir o preceito escolástico que aconselha o trânsito da gramática histórica para a gramática filosófica. Desse modo, unindo a filologia com a filosofia, os *conimbricensis* prestavam uma especial atenção ao domínio da semântica, já que por ela passa naturalmente a relação da palavra com o pensamento. Assim, os conimbricenses compreendiam que a teoria da palavra requer a lógica do conceito, pois a cada palavra, segundo o ensino aristotélico, há que saber adequar, com toda propriedade, o conceito que melhor lhe corresponda.

Por reconhecer fica também que a língua, mais predisposta para a vida emocional do que para a intelecção, jamais se poderá reduzir a uma abstrata estrutura formal. Ora, isso equivale a dizer que a língua é portadora de valores espirituais que não correspondem a meros sinais de artifício ou de convenção. Logo, evitar a queda da linguagem em critérios puramente utilitários, de maneira a estabelecer um fácil ou superficial entendimento entre os que falam e os que escrevem, é missão que compete realizar aos verdadeiros homens de pensamento e elevado patriotismo.

Se tal não se verificar, aqueles critérios acabam por impor a substituição dos conceitos por imagens mortas, fixas e inertes. Os conceitos, neste aspecto, degeneram em imagens inoperativas que não apelam para os superiores processos da inteligência humana, cuja finalidade consiste em imitar e em conhecer as formas inteligíveis da Natureza. Quem permanecer na ignorância do alto significado da lógica do conceito no âmbito do problema escolástico, significado esse que necessariamente se há de apresentar a todo o pensador sincero que realize a arte de filosofar, muito dificilmente poderá compreender que o homem foi criado à imagem e semelhança de Deus.

No que respeita à semântica, estavam os conimbricenses precavidos contra as tendências nominalistas dominantes na época, as quais preparavam a perniciosa separação entre as categorias gramaticais e as categorias lógicas. Porém é possível observar que esta separação foi, por um lado, intensificada pelo escolasticismo da lógica formal e, por outro, pelo progressivo predomínio do racionalismo cartesiano e dos rigorosos processos da matemática moderna. Digno de nota é o que Orlando Vitorino logicamente deduziu das consequências desta situação: "Os corpos deixam de ter, como na física antiga, singularidade; o que era o lugar qualificado, ou determinado pelo corpo que o ocupa, passa a ser o espaço homogêneo a que Epicuro chamava o vazio; o movimento elementar deixa de ser o circular para ser o retilíneo; a natureza perde o sentido original que abrange todas as formas nascidas e geradas e na geração contêm já a corrupção, formas que nascem, se reproduzem e morrem, para constituir a coleção dos corpos que nos rodeiam, corpos inertes ou sem vida que entre si se atraem ou repelem movidos por uma força que não reside nem na forma nem na matéria que os compõem, mas resulta da *massa* imaterial e uniforme que, com a sua presença bruta, marca limites no espaço infinito, inqualificado e homogêneo e representa uma energia cuja quantidade é invariável".[322]

Perante a nova fase humanista da filosofia moderna, torna-se evidente que os lentes de Coimbra tenham tido a preocupação de renovar o Curso Filosófico em face das descobertas e dos resultados práticos das novas ciências.[323] Todavia, convém acentuar que, não obstante a construção da ciência moderna e do seu desenvolvimento no domínio técnico, o aristotelismo dos conimbricenses ainda procurou preservar a possibilidade de conciliação com o saber antigo. Esta possibilidade, então ameaçada pelo nominalismo e pela concepção escotista do mundo, permitiu assim que a neoescolástica conimbricense pudesse efetivamente resistir ao racionalismo moderno de Além-Pireneus.

Compreende-se, por isso, que os mestres de Coimbra, tal como tinha acontecido com os escolásticos medievais, houvessem demonstrado que a lógica de Aristóteles revela em si todas as condições suscetíveis de integrar os métodos e os progressos resultantes do aparecimento de novas ciências, técnicas ou artes. Mas a tendência cada vez mais restrita para interpretar livremente os símbolos e os mistérios na esfera do pensamento teológico, cuja pedra angular residia no plano divino da revelação, acabou finalmente por fazer do racionalismo medieval a causa inegável do racionalismo moderno. Logo, por melhor que os conimbricenses pudessem resistir a esta tendência, uma vez que permaneciam fiéis à doutrina de Aristóteles, estavam, porém, comprometidos nesse mesmo processo. Esta é, aliás, a razão que levou Álvaro Ribeiro a escrever as seguintes palavras: "Interpretamos toda a filosofia moderna como a demonstração de que o racionalismo medieval é insuficiente para elaborar um sistema filosófico. Kant, que estudou o ideal de razão pura nas obras dos Conimbricenses, completou essa demonstração".[324]

* * *

Desse modo também se explica que a pouco e pouco tenha aparecido em Portugal um número significativo de sociedades literárias denominadas academias ou arcádias, às quais, infelizmente, se deve a infiltração do ideário iluminista na cultura portuguesa. Nesse contexto, contando com o auxílio de vários membros da Congregação do Oratório, o Marquês de Pombal, primeiramente com a reforma do ensino (1759) e, posteriormente, com a reforma da Universidade de Coimbra (1772), desferiu um dos maiores golpes antifilosóficos de que há memória na história da Pátria portuguesa: a expulsão da Companhia de Jesus de "todas as escolas públicas e particulares, seculares e regulares".[325] Proscrito Aristóteles, que o próprio Pombal caracterizara de "abominável filósofo", abolia-se assim a tradição aristotélica dos conimbricenses que durara quase duzentos anos.

A partir de então, destituída a neoescolástica conimbricense, estavam lançadas as condições necessárias para que, com o tempo, se desse o trânsito do iluminismo para o positivismo e, consequentemente, para a técnica do socialismo. Daí podermos hoje verificar como a totalidade do ensino, de acordo com o que dele fez o Marquês de Pombal, se reduz ao predomínio administrativo, técnico e profissional do Estado em todos os domínios da cultura. E daí também podermos reconhecer como este intervencionismo estatal equivale à plena consciência de que a estratégia prioritária do ensino, sobretudo ao nível universitário, esteja na infiltração dos seus agentes nas principais organizações de ação política ou governativa.

Quem não pensa jamais poderá entrever que a Universidade pombalina seja um dos mais eficazes fatores de agitação e intranquilidade na vida das nações. Quem não pensa, jamais saberá como esta Universidade, visando submeter as diferenças étnicas, psicológicas e espirituais dos povos a um falso e abstrato universalismo, constitui a tentativa contraproducente de uniformizar técnica e mecanicamente o progresso civilizacional das nações. Por isso, aos que ainda é dado pensar, errônea e lamentável se tem mostrado a atual submissão da Nação portuguesa às diretrizes pedagógicas provenientes de instituições e organizações internacionais.

Sabemos hoje como a Universidade portuguesa se encontra dependente de influências estrangeiras, tal como também sabemos o que delas tem resultado para a desnacionalização da cultura portuguesa. Aliás, não há nada mais fácil do que verificar, pela análise dos programas do ensino público, que as doutrinas dominantes em Portugal são importadas do estrangeiro. Não devemos, portanto, estranhar que o ensino universitário da história da filosofia seja agora ministrado de acordo com programas repletos de autores estrangeiros e, dessa forma, totalmente destituído de um princípio filológico que esteja vinculado às diferenças idiomáticas entre os povos.

Para nós, não vale de modelo a doutrina positivista da "lei dos três estados", à qual, no presente, sucede o neopragmatismo americano. Pretender reger e unificar o destino das nações pela imposição arbitrária e ilegítima de um império com origem determinada no mundo, isto é, privado de um universalismo de ordem espiritual, tem sido, pois, a ambição ideal dos Estados Unidos da América do Norte. Situados na faixa ocidental da Península Ibérica, mostram-se os portugueses do nosso tempo desorientados com a política internacionalista ditada pelos poderosos do mundo. Nisto, já nem sequer parecem ouvir a voz íntima do sangue com a qual, em um grandioso esforço de superação heroica e religiosa, puderam ficar assinalados na História Universal como jamais outro povo o fizera. Mas, seja como for, aos incapazes de admitir a presença do Redentor na história dos nossos dias, pôde o cardeal Joseph Ratzinger responder que a salvação que vem de Deus, não é nenhuma grandeza quantitativa e, por isso, nenhuma grandeza que se possa adicionar. No que respeita aos conhecimentos técnicos, poderá existir na humanidade um crescimento que talvez por vezes não seja contínuo, mas que, em geral, é contínuo. O que é meramente quantitativo pode-se medir, aí pode--se verificar se é mais ou menos. Pelo contrário, não pode existir um progresso do mesmo gênero, que seja quantificável, no que diz respeito à bondade do Homem, porque há uma novidade em cada pessoa e porque, por isso, a História começa, de algum modo de novo, em cada nova pessoa. É muito importante aprender a fazer esta distinção. A bondade do Homem, para usar esta expressão, não é quantificável. Não se pode partir de que um cristianismo que no ano zero começa como grão de mostarda, no fim teria de ter a forma de uma árvore enorme e que se poderia ver como foi melhorando de século para século; pode sempre desmoronar-se e interromper-se, porque a redenção está sempre confiada à liberdade do Homem e porque Deus nunca quer anular essa liberdade.[326]

Efetivamente, Pinharanda Gomes apresenta-se-nos como um escritor que faz pensar. O seu nome deve merecer o respeito das novas gerações de Portugal que aspiram alcançar uma vida mais justa e verdadeira. Saiba reconhecer a Pátria portuguesa, nos difíceis tempos em que se encontra, o valor e a dedicação indiscutíveis de um dos mais altos intérpretes da História da Filosofia Portuguesa.

Capítulo 12 | Álvaro Ribeiro e o *Organon* de Aristóteles

Atendendo à obra filosófica de Álvaro Ribeiro, é curioso e interessante observar como a maior parte dos seus leitores descura o que de mais importante e digno de real pensamento nos é dado por este pensador: o *Organon* de Aristóteles. Apesar disso, todos ou quase todos reconhecem ter percebido a importância que Álvaro Ribeiro atribui à lógica de Aristóteles, mas a verdade é que não chegaram a compreendê-la na sua plena realização. Por outro lado, é sabido que existem diferentes pontos de vista acerca da originária relação do ilustre filósofo com o pensamento de Aristóteles, na medida em que há quem afirme que "o aristotelismo de Álvaro Ribeiro já vinha de Leonardo Coimbra",[327] ou que o pensador portuense, "transitando do hegelianismo ao aristotelismo, neste reconhece, segundo antiga e esquecida expressão, *a filosofia natural do espírito humano*".[328]

Perante os atuais interesses de feição internacionalista, dificilmente poderão os portugueses conceber que a cultura portuguesa tenha sido até à reforma pombalina da Universidade de Coimbra predominantemente aristotélica. Contudo, é importante realçar que o aristotelismo foi compatível com as três tradições bíblicas, o que aliás pode ser demonstrado histórica e filosoficamente no que respeita à existência das escolásticas judaica, cristã e árabe na civilização medieval. Assim, parecer-nos-á lícito afirmar que os povos europeus que formaram o pensamento filosófico ao abrigo da Escolástica medieval, inteligindo e refletindo sobre o problema dos *universais*, sofreram uma inegável decadência ao abandonarem o respectivo magistério de inspiração divina.

Ao reconhecer as limitações de uma leitura histórica da filosofia de Aristóteles, Álvaro Ribeiro foi o pensador que mais profundamente nos revelou a tradição portuguesa. Deste modo, afirma que "três tradições concorrem na formação do pensamento português: a judaica, a cristã e a islâmica".[329] Tal significa que, para além dos domínios da paleografia e da paleolexia, o ideal seria realizar uma adequada hermenêutica da *atualidade* lógica de Aristóteles, sobretudo quando na cultura portuguesa, fruto do contributo iniciático dos povos orientais, fluem e confluem valiosos elementos de natureza sófica e especulativa.

Ora, uma vez compreendida a presença compatível e componível dessas tradições na síntese albertino-tomista dos conimbricences, seria igualmente desejável que se pudesse interpretar, do ponto de vista português, a nítida separação que na Escolástica ocorrera entre a filosofia natural e a esfera da verdade revelada. De fato, quando os doutores escolásticos se deram ao cuidado de definir os conteúdos da fé em fórmulas *inequívocas* de expressão sobrenatural – as sumas ou sistematizações teológicas –, o resultado viria assim sob a forma de uma linha precursora do racionalismo moderno. Logo, estavam dadas as condições necessárias para que se tornasse possível a transição do plano divino e transcendente da revelação para um modelo extensivo de abstração, o qual, originando a ciência moderna, encontraria posteriormente o seu fundamento no raciocínio matemático.

Notemos, porém, que a hierarquização natural dos gêneros e das espécies, admirável exercício realizado pelos escolásticos medievais, constituía um processo muito diferente daquele que paralelamente se foi manifestando na habilidade em descobrir sofismas e classificar silogismos. Mas a excessiva incidência dos escolásticos no que respeita aos modelos de argumentação e demonstração meramente formais, teve como resultado a inevitável separação que se operou entre a lógica e os princípios, métodos e progressos das ciências e das artes mecânicas.

Por conseguinte, convirá reconhecer que a tradicional elaboração de comentários aos textos autorizados, sem o recurso prévio aos domínios da observação e da experimentação, acabou por ser um dos pontos cruciais que levaram à decadência do pensamento escolástico.

Entre os mais eminentes representantes da filosofia britânica, foi Francis Bacon o teorizador moderno do método experimental. Habilitado a induzir as formas substanciais e as propriedades secretas da Natureza, sabia o pensador inglês que só o homem prevenido com uma rigorosa história natural poderia chegar a realizar os dados da observação e da experimentação. O autor do *Novum Organum* criticou assim os pensadores escolásticos que, abandonando totalmente a experiência se limitavam a expor e a comentar os escritos aristotélicos.

Quem souber observar a proximidade espiritual que histórica e culturalmente existiu entre britânicos e ibéricos, logo compreenderá o valor e o alto significado que a filosofia atlântica representa para a civilização europeia. Ao contrário do geometrismo característico da filosofia mediterrânea, os povos atlânticos sempre manifestaram o desejo de conciliar a *teoria* com a existência natural e, desse modo, procuraram manter o pensamento afastado de qualquer necessitarismo lógico. Assim se explica a superior interpretação que tais povos manifestaram perante a assimetria das formas naturais, negando, pois, não só a oposição do empírico ao científico como também e, principalmente, o caráter solidário do empirismo com o nominalismo.

Profundo admirador de Francis Bacon, mostrou Álvaro Ribeiro ter compreendido a crítica do filósofo inglês ao silogismo de Aristóteles. Com efeito, a arte lógica do conceito, quando decaída nas disjunções e nos desvios da dialética, não se apresentava como um processo adequado para descobrir a verdade íntima dos segredos naturais. Daí a suspicácia de Bacon para com o nominalismo, uma vez que precavido estava perante o pendor fixista da abstração matemática.

Antes de mais, convém salientar que, não obstante as semelhanças que possamos encontrar entre a filosofia inglesa e a filosofia portuguesa, sempre se mostraram os pensadores portugueses particularmente fiéis à cosmologia e à lógica de Aristóteles. É por isso que o pensamento próprio da filosofia portuguesa restitui ao silogismo as suas reais potencialidades lógicas, cuja atualização contraria o matematismo e o mecanismo característicos da filosofia moderna. Só assim se poderá compreender que a tendência moderna que operou a separação entre as categorias gramaticais e as categorias lógicas, tendo como consequência a subordinação dos estudos filológicos a critérios de caráter tecnicista, tenha inteiramente contribuído para a atual negação da arte, da filosofia e da religião.

* * *

Já na Idade Média, sobretudo com Guilherme de Ockham, se determinara uma tendência para diminuir e simplificar as virtudes e as propriedades significativas dos termos escolásticos de ordem lógica e física. As constantes discussões e as solenes disputas entre os doutores medievais, promovendo, por vezes, um processo infindável de polêmicas e controvérsias em torno de palavras e nomes, precederam, pois, a substituição das noções explicativas da lógica tradicional por símbolos e sinais de ordem matemática, isto é, de notação simples e objetiva. Neste sentido, deu-se a oportunidade para que o nominalismo arbitrário acentuasse a separação que, de modo quase imperceptível, passou a existir entre a palavra e a atividade conceitual do pensamento.

Conforme se verá pelos livros de Álvaro Ribeiro, temos como certo que o método analítico aplicado aos sistemas de expressão linguística antecede e prepara a doutrina positivista. Quer isto dizer que a decomposição do discurso filosófico em palavras, sem atender à sua respectiva designação e significação, conduz à exclusão do movimento conceitualista na linguagem e, portanto, tendente à posterior imposição de um abstrato vocabulário de pendor técnico e internacionalista. Devemos, porém, concluir que os universais se encontram num plano superior, o qual, segundo Aristóteles, só a prioridade do verbo pode tornar perfeitamente inteligível.

Importa ainda notar que a Escolástica, numa época anterior à interpretação aristotélica de Santo Alberto Magno, já se encontrava habilitada a conciliar a revelação cristã com a filosofia grega. A escola palatina de Carlos Magno foi somente um caso particular, dado que com ela se procedera – principalmente através da especulação filosófica sobre os *Predicamentos* e a *Interpretação* de Aristóteles – ao intuito de constituir os estudos do *trivium* e do *quadrivium* à luz do Espírito Santo. Contudo, interessante será verificar que só no século XIII, devido à influência dos comentários e traduções de inspiração islâmica e hebraica, é que a filosofia escolástica alcançou a sua máxima importância, pondo não só todo o pensamento medieval em suspensão, como também tornando possível o aparecimento da doutrina perene de S. Tomás de Aquino.

A tradição semita valorizava a realidade espetacular do mundo sensível, mas, por isso mesmo, podia induzir em erro os pensadores que procuravam interpretar as relações existentes entre a ordem natural e a verdade divina. As principais teses desta tradição, contrárias à ortodoxia católica, haviam sido adotadas pelos averroístas latinos, nos quais se distinguira Sigério de Brabante, cujo aristotelismo tivera a sua origem na escolástica árabe. Atendendo à prudência então manifestada pela Igreja Católica em face das novas vicissitudes do saber filosófico e teológico, vale a pena citar João Ameal, o qual se evidenciou entre aqueles que na cultura portuguesa mais contribuíram para a divulgação da filosofia neotomista:

> A empresa de conciliação entre o cristianismo e o aristotelismo, tentada, desde 1231, por Gregório IX, não só parece marcar passo, mas até, em determinados setores, visivelmente recua. Por volta de 1250, o movimento dos averroístas (isto é: dos que preconizam a obediência cega a Aristóteles tal como interpreta o famoso Doutor árabe de Córdova) surge na *civitas philosophorum*. E, poucos anos mais tarde, a 9 de março de 1255, o regulamento da Faculdade das Artes ordena o ensino oficial do aristotelismo, sem fazer o menor caso das proibições da Igreja. Alexandre IV, alarmado, solicita de Alberto Magno uma refutação dos erros da nova

escola – que o professor de Colónia elabora no tratado *De Unitate intellectus contra Averroem* (1256). Mas, como a tendência combatida não dá sinais de esmorecer, Urbano IV, pelas cartas de 19 de janeiro de 1663, renova as interdições de Gregório IX quanto ao ensino do Perípato. E, no mesmo ano encarrega Tomás de Aquino, ajudado pelo filólogo de Moerbeke, de levar a cabo a famosa obra da sua cristianização.[330]

Por conseguinte, o "batismo de Aristóteles", obra profundamente realizada pela santa intuição do Doutor Angélico, tende a revelar-se no domínio do espírito como o ponto mais alto da teologia escolástica. Anotou, porém, Álvaro Ribeiro que o tomismo é uma doutrina do século XIII e com origem na Europa Central, querendo com isto dizer que a essência da Escolástica portuguesa está mais referida à lógica de Aristóteles do que ao pensamento do Anjo da Escola. Dir-se-ia que para o autor de *A Arte de Filosofar*, só a nacionalização da obra de S. Tomás de Aquino poderia trazer à luz resultados de amplo interesse para a originalidade da filosofia portuguesa, mais particularmente em Pedro Hispano e Leonardo Coimbra.

Entre os mais importantes documentos pontifícios relativos a S. Tomás de Aquino, encontra-se a Encíclica *Aeterni Patris* de Leão XIII. Recordemos, no entanto, que o retorno à Escolástica preconizado pelo Sumo Pontífice, cuja garantia estava nos princípios e na argumentação probante do Doutor Angélico, deparou na época com os sérios obstáculos que resultavam do predomínio de critérios historicistas e historiográficos. Infelizmente, não seriam estes os únicos problemas com os quais a filosofia escolástica teria que se confrontar, dado que outros sistemas filosóficos, nomeadamente o positivismo de Augusto Comte, ameaçavam comprometer a relação harmoniosa entre a razão e a fé.

É necessário reconhecer que o positivismo comteano, limitado a uma ontologia materialista, não só condena como procura eliminar todas as potenciais expressões de ordem metafísica e teológica. Eis por que a lei positivista dos três estados, ao culminar numa classificação objetiva das ciências, contrariando assim a interpretação realista das

Categorias de Aristóteles, acaba por se fixar numa série de *esquemas* ou *posições* onde não predomina a causa do movimento. Tendo em conta de que sem a lei dos três estados, logo aparece identificada a doutrina de Comte com as várias formas de cientismo e materialismo, pôde Sua Santidade, o Papa João Paulo II, na Encíclica *Fides et Ratio*, denunciar as eventuais consequências desta situação pelas seguintes palavras:

> Outro perigo a ser considerado é o *cientificismo*. Esta concepção filosófica recusa-se a admitir, como válidas, formas de conhecimento distintas daquelas que são próprias das ciências positivas, relegando para o âmbito da pura imaginação quer o conhecimento religioso e teológico, quer o saber ético e estético. No passado, a mesma ideia aparecia expressa no positivismo e no neopositivismo, que consideravam destituídas de sentido as afirmações de caráter metafísico. (...) A ciência prepara-se assim para dominar todos os aspectos da existência humana, através do progresso tecnológico. Os sucessos inegáveis, no domínio da investigação científica e da tecnologia contemporânea, contribuíram para a difusão da mentalidade cientificista, que parece não reconhecer fronteiras, quando vemos como penetrou nas diversas culturas e as mudanças radicais que provocou.[331]

O comtismo, procedendo a uma classificação dos fatos ou dos feitos do passado, apenas podia estabelecer uma linha de interpretação exterior quanto ao conhecimento histórico-filosófico dos diferentes povos e seus respectivos graus de civilização. Neste ponto, afirmava Álvaro Ribeiro que a doutrina de Comte não somente negava a existência do transcendente na vida humana, como também, ao pretender eliminar a legítima distinção entre a verdade religiosa e a ciência política, tendia a conduzir a própria humanidade para um estado despótico onde impera a religião sem Deus. Admitamos, por isso, que curta é a distância que vai do fixismo positivista às convicções e aos consensos que no socialismo aparecem para substituir a ausência de valores, princípios e ideias, ou, em uma só palavra, o pensamento.

* * *

Nos dias que correm, o exercício da política está infelizmente separado do indispensável órgão da liberdade: a filosofia. Em vez de política portuguesa, dirigida aos problemas nacionais, temos uma política que obedece aos desígnios de uma autoridade estranha ou estrangeira, dado que o principal propósito se manifesta na imposição de um falso e abstrato universalismo entre as nações. Todavia, cabe-nos reconhecer que Oliveira Salazar, para quem amar e conhecer Portugal implicava "estudar com dúvida e realizar com fé", foi o estadista que, em convergência com a verdade histórica, procurou realizar entre nós uma política de feição portuguesa, como, aliás, o texto que se segue dá disso memorável testemunho:

> Portugal não se fez ou unificou nos tempos modernos nem tomou a sua forma com o ideal pagão e anti-humano de deificar uma raça ou um império. Constituiu-se com os limites que ainda hoje tem na Ibéria, já nos séculos XII e XIII e com imensos domínios na África, na Ásia, na Oceania e na América nos séculos XV e XVI, defendendo do islamismo a civilização romano-cristã e dilatando esta por novos mundos. Esta vitória, transcendente para a humanidade, conseguimo-la quando os outros Estados da Europa se envolviam em lutas de dinastias, de cismas, de heresias, que a ensanguentavam.
>
> A universalidade de ideia e de ação no curso da evolução católica e europeia, dirigida à evolução material e moral da espécie, eis a característica da história da nossa Pátria. Foi com ela que firmamos baluartes admiráveis de defesa ocidental na Mauritânia, povoamos os arquipélagos atlânticos, bordamos de fortalezas e feitorias os contornos da África e do Ocidente, abrimos o caminho para as relações de todos os povos e fizemos o Brasil.
>
> Essa virtude ecumênica do nosso espírito histórico foi, é certo, eclipsada em curtas décadas – momentos breves da marcha humana. Mas nem morria na alma da Nação ou até mesmo na essência das instituições, nem deixou de se expandir com vitalidade logo que, isenta de influências estranhas, pôde de novo tomar plena consciência de si mesma.[332]

Embora afastado da especulação filosófica, o inteligente estadista revelava, porém, uma singular consciência perante os aspectos desnacionalizantes que provinham de um movimento utópico de política internacionalista. Espírito especulativo, Álvaro Ribeiro criticava no salazarismo a inexistência da metafísica tradicional nos programas do ensino liceal e universitário, pelo que, a subordinação das atividades pedagógicas e filosóficas a preocupações de natureza política, nas quais predominava a nossa defesa diplomática contra a campanha dos poderes internacionais, impedira então que entre nós se desse o verdadeiro nacionalismo. E quando dizemos verdadeiro nacionalismo pensamos, obviamente, na "concepção verídica de uma cultura transcendente para um culto unificante".[333]

Por essa altura, já a técnica aparecia como condição indispensável do progresso e da utilidade no quadro do ensino público. Daí que, procurando mitigar esta tendência, o Dr. Henrique Veiga de Macedo, ilustre ministro de Oliveira Salazar, houvesse prestado a sua intervenção crítica em face dos perigos da especialização e do tecnicismo no âmbito da questão universitária.[334] Por essa razão, quando Álvaro Ribeiro enviou um exemplar do seu livro intitulado *A Literatura de José Régio* a tão distinta personalidade, a quem muito estimava e admirava pela sua incansável dedicação à Pátria, pôde assim, nos termos que se seguem, exprimir a sua insatisfação perante a confusão estabelecida entre o mundo da ciência e o mundo da técnica:

> Investigação científica. Eis a expressão da moda, nova panaceia para a resolução do problema da produtividade técnica e industrial. Mas investigador não é o empregado de um laboratório ou de um observatório que presta as oito horas de serviço como um operário de qualquer fábrica. Que o Espírito Santo ilumine os nosso estadistas. A investigação, no rigoroso sentido do termo, é o complemento da hipótese, a qual pressupõe imaginação, liberdade e cultura universal. A história da investigação científica relata a importância dos sistemas filosóficos e das heresias teológicas na base de todos os descobrimentos. Não pautem os estadistas a investigação científica pelas normas da investigação policial.
>
> Sabe V. Ex.ª muito bem – prossegue Álvaro Ribeiro – que penso ser a falta de filosofia portuguesa uma das causas, se não a principal, do

fracasso das sucessivas reformas da Educação Nacional. Com desgosto leio no infeliz projeto do Instituto Nacional de Pedagogia (Pedagogia, Pederastia – já o escrevi) a omissão da filosofia portuguesa, da filosofia nacional e autônoma, e a presença da "Filosofia da Educação", quer dizer, reflexão sobre os sistemas estrangeiros.[335]

Em todo o caso, importa reconhecer que, durante a governação de Oliveira Salazar, estava o ensino subordinado aos processos e aos métodos provenientes da classificação das ciências de Augusto Comte. A escola graduada por classes, dividida em disciplinas e invadida por técnicos ou especialistas, preparava desse modo as funestas atrocidades do ensino socialista. Aliás, não nos esqueçamos que Augusto Comte fora discípulo de Saint-Simon, isto é, o fundador do socialismo científico.

Encarando a educação como um fenômeno coletivo, o ensino reduz-se nos dias de hoje a meros critérios de utilidade pública. O ensino socialista, procurando submeter o indivíduo à sociedade, apresenta-se assim como o maior adversário da educação de natureza filosófica. A prova disso está na disciplina repressiva que constantemente dirige a todos aqueles que, tidos por idealistas, ousam afirmar e defender que o homem é um composto de corpo, alma e espírito.

Nas condições do mundo contemporâneo, a escola representa o declínio da arte no domínio da técnica e da tecnologia. Compulsando os compêndios escolares, podemos verificar como se processa a adulteração da silogística de Aristóteles. De fato, não é de estranhar, tal como se patenteia nesses compêndios, que a abusiva valorização dos estudos de Boole, nos quais a lógica aparece em estreita associação com a ciência matemática, tenha contribuído para reduzir o *Organon* de Aristóteles a um caso particular da lógica moderna.

Aristotélico, Álvaro Ribeiro foi, sem dúvida, o pensador mais representativo da tradição portuguesa. Em reação aos esquemas fixistas e uniformizadores da técnica da lógica, pôde o filósofo português contrapor a arte de filosofar. Por fim, importa agora aos Portugueses realizar a superior interpretação da lógica de Aristóteles.

Capítulo 13 | Os Filósofos Portuenses e o
Realismo de Aristóteles

Pedro Hispano foi, nos primórdios da nossa nacionalidade, um dos mais célebres pensadores a quem não podemos deixar de reconhecer a influência que efetivamente exerceu na filosofia escolástica. Referimo-nos, por um lado, ao seu aristotelismo de filiação arábica e, por outro, ao pendor escolástico da sua sistematização nos domínios da lógica, da psicologia e da medicina. Embora de menor influência, convém, apesar de tudo, mencionar o *Scientia Libri de Anima*, obra onde o método de exposição é inteiramente livre, ou seja, onde a expressão espiritual do pensamento não só se liberta do uso de citações como também do método de autoridade.

Quem estiver inclinado para um estudo histórico da Escolástica, não lhe faltarão certamente elementos preciosos para poder discernir quais eram as principais teses em discussão nas universidades medievais. Mas, em termos filosóficos, o princípio de individuação constitui, sem dúvida, o mais fundo problema da filosofia cristã. Tal é, aliás, o que nos mostrou Pedro Hispano quando se propôs resolver este princípio à luz das noções aristotélicas de matéria e forma.

A terminologia usada pelos estudiosos medievais tendia, porém, para uma linha de rigor cujo modelo se ia aproximando das insubstantes formas da abstração matemática. No período que vai do século XIII até à época de Kant, os compêndios dos escolásticos portugueses representam, pois, um dos aspectos fundamentais a ter em conta na transição do pensamento medieval para o racionalismo moderno. No entanto, é de admitir que, entre nós, este processo somente se tenha acentuado após a difusão da obra de Descartes.

Assim sendo, fácil será verificar, pelo estudo da história da ciência moderna, o predomínio que à matemática coube na adulteração da lógica. Considerar este problema do ponto de vista português, significa, com a devida justiça, recordarmos os nomes de Álvaro Ribeiro e José Marinho, portuenses a quem o espírito permitiu assegurar o que já houvera sido descoberto por Sampaio Bruno, ou seja, a distinção das características da filosofia portuguesa perante a filosofia internacional. Quer dizer: a lógica da filosofia portuguesa não é a lógica da filosofia moderna, pois, enquanto Álvaro Ribeiro, liberto do formalismo escolástico, vê na doutrina de Aristóteles a liberdade de um povo cuja ideia de aperfeiçoamento se firma no sobrenatural, José Marinho, por sua vez adverso à filosofia escolástica, preconiza uma nova ontologia derivada da "compreensão una e onímoda".

Do mesmo modo Leonardo Coimbra – não obstante a sua simbólica matemática – assume o pensamento como a "realidade mais indubitável e profunda". Com efeito, o mérito do filósofo português está em nos ter revelado o que só a poucos é dado percepcionar na atividade do pensamento: o vício coisista. Ora, esta é a singular intuição à qual Leonardo deve, numa primeira fase, a sua crítica ao fixismo da "pretensa lógica formal" e, numa fase posterior, a consciência de que o desenrolar do saber científico a que estava assistindo não podia, sob forma alguma, corresponder à origem do que o tornara possível: o amor de expressão cristã entre o homem e a natureza.

Em *Notas sobre a Abstração Científica e o Silogismo*, Leonardo Coimbra deixou bem explícita a sua posição em nada favorável à silogística de Aristóteles. Todavia, altamente significativo se torna o sutil sentido com que, ao longo da sua obra, Álvaro Ribeiro nos vai chamando a atenção para o aristotelismo implícito de Leonardo

Coimbra, uma vez que, no seu entender, a filosofia do Mestre está longe de atribuir à ciência positiva o único princípio explicativo do real. Neste caso, justa é também a apreciação de José Marinho nas palavras que se seguem:

> Um motivo de constantes equívocos filosóficos é, segundo a dialética criacionista, o 'coisismo', quer dizer: uma profunda tendência do pensamento para deter-se num dos momentos dialéticos (assim como a representação apressada e utilitária imobiliza e distingue) pretendendo desde esse momento explicar toda a realidade. Tal a tendência profunda que impede ver o conjunto crescente e dinâmico do saber científico, majorando indevidamente qualquer particular noção ou princípio explicativo: determinismo filosófico, materialismo, evolucionismo, cientismo, positivismo, nascem desta sistemática prematura. À filosofia compete restabelecer o ser e o saber em seu dinamismo, em sua infinitude.[336]

***

Posto isto, importa induzir para conceber, até porque, nas suas linhas essenciais, esta é a metodologia científica do maior filósofo da Antiguidade, conforme nos ensina Álvaro Ribeiro no seu artigo *Aristóteles e a Tradição Portuguesa*.[337] Compreende-se, por isso, que a lógica do conceito seja uma lógica realista, na qual cumpre não confundir o conceitual com o universal, dado que, na sua melhor acepção, o conceito significa o que foi por nós concebido. Assim, só o silogismo, mediante o poder do verbo, permite realizar em termos inteligíveis a união das substâncias, das imagens e dos conceitos.

Perante o problema da indução, Francis Bacon constitui, entre os filósofos britânicos, aquele que melhor soube interpretar o caráter contingente do conhecimento humano. Há, decerto, no seu peculiar empirismo, sem dúvida contrário a qualquer posição cética ou agnóstica, a tácita afirmação de que acima do mundo dos fenômenos estão os princípios transcendentais. Assim, ao anular a oposição entre empirismo e racionalismo, o pensador inglês dava a conhecer que a verdadeira indução ou, a bem dizer, aquela que não procede por simples enumeração, é a primeira operação lógica que o intelecto efetua na gradual interpretação da Natureza.

Tal significa que o espírito humano, por ordem diversa do espírito divino, que cria as formas pelas quais a natureza e o universo se manifestam, é o espírito a quem cabe proceder, por um processo de exclusões, do múltiplo para o uno. Não se trata aqui de um mero processo de conservação daquilo que a experiência nos faculta, pois o que mais importa é que o empirista, enquanto colecionador, possa ir alterando, à medida que as diferenças avultem sobre as semelhanças, a classificação e a catalogação dos fenômenos descobertos. Contudo, o intento com que o faz está longe de ser linear, isto é, o colecionador não deve partir de simples ou falsas noções sem antes haver preparado uma história natural e experimental que possa reunir o maior número possível de casos, para então, neles apoiado, dar azo à verdadeira indução.

Eis, de fato, o que Francis Bacon tão zelosamente chegara a preconizar no seu *Novum Organum*, mostrando como a simples indução, jamais procedendo às devidas rejeições e exclusões, de modo a poder concluir pelos casos positivos, estava condenada ao fracasso. Em primeiro lugar, porque sem os fatos particulares, que caracterizam a multiplicidade do real, dificilmente poderá o espírito humano, liberto de fantasias e meras abstrações, caminhar, por via segura, daqueles fatos aos axiomas médios, ou seja, aos axiomas intermediários que, estando na base dos axiomas generalíssimos, possibilitam o acesso ao universal. Em segundo lugar, porque, ao invés, como já vimos, da intuição divina, que apreende a totalidade das formas por via afirmativa, o homem, a quem por natureza está destinado, por graus contínuos, realizar o universal, só o poderá fazer se, desde logo procedendo por via negativa, depositar, no seu seguimento, as suas maiores esperanças na via da afirmação.

Não foi, portanto, por acaso que Álvaro Ribeiro, refletindo sobre as razões que levaram o filósofo britânico a rejeitar as demonstrações silogísticas, considerasse admirável a metodologia da experimentação sobre o calor exposta por Francis Bacon.[338] Tal consideração é, aliás, pertinentemente atual, se quisermos não só compreender o alcance da distinção entre experimentação mecânica e experimentação física, como ainda reinterpretar convenientemente o realismo de Aristóteles, somente explicável pela "gênese do conceito mediador, tanto na indução como na dedução".[339] Tão pertinente que, indo mais fundo, as objeções de Bacon aos filósofos escolásticos, que abandonaram a experiência para se confinarem aos conceitos universais de ordem aristotélica, fossem eles de índole lógica ou física, despertariam no espírito de Álvaro Ribeiro uma influência tal que, em momento oportuno, diria que a filosofia inglesa, por tudo aquilo que representou de infração ao tradicionalismo greco-romano, "de que os franceses e os alemães, como povos continentais, se jactam de ser continuadores", não é uma filosofia mediterrânea.[340]

Se, entretanto, transitarmos da importância atribuída por Francis Bacon à *natureza naturante* para a redução cartesiana da matéria à extensão, temos que inevitavelmente concluir pelo caráter puramente mecânico da ciência moderna, onde, por conseguinte, ressaltam à vista os processos lineares e abstratos do pensamento matemático. Não nos competindo aqui explicitar a distinção aristotélica entre *quantidade discreta* e *quantidade contínua*, diremos, contudo, que a matéria no sentido cartesiano não se apresenta como algo que se possa assemelhar a uma das várias espécies de matéria de que tanto se ocuparam os escolásticos medievais. Desse modo, condição indispensável para a espiritualização da matéria, é que o pensamento analógico, numa ordem inversa ao primado cartesiano das representações mecânicas e geométricas, reassuma a doutrina aristotélica da potência e do ato.

Por outro lado, já sabemos que Kant condenou na *Crítica da Razão Pura* o pensamento lógico de Aristóteles, isto é, limitou o seu conteúdo operacional às malhas da dialética. Tal resulta, aliás, do reconhecimento feito pelo pensador alemão de que existem antinomias no pensamento transcendental. Mas se, a nosso ver, a lógica aristotélica – por natureza alheia às disjunções da dialética – continua a permanecer válida enquanto arte suscetível de dar vida ao conceito, não há nada como relembrar o que Álvaro Ribeiro escreveu no livro *A Literatura de José Régio*, ou seja, que "a interpretação portuguesa da filosofia de Aristóteles é superior à interpretação alemã".[341]

Pouco mais de dois séculos decorreram já sobre a data em que o Marquês de Pombal reformou a Universidade de Coimbra. Essa reforma, visando a eliminar a política dos dominicanos e dos jesuítas, pôs fim ao ensino da filosofia de Aristóteles, quer dizer, subverteu o que até aí se entendera por ensino superior. Não é, pois, de estranhar que, por efeito da sua hostilidade à monarquia filosófica, a Universidade do nosso tempo continue a ser a Universidade pombalina.

Merece, efetivamente, demorada reflexão o processo pelo qual se concretizou a dissolução da existência histórica de Portugal. Nessas condições, a cidade do Porto não pode nem deve esquecer o valor indiscutível dos seus ilustres pensadores, tanto mais que deles depende o destino espiritual das novas gerações. Enfim, uma única esperança nos resta perante o anoitecer da Pátria: a filosofia portuguesa.

Capítulo 14 | De Montargil a Estremoz

Situada num alto, na margem direita do rio Sor, temos a Vila de Montargil, cuja fundação, atribuída ao rei D. Dinis,[342] aparece posteriormente sob a égide do rei D. Fernando, como a indicá-lo está o respectivo foral transcrito naquele que foi, durante vários anos, o único jornal da terra.[343] Em termos geográficos e administrativos, Montargil encontra-se praticamente no ponto de transição entre o Ribatejo e o Alto Alentejo, como mostram os limites do Concelho de Ponte de Sor, ora definidos a Norte, a Oeste e a Sudoeste pelos concelhos ribatejanos de Abrantes, Chamusca e Coruche, ora a Sul e a Este pelos concelhos alentejanos de Mora, Avis, Alter do Chão, Crato e Gavião. Quanto à etimologia da palavra Montargil, diversas têm sido as suas versões ou hipóteses, como as que agora indicamos: a primeira, antes de mais, referindo-se a *Monte Argel*, que, segundo Pinho Leal, poderia significar *Monte do Infeliz*, porquanto, no português de antanho, *argel* significava *mofino, infeliz, desgraçado* ou até *malvado*; a segunda versão referindo-se à palavra Montargil como uma espécie de corruptela de *Monte Argila*, talvez, quem sabe – agora, no nosso entender –, uma alusão ao barro de que teria sido feito o primeiro homem quando Deus criou o Mundo; por fim, a versão que atribui a sua origem a uma cidade francesa chamada *Montargis*, designação esta que, na sequência da guerra contra os mouros, talvez tivesse chegado até nós por via de algum francês que a teria dado à povoação então existente.[344]

Tudo hipóteses, como dissemos, se bem que, sobretudo a que diz respeito a *Monte Argila*, ainda hoje, entre as pessoas da terra, continue, no sentido literal da expressão, bem presente na tradição que vai de boca a ouvido. Em todo o caso, sobre as pessoas da terra, José Marinho, acompanhado de Orlando Vitorino, pudera interrogar-se seriamente quando, no destino que levava, ali fizera um ponto de paragem. Foi pelo menos o que Orlando Vitorino, naquele seu jeito peculiar de recordar com agrado alguém muito especial, me contou numa das ocasiões em que Portugal, tema de eleição, era por nós sentido e pensado.

Mas que tipo de interrogação era a de José Marinho sobre as pessoas de Montargil? Interrogação, decerto, acompanhada de espanto e estranheza, segundo o testemunho de quem o acompanhara. Na verdade, confesso não o saber, embora a possa intuir e imaginar pela minha experiência pessoal.

Como assim? Viajando no tempo em que, pela primeira vez, senti o que uma criança sente quando transita da periferia de um centro urbano para uma terra do interior, onde a vida e a natureza acabam por se exteriorizar sob formas muito diferentes. Assim, aquela sensação de estranheza, por Marinho sentida, também eu a senti quando, caída a noite, deparei comigo, à porta da loja do meu Avô, na Rua do Comércio, vendo quem ali passava numa atitude rústica singular. Na sua maioria, tratava-se, como é óbvio, de homens e mulheres do campo, a eles cabendo, de um modo geral, os típicos chapéus de abas pretas, somente secundados pelas não menos típicas samarras alentejanas, de gola de raposa, ao passo que a elas cabiam, por sua vez, os xales e os lenços envoltos na cabeça.[345]

A par disto, junte-se-lhe a disposição assimétrica das casas, algumas com mais de um século de existência, outras já construídas sobre as velhas, outras ainda transformadas com vista ao futuro das gerações presentes, assim como as travessas dando acesso às mais variadas ruas da Vila, e que, na altura, segundo as imagens que a minha memória conserva, uma ou outra eram ainda feitas de terra. E não me esqueço, outrossim, da profunda impressão que a Igreja paroquial, no ponto mais alto da povoação, sempre despertou em mim, pelos mais variados fatores: o nascimento de minha mãe no respectivo largo, onde então residiam os meus avós; as brincadeiras que, na torre à esquerda, com quatro olhais e remate de coruchéu, bem como na Capela do Senhor dos Passos, levei a bom termo naquele que era, para todos os efeitos, um lugar sagrado capaz de inspirar respeito e acolhimento interior; e, não menos dignas de recordação, as procissões que habitualmente se faziam com centenas de pessoas percorrendo as ruas da Vila, às quais tantas vezes pude assistir da casa dos meus avós, pois, partindo da Igreja, passavam pela rua da frente, para então, percorrida a Vila, enveredarem pela rua que dava para as traseiras da casa, onde ficava, quase à frente do quintal, a antiga sede de freguesia.

Fiz neste ambiente grandes amizades com a rapaziada da terra, que fazia questão, em uma atitude de clara provocação, chamar-me "alfacinha", o que, como eu pude observar, denunciava um certo complexo de inferioridade perante quem vinha de Lisboa. Um complexo, porém, que não impedia o acolhimento generoso das gentes da terra, sobretudo quando penso nas voltas guiadas que o meu pai, atraído pela caça, dava pela Farinha Branca e pelos Foros do Arrão à procura de lebres, coelhos e pombos bravos. Mas voltando às amizades, houve duas que me marcaram profundamente, como o meu primo Jó e o Luís Carapau. Os três juntos, em plena adolescência, chegamos a bater, durante verões seguidos, tudo o que era água e terra por aquela zona. Assim, explorávamos por terra a Lomba, a Shell, o Pintadinho, o Carvalhoso, enquanto a nado, justificando o receio dos nossos familiares, nos lançávamos, a partir das Afonsas, pela Andreza, pela Tojeirinha, pelos Foros do Mocho... E porque a força e o entusiasmo da aventura não conheciam fim, chegamos mesmo a atrair outros destemidos, alguns até mais velhos do que nós, nas longas travessias que a nado fizemos, sempre em competição, é claro, na zona coberta pela paisagem que qualquer um, situado no sopé do monte, pode hoje observar e apreciar.[346]

Tudo isso até ao cair da noite, em cujo seio nos esperava um bom serão passado naquela que já foi a Sociedade Recreativa da terra, com seus bailes e bailaricos onde não faltavam, sob o olhar atento e vigilante das mães ou das avós, as cachopas tipicamente alentejanas. Mas não só aí nos limitávamos a passar as noites, uma vez que bailes e festas também não faltavam na Casa do Povo ou no Salão Paroquial da Igreja de Santo Ildefonso. Enfim, tudo se passou, bem passado, até ao momento em que o destino se encarregou de traçar o rumo e a estrela de cada um de nós.

* * *

Filosofia e artes marciais, eis o que dali em diante despertara em mim um fascínio irresistível. Uma boa combinação, sem dúvida, sobretudo quando nos permite superar toda a espécie de obstáculos e de artificialidades a que os homens se apegam por esse mundo afora. E além do mais, uma combinação propícia à nem sempre fácil procura da verdade, da bondade e da beleza.

No limite desta experiência, talvez induzido por alguém em Montargil, cheguei a perguntar aos meus avós se já tinham ouvido falar nalgum filósofo por aquelas paragens. "Há, sim – responderam –, a caminho das Afonsas". Eu, que sempre fora um experimentalista, lá fui até dar, segundo indicação prévia, com a Travessa das Amendoeiras. Bati à porta e apresentei-me, dizendo que era o neto do Manuel Batista. Entrei e, trocadas algumas impressões, apercebi-me logo de que não se tratava de um filósofo, mas, sim, de um professor universitário. Era o Manuel Patrício.

Não há dúvida de que o seu interesse ou o seu entusiasmo pela filosofia leonardina lhe deram, senão mesmo lhe proporcionaram, uma certa acuidade mental para distinguir o superior do inferior. O que o estragava, porém, era a importância que a si próprio atribuía enquanto professor universitário, o que, aliás, não nos surpreende quando pensamos no modo como Fernando Pessoa caracterizou o provincianismo.[347] Como tal, não há nada como passar os olhos pela sua tese de doutoramento sobre *A Pedagogia de Leonardo Coimbra*, onde, logo à partida, refere ter tido por mestres os universitários Manuel Antunes e Francisco da Gama Caeiro.

Agora, situado o leitor, vamos lá ver por que razão é que a filosofia portuguesa, alheia "às vicissitudes da cultura universitária, onde se deforma quando se reflete",[348] só se presta a quem, livre de preconceitos e enganos institucionais, se aventura por entre mundos desconhecidos. Ou seja, existem, do ponto de vista universitário, três formas de abordar a filosofia portuguesa: a duplamente abstrata e histórica, a patética e a humorística. Logo, vejamos, dentre os possíveis casos que poderíamos considerar, os mais representativos daquelas três formas: Manuel Antunes, Eduardo Lourenço e Antônio Sérgio.

Para os refutarmos, caracterizemos, com algum pormenor, cada uma delas. Começando pela primeira, o seu propósito, tido por rigoroso, vai no duplo sentido de uma análise sobre a *essência* e a *existência* de filosofias nacionais, isto é, de uma análise simultaneamente conceitual e histórica das mesmas.[349] Assim, procurando saber, como fazem os dialetas, o que seja a filosofia, não por aquilo que é mas por aquilo que não é, conclui Manuel Antunes, em termos linearmente abstratos, ser ela "um saber geral e gerante", ou melhor, "um saber universal e universalizante" que é "simultaneamente anterior e posterior às outras formas do saber: anterior, porque, fundando-se, as funda; posterior, em parte certamente, porque reflexo".[350] Daí que, se a filosofia é a ciência "do universal, do universal enquanto universal, o qualificativo de grega, alemã, francesa, inglesa, americana, etc. aposto, como determinação essencial ao substantivo 'filosofia', nega a própria filosofia: se é nacional não é filosofia e se é filosofia não é nacional".[351]

Por outro lado, em termos históricos, a conclusão também assenta na respectiva negação.[352] Em primeiro lugar, porque "a raça não é vínculo constitutivo de filosofias nacionais", como parecem mostrar os exemplos respigados pelo autor, sobretudo quando pergunta: "Que traço, verdadeiramente significativo, une o racionalismo estreito de Wolff ao ontologismo profundo do pré-socratizante Heidegger, o vitalismo desordenado de Nietzsche ao idealismo poderosamente construído de Hegel, o materialismo dialético de Engels ao formalismo criticista de Kant?"[353] Em segundo lugar porque, apesar de o homem ser "um espírito encarnado", é, enquanto filósofo, se bem que dentro de certos limites, alguém que "procurará pôr entre parênteses as condições *concretas* espaciais para se erguer ao universal".[354] Em último lugar, porque "a língua não constitui (...) vínculo constitutivo de filosofias nacionais",[355] como historicamente foi "o caso, por exemplo, do Descartes das *Meditationes*, dos *Principia*, das *Regulae*, do Descartes que viveu no *siècle d'or* da literatura francesa".[356]

No que à segunda forma respeita, a patética, insere-se ela no contexto de um inquérito, se assim o podemos dizer, levado, diríamos, a mau termo em algumas páginas da revista *Vértice*. Corria então o ano de 1946, quando Eduardo Lourenço, perante uma "pergunta-consulta" de um dos leitores da revista, sobre se havia ou não uma Filosofia Portuguesa, abre o tal "inquérito" para tentar ridicularizar o pensamento de Álvaro Ribeiro, na altura previamente exposto aos portugueses através de um pequeno livro intitulado O *Problema da Filosofia Portuguesa*. Desse modo, afirma que a concepção de Álvaro Ribeiro, presente naquele opúsculo, "é simplesmente absurda", pois toma "a filosofia como qualquer coisa que se aprende ou transmite tal e qual como a técnica de fazer o melhor parafuso", ou ainda, quando fala em "adotar um sistema filosófico", o faz "como quem diz usar uma certa marca de camisas ou água de colônia (...)".[357] Mas não satisfeito, e incorrendo ele próprio no absurdo, insurge-se contra o fato de Álvaro Ribeiro ali ter afirmado que entre os portugueses discutia-se "qual o sistema filosófico, entre os que na Europa mais benéfica influência exercem no pensamento contemporâneo", devia ser "importado, adotado e difundido no ambiente cultural português". E tão patética fora a sua atitude, que só transcrita pode mostrar o que vale: "Quem é que discute? Onde? Não se teria equivocado Álvaro Ribeiro ouvindo falar de importação de batatas da Dinamarca e automóveis de Detroit?"

A entrar em cena temos finalmente Antônio Sérgio, que num tom um tanto humorístico, adianta, naquele "Inquérito", que a "expressão de "filosofia francesa" (ou inglesa, ou alemã etc.) tem tanto sentido como a de 'matemática francesa', ou 'física francesa', ou 'biologia francesa' (...)".[358] Assim, manifestando, em termos iluministas, que na "base de todo o pensar filosófico encontra-se a pretensão à validez geral, à objetividade, à universalidade", concluía que tal só era possível "com rejeição absoluta de limites rácicos, etnográficos, nacionais, provincianos".[359]

***

Uma vez caracterizados os três casos, passemos então ao que mais importa: a existência da filosofia portuguesa. Para começar, considerem-se estas últimas palavras de Manuel Antunes, no já citado artigo sobre a questão das filosofias nacionais: "Sim: as filosofias têm uma pátria. Porém esta é, muito mais que um espaço geográfico, um espaço espiritual".[360] Sim, é verdade, desde que esse espaço, para não ficar refém, como propõe o cartesianismo, do pensamento lógico-matemático, ascenda à categoria do tempo e, finalmente, ao próprio espírito.[361] Uma mediação, portanto, sem a qual o "espaço espiritual", preconizado por Manuel Antunes, redunda nas pretensões utópicas e absurdas do universalismo abstrato, ou seja, o mesmo que, anulando as particularidades etnográficas e etnológicas, preconiza a negação do espaço e do tempo enquanto meios heterogêneos e diferenciantes. Em poucas palavras, o espaço e o tempo desqualificados, como requer a abstração matemática.

Isso, embora não assumido plenamente, soube-o, porém, Manuel Antunes, ao afirmar que sobre alguns filósofos pesam, em termos de influência, as circunstâncias locais, regionais e nacionais, sem que isso, aliás, signifique a limitação da universalidade presente na filosofia de cada um.[362] Mas, então, onde está o problema? O problema está em que ele, enquanto universalista da Universidade, não compreendeu que quando descemos "da lógica para a estilística, e da estilística para a linguística, teremos de reconhecer sem dúvida a existência de filosofias nacionais".[363] Se assim não for, acaba por se impor a ficção de uma filosofia abstrata, "cuja história pode ser ensinada com perfeita ignorância dos principais idiomas europeus e asiáticos".[364]

Contudo, há quem possa objetar, na esteira de Manuel Antunes, que a língua, não sendo um vínculo constitutivo de filosofias nacionais, encerra, apesar de tudo, "virtualidades implícitas, vivências objetivadas e, por assim dizer, cristalizadas, uma velha sabedoria, cuja análise poderá fornecer temas para uma autêntica filosofia. Tudo está em que um gênio filosófico as saiba desentranhar".[365] Sim, abstratamente falando, e se não fosse o caso entre nós, por influência estrangeira, do predomínio da história da filosofia e sua respectiva terminologia cosmopolita. A tal filosofia, acrescente-se, abstrata e utópica, que nada tem a ver com o verdadeiro universal, a cuja linguagem, cindida segundo a tradição, em várias línguas, podem e devem procurar ascender os mais diversos e diferentes povos.

Recapitulando, que dizer, pois, perante as afirmações de que o pensamento é universal e, por conseguinte, não existem filosofias nacionais? Dir-se-á que "o universal é recebido pelo espaço e pelo tempo", ou que, perante o falso ideal do humanitarismo abstrato, tão absurdo quanto contraproducente, "até os irmãos são diferentes".[366] E quem diz irmãos diz raças, "o que implica necessariamente uma distinção entre superiores e inferiores ou, o que é o mesmo, mais atrasados e mais adiantados. E dentro das raças há os povos, com as suas características étnicas".[367]

É claro que, perante tais afirmações, Álvaro Ribeiro chegou a distinguir entre aquilo que caracteriza a sua filosofia, o seu pensamento próprio, daquilo que caracteriza a filosofia de todos os portugueses. Do que decorre, em certa ocasião, ter dito: "Estou só quando afirmo a superioridade do gênio português; estou só, ao dizer que a filosofia portuguesa é superior à filosofia alemã; estou só quando proclamo que a filosofia portuguesa se articulará muito com a futura sistematização da teologia católica".[368] Não sem escândalo, refira-se, desde logo manifestado por críticos e escritores, universitários e historiadores da filosofia que aquela prontamente negaram como se de um absurdo se tratasse.

E não só o fizeram, como continuam a fazê-lo nos dias que correm. E ao fazê-lo não chegam a aperceber-se do erro em que incorrem, mesmo quando, nas universidades de além-fronteiras, em cujo modelo se apoiam, o ensino da filosofia, implicitamente nacional, não se explicite enquanto tal.[369] Mas nisso, Álvaro Ribeiro foi mais inteligente quando, consciente do nosso complexo de inferioridade, soube, melhor do que ninguém, pôr o dedo na ferida: "Sabe – dirigindo-se a Antônio Quadros – qual é o melhor processo de combater a resistência das raças e dos povos, em vista a um qualquer totalitarismo? (...). É negar-lhes o direito à existência, negar que verdadeiramente existam, negar a evidência. Ora a verdade é diferente deste paradoxo. Existem a etnografia, a etnologia e a antropologia cultural a confirmar uma verdade que resiste a todas as revoluções".[370]

Optando pela negação, há quem hoje, perscrutando o pensamento português, dê sinais de pouca ou nenhuma inteligência quando, proclamando a universalidade em termos universitários, se deixa seduzir pelo agente metafísico do mal, por demais manifestado, direta ou indiretamente, por entre formas bem concretas de imperialismo cultural. E porque no meio universitário, do qual muitos dependem para sobreviver, fica bem dizer que qualquer espécie de superioridade, venha ela de onde vier, é um absurdo, limitam-se, como quem diz o que é ou não é válido, legítimo ou ilegítimo, a produzir teses de mestrado e doutoramento contra o que de mais singular, na ordem do espírito, caracteriza o homem português.

Entretanto, há sobre a filosofia portuguesa uma questão a considerar: a de que, diante do predomínio dos sistemas ideológicos e políticos dominantes, tal filosofia nada tem de comum com qualquer espécie de credo ou teoria rácica, à maneira, digamos, do nazismo ou de outra similar. O fato de o dizermos ou sublinharmos, justifica-se, a nosso ver, pela confusão mental instalada nas universidades, principalmente quando nelas, a propósito de uma democracia que não existe, aclimam-se autores estrangeiros entre os quais deparamos com a pretensão bem-pensante com que alguns deles se intitulam os grandes defensores da civilização ocidental. É o caso do austríaco Karl Popper, que toma o princípio das nacionalidades como a mais "terrível heresia" que o Ocidente conheceu, ou, segundo as suas palavras, a "ideologia do Estado-Nação", que consiste na "suposição de que os povos ou as nações existem antes dos Estados – como as raças – como corpos naturais, e que devem ser vestidos por medida em função do Estado".[371] Quer dizer: para ele, os povos, as nações e as raças não existem antes dos estados, pois são, pelo contrário, apenas e só o seu produto. Numa palavra, temos aqui mais um absurdo, a juntar aos que a Universidade acolhe com tanto zelo quanto a sua incapacidade para rejeitar o impensável.

Incompatível, portanto, com a filosofia portuguesa está certamente a negação do princípio das nacionalidades. Contudo, afirmá-lo, como faz a filosofia portuguesa, não implica traçar linhas de comparação com doutrinas, teorias ou correntes que chegam até mesmo a extravasar, pela sua complexidade, a razão de ser de tão compreensível quanto admirável princípio. Teorias ou doutrinas, como quisermos, da ordem, por exemplo, de um *Mein Kampf*, onde, tomada a Alemanha por centro, se projeta – numa aliança com a Inglaterra e, se possível, em conjunção com o Império do Sol Nascente –, a criação de uma Eurásia de confins orientais indefinidos. Na realidade, tudo preparado, concebido e visionado por indivíduos de estranho e intenso psiquismo, como Hitler, Rudolf Hess, Karl Haushoffer, Stempfle, Hans Horbiger, Alfred Rosenberg, entre outros.

A demarcar-se, por completo, desta visão, está, como temos dito, a filosofia portuguesa. Renunciando à ambição dos povos germânicos e eslavos, que ontem e hoje procuraram e procuram "dominar o *caminho continental* que liga o extremo Ocidente com o Oriente extremo", a filosofia portuguesa continua, em termos futurantes, a pensar e a projetar "a superioridade do *caminho marítimo* que devemos às tradições conservadas pelos navegadores portugueses".[372] Um caminho, convém dizê-lo, que não se fica quer pela "unificação moderna da geografia com a astronomia",[373] quer com "a interpretação técnica, científica e metafísica da aventura".[374]

Sabido, por tradição, que o símbolo nos dá acesso à ideia, o simbolismo da filosofia portuguesa, aquele que melhor a exprime e distingue, surge, sem dúvida, sob a fluida significação do elemento aquático. Ora, este simbolismo, significando a transição do morrer para o nascer, ou do Ocidente para o Oriente, apela por uma nova e superior interpretação da filosofia de Aristóteles. De modo que, aqui, o simbolismo dá lugar ao plano da realização intelectiva que transfigura todo o espaço finistérreo.

Quer dizer: a Terra, com as viagens dos Portugueses, suscetível ficou, a par dos estudos de Copérnico e Newton, de se dilatar e ampliar segundo a doutrina acroática dos quatro elementos, de que nos fala a cosmologia de Aristóteles. Por isso, não é por acaso que a imagem da Terra, dilatada e ampliada, tanto física como conceptualmente, traga em si os mais fundos e altos segredos da primeira categoria do real: a Natureza. Como tal, a Terra, mediante o geografismo atlântico dos Portugueses, passou a assumir, em um sentido primeiro, a forma de uma *nave*, cujo movimento, do Ocidente ao Oriente, foi e há de ser, em um sentido último, pensado e imitado com vista à realização "da promessa cristã de reintegração do Homem e da Natureza no plano primitivo ou original".[375]

Consequentemente, do símbolo que é a Terra, revelar-se-á a noção de infinito, não já como o apresenta o cálculo matemático, decaído em infinito da extensão e da duração, ou do que perdura no tempo e resiste no espaço, mas como o que, implicando um misterioso princípio, transcende toda a predicação de que o *tempo*, o *espaço* e a *quantidade* são infinitamente suscetíveis. Do *símbolo*, portanto, para a *noção*; desta para a *ideia*, sem a qual o símbolo se esvazia e, por conseguinte, dá azo a um turbilhão de imagens sem legenda. Em uma palavra, o silogismo em ato, já que pelo movimento triádico que o caracteriza permite ao pensamento concluir pela ideia de Deus.

Assim sendo, só o pensamento de infinidade, garantido silogisticamente, nos pode projetar para além da imagem da Terra que a astronomia moderna construiu com base na homogeneidade do espaço e do tempo. E com ele e por meio dele a superação do infinito físico-matemático, no qual as formas naturais se reduzem à extensão espacial, inqualificada e isotrópica. Em suma: sem o verdadeiro infinito, que é também, a par do verdadeiro universal, o verdadeiro absoluto, resta apenas uma existência em fluxão, ou simplesmente um vazio espiritual confinado à linearidade das percepções sensoriais.

Os Portugueses, porém, conscientes de que Deus é o verdadeiro centro do universo, visível e invisível, hão de repensar, inspirados na obra de Dante, a ordenação cósmica das esferas celestes. Pelo que, à medida que se forem aproximando de Deus, sem nunca esquecer que a Terra é uma *nave*, revelarão aos outros povos o novo caminho marítimo para a Índia, um caminho, dir-se-ia, em que o corpo, veículo da alma, se realiza e transfigura perante a aurora divina. Um caminho, dir-se-ia ainda, sem o artifício do *prestígio*, tal como o protagonizado por um mago que, procurando anular a sua imagem num espelho, despojado se julgasse de tudo o que o pode prender à matéria, ao corpo, para, enfim, desprezando este último, anular, na concepção fantasmática do Nada, o relativo, o finito e o particular.

* * *

Fora, aliás, por esta razão, que Álvaro Ribeiro escrevera que "Aristóteles foi o primeiro doutrinador da fenomenologia", ou, mais precisamente, que a "filosofia aristotélica, porque não é metafísica, nem dialética, mas silogística, é uma filosofia fenomenológica".[376] O que, a par da palavra fenômeno, que entre nós mantém "o significado tradicional de acontecimento raro, invulgar aparição, maravilha de origem celestial", nos leva a considerar a cosmologia da filosofia portuguesa, na sua reação ao matematismo e ao mecanismo da ciência moderna, como sendo a da cosmologia de Aristóteles. Até porque, a atestar esta verdade, estão histórica e filosoficamente as três tradições que formaram a nossa nacionalidade: a judaica, a cristã e a islâmica. Essas tradições, confluindo e compondo, por sua vez, a tradição portuguesa, caracterizam-na, na sua essência, como sendo o estudo do sobrenatural que outro não é senão o do espírito sutil e invisível que outrora chegou a exprimir-se nos "documentos teológicos, políticos e literários em que se afirmou espontânea e originalmente o gênio português".[377] Estes, quase que escusado será dizê-lo, urge interpretar não como historiadores ou especialistas do foro universitário, estreitamente cingidos à letra morta de textos impressos ou manuscritos, mas como filósofos aptos a inferir o que de perene há a extrair da palavra escrita para a palavra ouvida. Desse modo, urge, entre a letra morta e o espírito que já existiu, despertar a alma portuguesa que, em consonância com a sabedoria popular, se há de exprimir filosoficamente num sistema que não exclua um mínimo de verdade revelada.

Relegados para último plano, estarão, pois, os roteiros bibliográficos, tão ao jeito universitário, para então dar lugar, por entre capacidades e aptidões espirituais, a vivências de ordem afetiva e emocional. Só assim poderemos ter pensadores e intérpretes qualificados; só assim, em face de instituições subjugadas, rendidas, quando não moldadas por escolas ou culturas estrangeiras, poderemos atualizar o pensamento de Aristóteles, torná-lo atual para nós e para o mundo civilizado.

Se queremos viabilizar e conceber a nossa filosofia, é condição indispensável que os estudos da lógica de Aristóteles, por Kant condenados na *Crítica da Razão Pura* (1781), sejam restabelecidos no intuito de podermos transcender a oposição entre o mundo numenal e o mundo fenomenal. A cultura alemã, que certamente manifesta, como o quis mostrar Manuel Antunes, diferentes traços ou tendências de pensamento, jamais deixará de se apresentar como uma filosofia nacional, principalmente quando, a partir do filósofo de Königsberg, atendemos à revolução por ela operada na cultura europeia dos dois últimos séculos. Uma revolução que, não obstante a diferença conceptual que vai de Leibniz a Kant, ou em última análise na que vai de Hegel a Marx, representou, como continua a representar, um racionalismo agnóstico, voluntarista e, não menos importante, expressamente pessimista, se para tal atendermos a figuras como Schopenhauer, Nietzsche e Heidegger.

De fato, continua a tratar-se de uma filosofia dominante, depois de já o ter sido nos séculos XIX e XX. Em todo o caso, devemos "lembrar-nos" – nas palavras de Álvaro Ribeiro – "de que até ao fim do século XVIII a filosofia alemã seguiu de perto a terminologia escolástica, construindo as suas expressões sobre o latim de Pedro Hispano, Pedro da Fonseca e Francisco Suarez, embora muito custasse a um povo demasiadamente terrestre pensar o angelismo de filósofos inspirados por Dante".[378] Depois disso, é que a filosofia alemã, redirecionada por Kant e seus discípulos, procedera "à temporalização da prioridade e da posteridade",[379] quer dizer, alterara o significado, entre outras expressões latinas do pensamento medieval, do *a priori* e do *a posteriori*. A primeira delas dizendo-se, originalmente, "da demonstração que desce da causa ao efeito", a segunda dizendo-se "da demonstração que ascende do efeito à causa".[380]

É notável o modo como Álvaro Ribeiro, mostrando e demonstrando, em *A Arte de Filosofar*, a aptidão da nossa língua para a expressão filosófica, nos adverte para a hegemonia cultural que a Alemanha e a França efetivamente exercem no domínio linguístico, estilístico e literário dos outros povos, a que não escapa, por desleixo próprio, o povo português. Exemplos deste desleixo, vindos sobretudo de más traduções de livros e notícias, estão a importação de adjetivos e substantivos estrangeiros, mesmo quando graficamente nacionalizados. É o caso da tradução à francesa, demasiadamente literal, dos adjetivos *platonien, aristotélien, hegelien*, respectivamente vertidos em *platoniano, aristoteliano* e *hegeliano*.[381]

Deste abuso resulta o que Álvaro Ribeiro, atento que estava à desinência gramatical, designava por "abastardamento idiomático", tão presente, como atualmente se pode observar, nos textos e expressões redigidas e proferidas por universitários. É o caso daqueles que, referindo-se à filosofia de José Marinho, usam e abusam do adjetivo "marinhiana", pois nela, introduzindo um *a*, abafam e abatem em feia monotonia a altiva sonoridade do falar português. Enfim, há que rejeitar todas as formas de expressão que sirvam de obstáculo ao pensamento lusíada, que, ao contrário do francês, com a sua prosódia e sintaxe "formadas no tempo de Vougelas, Descartes e Bossuet",[382] não é, pelas suas origens medievais, de estrutura moderna.

Passando agora ao caso de Eduardo Lourenço, terá realmente Álvaro Ribeiro, a propósito de *O Problema da Filosofia Portuguesa*, pensado nas "batatas da Dinamarca" e nos "automóveis de Detroit"? Este caso não merece, verdade se diga, qualquer tipo de refutação, de tão patético que é. Uma oportunidade, porém, aqui se revela para mostrarmos a nata da intelectualidade que em Portugal se tem manifestado nos últimos trinta anos.

E por que razão nos últimos trinta anos? Porque foi sobretudo nesse período que se preparou e consumou a derrota de Portugal perante o domínio político e econômico da Europa socialista do carvão e do aço. Da mesma Europa que Eduardo Lourenço, negando a redenção e a índole messiânica da Pátria portuguesa, vê como a "grande normalizadora" do nosso ser nacional.

Uma vivência integrada, média, ou melhor, medíocre na Europa, eis o que Eduardo Lourenço nos prescreve como o único caminho capaz de compensar "o irrealismo prodigioso da imagem que os portugueses fazem de si mesmos".[383] Uma imagem, portanto, que segundo ele teria tido uma origem traumática com o desastre de Alcácer-Quibir e a consequente perda da independência. Donde, para mais, insatisfeitos com o presente e começando "a sonhar simultaneamente o futuro e o passado",[384] de que *Os Lusíadas* "são a prova do fogo", os portugueses projetariam uma mentalidade providencialista de que são expressão máxima o sebastianismo e o saudosismo.

Caracterizando assim de traumático e depressivo o caráter dos portugueses, Eduardo Lourenço acrescenta ainda que o sebastianismo foi "ao mesmo tempo, o *máximo de existência irrealista* que nos foi dado viver e o *máximo de coincidência com o nosso ser profundo*", já que ele representou "a consciência delirada de uma fraqueza nacional, de uma carência, *e essa carência é real*".[385] O "*máximo de existência irrealista*", repita-se, da qual participaram, na afirmação do autor, Teixeira de Pascoaes, Fernando Pessoa e Agostinho da Silva. Mas entregar, sem mais, Portugal à Europa de Além-Pirenéus, com a simples justificação de se tratar de um processo de normalização – que nós diríamos antes de uniformização –, constituirá, pelas consequências que estão à vista, um caminho realista?

É claro que não, pela igualmente simples constatação de que a Europa, como o vira realisticamente Agostinho da Silva, estar esgotada fisicamente, ou seja, esgotou-se, através do Poder, no saber científico e tecnológico que fez do mundo aquilo que ele hoje é.[386] A questão está agora, segundo o mesmo, em reconciliar o Ocidente com o Oriente, ou o Tudo com o Nada. O Tudo correspondendo àquilo que o Ocidente concebeu como um Deus Todo-Poderoso, Onisciente e Criador do

Mundo; o Nada, por seu lado, correspondendo à ideia que o Oriente, por intermédio de Buda, fez do Divino como a possibilidade de Tudo.[387] Será isto possível, perguntamos nós, na medida em que tais termos, não sendo mais que simples pronomes indefinidos com a inicial maiúscula, se podem prestar aos equívocos da dialética?

Agostinho da Silva, certamente consciente de tal equivocidade, já que ambos são opostos, adianta-nos que a sua união, longe de ser realizada em termos lógicos, está ou estará melhor garantida "pelo seu procedimento", "exatamente como quando marchamos, avançando ora com o pé direito ora com o pé esquerdo".[388] É como se nos dissesse que para além de todo o dualismo, seja em termos de oposição, de alternativa ou de contrariedade, há, estejamos conscientes ou não, um terceiro elemento pronto a dissolver e sublimar os esquemas dialéticos de uma razão "pretensamente lógica ou crítica", para usarmos uma expressão de José Marinho.[389] Logo, sabido que a filosofia para Agostinho da Silva, tanto como qualquer espécie de pensamento metafísico, jamais poderá unir o Tudo e o Nada numa relação lógica, achou por bem ver, como português que era, ou enquanto português que não estava em conflito mas em progressão, o andar do homem como paradigma do movimento triádico.

Dessa forma, nada há de surpreendente neste paradigma, já que, admitido que o andar do homem se processa a três tempos, devido a um centro de energia vital, que os chineses e os japoneses, respetivamente, designam por *chi* e *hara*, o Tudo e o Nada tornam-se igualmente realizáveis quando unidos e consagrados pelo procedimento humano. E não só por esse procedimento, como ainda por meio do silogismo que é a forma mais natural e perfeita que a razão humana alguma vez encontrou para pensar a ideia de Deus. Álvaro Ribeiro sabia-o e aplicava-o, enquanto Agostinho da Silva, para quem a filosofia podia assumir "um perigo terrível"[390] na imposição, por parte de cada homem, de uma verdade dogmática e inquisitorial, também o sabia e, consequentemente, também o aplicava, embora à sua maneira.

Em ambos há, se o soubermos ver e interpretar, aquele estilo dogmático que Orlando Vitorino dissera ser próprio de todos os mestres.[391] Um estilo que inquieta e incita o homem a pensar o infinito, cujo prefixo de negação, longe de ter um significado meramente lúdico ou dialético, equivale, para Agostinho da Silva, a construir o Céu na Terra, ao passo que para Álvaro Ribeiro equivale ao estudo especulativo dos problemas humanos, dos segredos naturais e dos mistérios divinos. Em suma, um estilo português, cultivado em liberdade e no maior respeito pela primeira categoria do pensamento atlântico: o Amor.

* * *

Uma vez que temos presente a ideia de reconciliação, lançada por Agostinho da Silva, entre o Oriente e o Ocidente, haverá no mundo de hoje algo que nos leve a prever uma tal reconciliação? Percorrendo o seu pensamento, surge-nos o caso, deveras interessante, dos japoneses, os quais, com o seu espírito de disciplina e ordem, têm vindo, sobretudo nos últimos cinquenta anos, a perseguir o conceito de Tudo. Um conceito que, à primeira vista, entra em contradição com o conceito de Nada, para eles outrora fundamental, porquanto traduz sabiamente a sua tradicional ligação ao Divino.

Por outras palavras, o Japão que nós hoje conhecemos, isto é, o Japão que, por influência e intervenção do Ocidente materialista, se entregou por completo à indústria, parece estar a reconhecer o derradeiro limite a que chegou, a tal "'parede' também encontrada pelos ocidentais", que mais não é senão "essa ofensa do Poder sobre a ideia de que o importante é o não Poder".[392] Quer dizer, os japoneses parecem estar a reconhecer, "dando grandes subsídios aos chamados países subdesenvolvidos",[393] que o mais importante na vida é poderem as pessoas, precavidas contra o Poder, desenvolver-se livremente na plenitude do seu Ser. Se assim não for, correm o risco, tal como o dissera Agostinho da Silva, quando inquirido pelos japoneses,[394] de viverem e se comportarem como os americanos.

Um destino, portanto, que poderia ser evitado, principalmente se os japoneses se lembrassem que foram, não os americanos, mas os portugueses quem realmente os preparou para a vida moderna, sobretudo quando pensamos, segundo Agostinho da Silva, na arquitetura, na navegação, e até no primeiro hospital por eles criado no Sul do Japão. Tudo começou, pois, com a introdução do arcabuz português no País do Sol Nascente, o qual permitiria que, em 1575, Oda Nobunaga, um dos senhores da guerra, reunisse vinte mil mosqueteiros para derrotar Takeda Katsuyori na batalha de Nagashine.[395] Além do mais, Oda Nobunaga seria, juntamente com Toyotomi Hideyoshi e Tokugawa Ieyasu, também, como ele, senhores da guerra, o responsável pela reunificação do Japão, ocorrida no Período Azuchi-Momoyama (1568-1600).

É curioso que Agostinho da Silva houvesse dito que os portugueses, contribuindo indiretamente para a reunificação do Japão, tivessem lançado os japoneses na senda do triunfo mecânico, técnico e industrial.[396] Curioso, porque o Período Tokugawa, que vai de 1600 a 1868, foi o "Período do País Fechado", conforme nos indica a expressão *sakoku jidai*. Período no qual, convém lembrar, quase todos os ocidentais tinham sido expulsos em 1639, o que revela, por si mesmo, um país fortemente controlado pelo xogunato.

Em todo o caso, esse período, após três séculos de intensas e sangrentas guerras feudais, é o que vai permitir, num ambiente de paz e estabilidade, o desenvolvimento de todas as vias marciais e culturais, desde a formalização das primeiras numa expressão harmoniosa e espiritual do corpo, da mente e do espírito, precursora do que viria a ser o *Budo*, até à reformulação estratégica e religiosa do código dos samurais, o *Bushido*, por então representado quer na história dos *Quarenta e Sete Ronins*,[397] quer nas descrições hoje populares do *Hagakure*, escritas por Yamada Soko,[398] ou no *Go Rin No Sho*, atribuído a Miyamoto Musashi.[399] Assim sendo, é neste período, fechado às potências ocidentais, que emerge no Japão uma tradição espiritual extraordinária, cujo símbolo mais elevado cabe ao sabre mítico que a todas as coisas dá, não a morte, mas a vida que tanto diz respeito ao próprio e ao outro, ao protagonista e ao antagonista, ao amigo como ao inimigo. Uma tradição que consolida, por esse modo, uma mestria espiritual em que o eu, abandonando o ego, passa a situar-se num círculo de amplitude ilimitada, onde cada ponto que se queira visualizar se pode converter, como outro ponto qualquer, no centro do universo.

Vejamos ainda que os japoneses, ao invés dos ocidentais, só entraram na "Idade Moderna" em 1868, que para eles corresponde ao Período Meiji, que vai até 1912. A partir daquela data, com o regresso dos diabos estrangeiros, é que o Japão irá rapidamente mergulhar, sobretudo após a Segunda Guerra Mundial, na tal corrida pelo triunfo técnico e industrial. E com isso viria subjacente aquele espírito militar que Agostinho da Silva muito bem vira num povo que, embora entrando para a modernidade pela mão dos portugueses, talvez não a tivesse compreendido para poder, mais tarde, evitar a vontade de poder de nações perigosamente industrializadas.

É pena, porém, que também os portugueses, esquecendo-se do profundo significado da esfera armilar, se vissem, com o tempo, progressivamente afastados da gnose esotérica que lhes dera a visão beatífica capaz de, ao mundo inteiro, abrir as portas do Céu. Já sabemos que o decisivo ponto de viragem, aquele que tudo haveria, de uma vez por todas, comprometer o plano do pensamento e da revelação, se deve à reforma pombalina dos estudos universitários. Todavia, nunca é demais relembrar como, de tal reforma, a responsável da nossa acelerada decadência, resultara, em desfavor da nossa melhor escolástica, um ataque cerrado contra a tradicional missão da filosofia em íntima colaboração com a teologia. Uma teologia, acrescente-se, não meramente racionalista, porque nela hão de sempre confluir e refluir elementos de ordem revelada. Daí que "filosofia sem teologia não é filosofia portuguesa", nas palavras de Álvaro Ribeiro,[400] e que tem, como as demais, toda a sua razão de ser e existir, quanto mais não seja pela missão que lhe cabe enquanto sistema escolástico que agrega, na mais plena liberdade, todas as ciências e artes numa unidade superior. De nada vale, portanto, a Antônio Sérgio, a figura que nos faltava abordar, dizer que a filosofia portuguesa, encarada como expressão, "tem tanto sentido como a de 'matemática francesa', ou 'física francesa', ou 'biologia francesa'".

Já se sabe, obviamente, quão escusado é afirmar a existência de uma "física portuguesa". Mas, apesar de tudo, há sempre o modo português de pensar a ciência do movimento no espaço e no tempo, em uma linha de fidelidade – que não exclui o contributo de novas descobertas – ao pensamento de Aristóteles. Foi isto, precisamente, o que Antônio Sérgio, revelando-se um grande admirador de Descartes, não o pudera nem o soubera realizar, tanto mais que a lógica e a metafísica de Aristóteles foram modernamente criticadas como incompatíveis com a física cartesiana.

Aliás, a palavra *metafísica*, que terá surgido, segundo a tradição, com Andrônico de Rodes, no século I a. C., no preciso momento em que este, coligindo os textos aristotélicos, atribuíra tal palavra aos textos que se seguiam aos da *Física*, não contribuiu, dizíamos, para a boa e desejada interpretação da Escolástica medieval de expressão judaica, cristã e islâmica. É o que nos mostra, por um lado Álvaro Ribeiro, quando, na sequência do que fora *intuitivamente* investigado por aquela escolástica, refere o posterior papel da *razão discursiva* na forma como pretendeu dominar, à medida que se ampliava, a "totalidade finita do conhecimento humano".[401] Por outro lado, é também ao que nos pode levar, com base nesse domínio, Joaquim Domingues, quando, reconhecendo a prioridade dada, com a modernidade, à origem, natureza e limites do conhecimento, conclui que a palavra *metafísica*, decaída por entre sistemas que separaram a palavra humana da palavra divina, trouxe graves e prejudiciais consequências para a filosofia.[402]

* * *

Agora, voltemos a Manuel Patrício. Vejamos como, paralelamente à filosofia portuguesa, mas dela colhendo parte do essencial, logrou esboçar, reconheçamo-lo, alguns elementos de lógica aristotélica a partir de O *Antiaristotelismo Explícito de Leonardo Coimbra*. Vejamos também como, partindo da sua afirmação de que há um Leonardo que a si próprio "às vezes não vê, ou não pode, ou não quer ver",[403] a ele o mesmo se aplica quando encarado no plano da verdade, condição e destino do pensamento português. Ou seja: se Leonardo Coimbra, esquecendo-se algumas vezes de si próprio, teria sido vítima, no atinente à silogística de Aristóteles, da influência positivista ou neopositivista que de algum modo colhera, Manuel Patrício, por sua vez, não se tem dado conta, no mais fundo de si mesmo, da índole positivista e marxista com que tem sido marcado na carne e no espírito pela Universidade. Assim, comecemos por aquilo que lhe fora dado vislumbrar sobre a lógica de Aristóteles, para depois darmos lugar àquilo que, paradoxalmente, de si próprio, enquanto professor universitário, viu não vendo.

Ora, qual era, afinal, a visão de Leonardo Coimbra acerca da lógica aristotélica? Era a de que era mais uma lógica da extensão do que uma lógica da compreensão. Como assim? Em termos de indução, trata-se de uma "sobreposição de abstratos",[404] isto é, do mesmo modo que, dizendo-se por exemplo o homem no particular, como quando nos referimos a Cálicles, poderemos apreender a *forma* homem, como quem apreende a espécie no indivíduo, o processo de abstração será formalmente idêntico na apreensão do gênero na espécie, ou na apreensão, se quisermos, de um abstrato no seio de um outro abstrato. Os gêneros e as espécies passam então a aparecer numa lógica própria de classes, sempre determinada, em cada uma dessas classes, pela propriedade comum a todos os indivíduos. Por exemplo, da classe dos homens fazem parte ou estão incluídos todos aqueles indivíduos que ficam abrangidos pela propriedade comum da razão, posto que, por abstração simples e linear, é por meio dela que se diferenciam enquanto espécie.

No entanto, todo o processo de abstração uniria em si a extensão, decorrida da abstração, e a compreensão, decorrida das propriedades biologicamente captadas. Por sua vez, disto adviria uma interdependência entre a classe e a propriedade comum, não em termos correlativos, mas em termos de prioridade lógica da segunda sobre a primeira. Logo, uma prioridade lógica da compreensão sobre a extensão, ao contrário do que Leonardo Coimbra parece ter concluído, ao acabar por ver "a dedução como 'um processo de mediação de termos pelo grau da sua extensão: gênero, espécie, indivíduos'".[405]

Quer dizer, Manuel Patrício chega a aperceber-se, por via da errada interpretação de Leonardo – cuja análise da silogística aristotélica assentava na Lógica de Port-Royal –, que esta última era, "exata e limitadamente, uma lógica",[406] e de que, o essencial da primeira, *o conteúdo*, ia muito para além de uma mera teoria das relações entre classes. De que, além do mais, "Aristóteles não separava a Lógica da Metafísica e da Ontologia", pois é "um vício nosso, e é um erro nosso, vermos Aristóteles a querer escrever tratados de disciplinas filosóficas separadas".[407] E de que, não se devendo confundir a verdadeira lógica de Aristóteles com a lógica escolástica de matriz aristotélica, cuja formalização fora, entretanto, espacialmente simplificada pelos diagramas de Euler e de Venn, inaceitável há de ser, porque contrária à verdade, a sua redução, como erradamente o afirmara Leonardo Coimbra, "a um insignificante capítulo da Logística".

Na verdade, a logística, enquanto abstração desqualificante de ordem matemática, reduz-se a um mero cálculo constituído por um sistema de símbolos univocamente definidos. Como tal, não só revela uma total indiferença pela natureza, pelo real, como também indiferente se mostra para com o conceitual e o imaginável. Por isso mesmo, ela é, como o reconhecera Manuel Patrício, "ontologicamente vazia".[408]

Infelizmente, Leonardo Coimbra, tomando a logística como padrão, caíra no erro, hoje adotado nas escolas por via de logicistas ou matemáticos universitários, de ver a lógica aristotélica reduzida ao esquema *S é P*. Um erro que começa desde logo por desnudar a verdadeira lógica dos acidentes verbais, como o *tempo*, o *modo* e a *voz*, para que então se possa estabelecer uma relação de simetria entre *sujeito* e *predicado*, porquanto, designados por *termos*, surgem entre si como extremos, ora devido à *quantidade*, em que o sujeito se pode tomar no geral, no particular ou no individual, ora devido à *qualidade*, em que o predicado tanto pode ser afirmado como negado. Por conseguinte, da análise da quantidade, expressa através de pronomes ou adjetivos indefinidos, como sejam *todos*, *nenhuns*, *alguns*, e da qualidade, expressa na afirmação ou na negação do verbo *ser*, resultam, num primeiro estádio, as inferências imediatas, patentes na oposição, combinação e conversão das proposições gerais, sob as quais se formam as proposições *contrárias*, *subcontrárias*, *subalternas* e *contraditórias*; num segundo estádio, que supera a sugestão de argumentos e sua respectiva discussão, próprias do primeiro estádio, temos a demonstração do raciocínio silogístico, que permite, na forma em que hoje é ensinado, extrair, mediante o termo médio, o conhecimento da conclusão do conhecimento conjugado nas premissas.

Este último estádio é, aliás, o estádio em que Leonardo Coimbra se situara ao entender que a demonstração silogística partia do conhecido para o desconhecido, como, em regra, se poderá ver pelos exemplos do silogismo por ele escolhidos: "Todo o homem é mortal, Sócrates é homem, Sócrates é mortal; todo o corpo é pesado, a pedra é um corpo, a pedra é pesada".[409] O termo médio, no primeiro silogismo *homem*, no segundo *corpo*, assumia assim para Leonardo, como para os atuais didatas da escola fixista, a expressão "de uma classe *b* que é inclusiva de uma classe *c* e incluída em uma classe *a*".[410] Ou seja: se tomarmos, para uma melhor apreensão, o segundo exemplo de silogismo, diremos que o termo médio é a expressão da classe *corpo*, que é inclusiva da classe *pedra* e incluída na classe *pesada*.

O erro, portanto, está em não atendermos, como o fez Leonardo Coimbra, que o termo médio, para Aristóteles, é uma razão que, unindo os extremos, anuncia que o verdadeiro pensamento se realiza por tríades. A indicá-lo está ainda a advertência alvarina de que, ao contrário do que erradamente propõem os compêndios escolares, que consideram "o silogismo constituído por duas premissas e uma conclusão", devemos antes, uma vez dado o logismo da conclusão, ser capazes de encontrar o termo ou o conceito mediador que possa unir os extremos.[411] Neste quadro, evitar-se-ia que a silogística de Aristóteles fosse considerada uma "inutilidade retórica", na medida em que o estudo das figuras do silogismo tem "o mérito de ensinar ao pensador, ao orador e ao escritor processos rápidos de propor, dispor e compor a argumentação de uma tese, além do mérito, sempre reconhecido em dialética, de habilitar o crítico a descobrir os paralogismos, os sofismas e as falácias de qualquer discurso mais ou menos suspeito".[412]

O erro de Leonardo leva-o, pois, a ver em Aristóteles "a ausência da característica essencial do conhecimento científico".[413] E a razão que Leonardo dá assenta no que ele diz ser o caráter fixista do formalismo aristotélico, que consiste numa hierarquia natural dos abstratos, já que ela é o resultado de uma simples generalização da experiência e da observação. Uma hierarquia, convém relembrar, que toma da experiência e da observação "a analogia da distribuição dos seres vivos por gêneros e espécies".[414]

O método de Aristóteles configura-se então, para Leonardo, como um método inteiramente vicioso, na medida em que o seu formalismo fixista e extensionista representa o oposto da sua concepção platônica de ciência, cujo formalismo, aberto e progressivo, provém da simbólica matemática que é, na sua essência, um ideal que preconiza, na ordem do inteligível, o método hipotético-construtivo. Hipotético, porque "a teoria é modelo de que a experiência se afasta como cópia"; construtivo, porque "sempre as teorias serão em movimento, saindo de todos e de cada um dos seus formalismos, na inquieta e interminável ansiedade de fazer *o modelo* que coincida com a cópia".[415] Daí que, ainda para Leonardo Coimbra, o *inteligível*, no qual se fundamenta a ciência moderna, "*desfaz*, para *refazer*, por meio da imaginação científica, todos os *complexos do senso comum*",[416] de que Aristóteles seria a figura de proa.

Perante tal interpretação, nem sequer a dedução lógica era vista por Leonardo como uma teoria da prova, pelo fato de esta depender do que vimos ser a referida classificação biológica, a mesma que teria, por analogia, permitido a distribuição dos seres ou existências pelas classes hierarquizadas. A teoria da prova só estaria, portanto, na indução e não na dedução propriamente dita. Mas, como também já vimos, Aristóteles tudo dispusera para que, partindo do logismo da conclusão, pudéssemos alcançar o conhecimento das premissas.

Do que se infere que a dedução como prova fala por si mesma; que, conforme vira Manuel Patrício, Aristóteles deixara bem patente a oposição que há entre o silogismo e a indução, uma vez que o primeiro permite demonstrar, por meio do termo médio, que o extremo maior se predica do terceiro termo, ao passo que a segunda permite demonstrar, por meio do terceiro termo, que o extremo maior se predica do termo médio;[417] de que, como vínhamos dizendo, a indução, que "significa o trânsito do múltiplo para o uno", e, por isso mesmo, é "a primeira inferência lógica que o espírito humano efetua na incessante procura do universal",[418] permite descobrir, tendo em conta a totalidade dos casos particulares, a verdade científica de que o silogismo, depois de descobertos os princípios das diferentes ciências,[419] é a cabal demonstração. Resumindo, temos assim que a prova que Aristóteles atribuía ao silogismo e Leonardo, por sua vez, tão só atribuía ao momento indutivo, permite-nos ver que, em um primeiro plano, a abstração aristotélica nada tem ou revela em si que corresponda ao modelo puramente extensionista e desqualificante da lógica matemática; em um segundo plano, que a logística não é, quer o pretenda ou não, "a legítima herdeira da lógica formal", consoante o escrevera

Leonardo Coimbra;[420] em um derradeiro plano, que a lógica aristotélica, adulterada pelos defensores do cálculo lógico, não só pode e deve contribuir para os avanços da ciência, como também para a criação artística e filosófica.

***

Passemos agora, não a julgar, como fazem, segundo José Marinho, os propedeutas da cultura oficial, mas a tentar perceber qual é, para Manuel Patrício, o lugar da filosofia na sociedade socialista em que todos nós, para nossa infelicidade, nos encontramos, quer queiramos quer não. O seu ponto de partida, não há dúvida, é este: o de que o Marquês de Pombal, como pudera aprender com a filosofia portuguesa,[421] representou entre nós "a primeira tentativa forte para o Estado retirar à Igreja a condução da educação",[422] se bem que, ao que parece, não tenha refletido suficientemente no papel que certos membros da Igreja tiveram em tão maquiavélico processo. Mas também não há dúvida, como claramente mostram as suas deambulações acadêmicas por entre congressos e conferências, de que nunca reconheceu cabalmente, com todas as suas consequências, serem as estruturas atuais de ensino praticamente as mesmas que o Marquês de Pombal, no seu cruel despotismo, impôs aos portugueses.

Nisto, talvez haja quem considere tratar-se de uma afirmação um tanto exagerada. Mas se assim é, como explicar que os tecnocratas tenham pretendido liquidar, na expressão de M. Patrício, "o ensino da Filosofia no ensino secundário, substituindo aquela disciplina pela de História das Ideias"?[423]

Atente-se bem: "aquela disciplina", referindo-se sem dúvida à "Filosofia". Mas já não demonstramos nós que a filosofia, quer a designemos ou não por inicial maiúscula, não é uma disciplina? Ou, pelo contrário, estaremos nós equivocados ao ponto de vermos diferenças onde elas não existem?

Não... não pode ser. No ensino secundário, a palavra filosofia, destituída do seu verdadeiro significado, é mais uma daquelas palavras que os adolescentes detestam e nem sequer querem ouvir, confirmando assim que tudo o que diga respeito, ou pareça dizer respeito à filosofia, é para, em termos práticos, banir e silenciar. No ensino universitário, o ensino que predispõe e prepara este estado de coisas, a filosofia é, por seu turno, uma área de estudos a ser encerrada em um departamento de letras, ou em qualquer coisa do gênero. Em todo caso, bem vistas as coisas, não é este o entendimento que tem Manuel Patrício, quando, sobre as tentativas para liquidar a suposta "Filosofia", conclui, como se de um resistente se tratasse: "Constituída uma nova equipe e elaborado o respectivo programa, pode dizer-se que a filosofia triunfou. Temos hoje condições bastante razoáveis para que a nova geração de estudantes do secundário possa entrar no mundo da reflexão filosófica e ingressar na Universidade com boa preparação".[424] Enganoso, a todos os títulos. Mas continuemos a transcrição para não nos acusarem de falta de rigor e de objetividade: "A juventude portuguesa atual sai do ensino secundário correta e satisfatoriamente orientada no domínio da filosofia, o que há de dar, necessariamente, bons resultados do ponto de vista social, porque as sociedades humanas valem pelo que pensam e, sobretudo, pelo que pensam radical e criticamente".

Lembra-se, porventura, o leitor do que atrás disséramos, que Manuel Patrício, enquanto professor universitário, paradoxalmente se via a si próprio não vendo? Pois aqui está, sem tirar nem pôr. Ou melhor: ele viu o que o Marquês de Pombal fizera à Universidade portuguesa, mas não viu que ela, com todas as suas consequências, continua a ser hoje o que dela fez o "déspota esclarecido"; viu que a "filosofia", por meio dos políticos e dos tecnocratas, os seus piores inimigos, tem sido encarada com um ódio de morte, sem, no entanto, ver que a filosofia não é uma disciplina, nem sequer algo que enquanto tal pudesse ter sido vítima de uma tentativa de liquidação, já que, a filosofia propriamente dita, fora institucionalmente banida de Portugal há mais de duzentos anos; enfim, viu que entre nós existe a filosofia portuguesa, sem com isso compreender que, nos termos institucionais da atualidade, ela jamais se sujeitará ao controle científico e cultural de uma Universidade que, no plano anímico e espiritual, está, para todos os efeitos, morta.

Por outras palavras, uma ilusão que leva M. Patrício a projetar uma pálida imagem do que seja a filosofia portuguesa, sobretudo quando, a propósito da "redenção final da humanidade", nela situa ora "o núcleo dos marxistas portugueses", ora o "enigmático mas lídimo português", que é Eduardo Lourenço. O tal, esse mesmo, caro leitor, que chegara a confundir O *Problema da Filosofia Portuguesa* com "as batatas da Dinamarca e os automóveis de Detroit".[425]

O ideal de Manuel Patrício talvez se encontre naquele modo como interpretou o reformismo social e econômico de Leonardo Coimbra, no qual o indivíduo se deve apresentar livre e obreiro do seu destino. Leonardo estaria assim, em face do grande problema moderno do trabalho, entre o liberalismo puro e o seu extremo, o coletivismo igualmente puro. Não haveria, portanto, nem um mercado livre e inteiramente entregue a si próprio, nem uma intervenção totalitária do Estado na vida social e econômica.

No fundo, "o menos que o seu pensamento [o de Leonardo Coimbra] supõe é uma certa intervenção no mercado. É, pois, ou socialista ou socializante (social-democrata, no sentido atual do termo)". Um pensamento, no entanto, "de matriz cristã, pois foi Cristo que, para ele, revelou a luz transcendente de uma mesma filiação divina a todos os homens. Digamos que o socialismo, ou o social-democratismo, de Leonardo Coimbra é um socialismo ou um social-democratismo, cristão".[426] Cá está, um democratismo e um cristianismo que vai permitindo a Manuel Patrício, traído pela falsa mediação entre os extremos, dizer com orgulho que pertence ao Partido Social-Democrata (PSD). O partido, convém notar, que em consonância com o Partido Socialista (PS), em uma sucessiva rotação do poder, tanto fez como continua a fazer para consolidar entre nós um regime totalitário, cujas piores consequências, ainda por vir, nem sequer comparáveis hão de ser quer com a desordem da 1ª República, quer com o autoritarismo salazarista.

 Alguns, provavelmente, dirão que está de boa fé, que a sua intenção é a melhor possível. E depois? Digam o que disserem, a verdade é a de que se move em um esquerdismo que, nem por sombras, alguma coisa teve ou pode vir a ter com o que fora a política superiormente professada por Leonardo Coimbra, como, aliás, o próprio Manuel Patrício, sabendo o que é o criacionismo personalista de Leonardo,[427] há de reconhecer. Mas algo fala mais alto, algo que, tanto a si como a muito boa gente, o condiciona e empurra para o mundo da partidocracia: a Universidade.

 A indicá-lo está o seu projeto da Escola Cultural, um projeto que é, como não podia deixar de ser, simultaneamente universitário e político-institucional. Universitário, porque, segundo o próprio, "natural de Évora e da sua Universidade".[428] Político-institucional, porque, uma vez adotado, em 1987, pela Comissão de Reforma do Sistema Educativo, revela em si o intuito de substituir o nosso sistema de ensino por um novo paradigma de educação que se quer não uniformizado. E além do mais, também se quer, por intermédio da Associação da Educação Pluridimensional e da Escola Cultural (Aepec), criada em 1990, não só reconhecido e implementado no plano nacional, como ainda no europeu e internacional.[429]

 No fim de contas, tudo se resume ao seguinte: em face da destruição da escola pelos sucessivos governos socialistas, que aquela associação não reconhece direta e frontalmente, o que se pretende, como objetivo, é substituir uma concepção unidimensional da educação por uma pluridimensional, em que o saber e a personalidade humana são considerados sob o ponto de vista da multiplicidade cultural e humana.[430] Contudo, o *Movimento Escola Cultural* caiu no erro de substituir a palavra *filosofia* – nada conveniente numa sociedade socialista, – pela palavra *cultura*, pelo que comprometia assim a verdadeira revolução universitária, que, esta sim, rejeitando qualquer reforma por inútil, atribui à filosofia o poder de criar a verdadeira escola que Álvaro Ribeiro, inspirado por Aristóteles, designara por *Escola Formal*. Não importa, pois, que aquele movimento veja na pessoa humana, social e universalmente considerada, o pilar de um projeto político-institucional, se não se aperceber, nos seus congressos e feiras pedagógicas, que está a lidar com uma multidão de políticos e professores universitários que devem a sua estrutura mental ao socialismo dominante.

Não basta, por isso, simplesmente dizer que a pessoa é obreira, que ela cria ou oferece cultura quando está desde logo previamente condicionada pela explícita ou implícita marxização do ensino e da cultura. Não basta julgar que uma reforma, por melhor que seja a boa fé nela empregue, possa alterar substancialmente uma mentalidade fortemente dominada, há mais de dois séculos, por forças políticas ao serviço de ideologias e associações internacionais. Não basta, por fim, apregoar a transformação cultural da sociedade sem se compreender, ainda que dando a aparência de o fazer, onde estão os verdadeiros agentes da decomposição, aos quais urge responder uma vez sabido onde e como atuam.

***

Acelerar esses agentes, preparando, pela composição e pela recomposição, as condições do ciclo que há de vir, eis a presente missão que por destino caberá ao escol capaz de vencer o atual império do igualitarismo e da tecnologia. Uma vitória que seja garantida pelo *homem de sempre*. Uma vitória que só será possível se a ausência de pensamento, protagonizada pela Universidade internacionalista, der lugar à filosofia espiritualmente radicada no povo em que é pensada. Uma vitória que, no que a nós respeita, será atualizada pela filosofia de todos os portugueses, sem a qual a fisionomia espiritual da alma pátria perde toda a sua expressão e razão de ser.

Daqui se infere que só há filosofia portuguesa onde não prevaleça o dogmatismo das verdades científicas. Ou que ela só se manifesta uma vez desfeita a ilusão da democratização do indemocratizável, como mostram, a propósito desta ilusão, todas as épocas de decadência, incluindo a nossa. Uma manifestação, dizíamos, que se dá onde menos seria de prever que acontecesse, se pensarmos em Montargil. E quem diz Montargil não pode deixar de dizer Estremoz.

Da relação entre uma terra e outra, tivemos nós a intuição, desde logo sentida pelo simples viajar, que só pela filosofia o homem aprende a movimentar-se no espaço e no tempo, e, portanto, a receber por essa via as formas superiores da revelação espiritual. Numa palavra: em Montargil, nós; em Estremoz, Antônio Telmo; no meio, como que a mediar, a gnose esotérica da filosofia portuguesa.

Antônio Telmo é sem dúvida um mestre do esoterismo. Não um mestre qualquer, pois teve Álvaro Ribeiro como o mestre dos que sabem. O mestre, por sua vez, que lhe transmitira nada valer o dom da intuição e da imaginação, superiormente consideradas, sem a arte de filosofar. Aqui reside, sem tirar nem pôr, a sua força. Aqui reside a sua compreensão do esoterismo lusíada, que se mantém, por natureza própria, aquém da Universidade e das instituições da cultura oficial, mesmo quando, produto da erudição parasitária, se vão citando os nomes de Camões, Fernando Pessoa e Agostinho da Silva.

O esoterismo de que falamos, hoje como ontem desconhecido do poder econômico-político, quando não mesmo do religioso, é o que continuamente se oculta desde os primórdios da nacionalidade até aos nossos dias. E nisto, Antônio Telmo é, por mediação invisível do pensamento, um dos fiéis depositários da doutrina secreta portuguesa. Por mediação invisível do pensamento, dissemos nós, em si muito diferente de um mero sistema de símbolos vazios e imagens sem legenda, tão em voga nos tempos que correm.

Neste último sentido, temos o fenômeno ou, como tudo indica, a campanha internacional que pretende apresentar o cristianismo em uma versão marcadamente política, se é que não mesmo numa versão neopagã, como vem mostrando, nestes últimos anos, a vaga avassaladora de livros publicados sobre o *Código Da Vinci*. Este, tendo por autor Dan Brown, representa na sua forma romanceada um conjunto de teses que visam negar a encarnação de Deus na pessoa de Jesus Cristo. Teses, aliás, que já haviam sido divulgadas por autores como Michael Baigent, Richard Leigh e Henry Lincoln, em livros como O *Santo Graal e a Linhagem Sagrada*, de 1982, e *A Herança Messiânica*, de 1984.

Temos assim a figura de Cristo como uma figura revolucionária, cuja missão teria sido, em termos históricos, a de perpetuar a Casa de David enquanto sacerdote-rei do Reino de Israel. Por conseguinte, um messias dado ao revolucionarismo militante contra o poder imperial de Roma, e em cujo contexto não faltariam decerto a sua paternidade e sexualidade. Aventada a hipótese do seu casamento com Maria Madalena, de quem teria tido filhos, tudo seria possível desde o desembarque de Madalena no Sul de França, levando consigo a linhagem sagrada ou sangue real, até à existência do Priorado de Sião, uma sociedade secreta que, remontando ao tempo das cruzadas, teria guardado até à atualidade um terrível segredo capaz de mudar radicalmente o cenário econômico-político da Europa, para não dizer do mundo inteiro.

De tudo isso parece decorrer, perante a desordem mundial em curso, o processo consciente e intencional, de preparar a humanidade para o novo governo universal, ou seja, um novo império planetário que, perante a falência da Igreja Católica e dos sistemas políticos e ideológicos dominantes, venha redimir a pobre condição humana sob a égide do tão esperado sacerdote-rei. Uma construção política, dir-se-ia, de "inspiração teocrática", capaz de canalizar e dirigir não só toda e qualquer espécie de pensamento, como também a realização de todas as necessidades de ordem psicológica e emocional. Contudo, não obstante os vários autores e respectivas interpretações sobre o assunto, o resultado culmina num todo, quase diríamos, homogêneo. Veja-se, por exemplo, o caso de autores como Lyn Picknett e Clive Prince, que lançaram, entre outros, o livro intitulado *O Segredo dos Templários*, que retrata, para além das implicações políticas, a figura de Cristo do ponto de vista mágico-religioso, pois lançam a hipótese de o cristianismo ter sido nas suas origens de raiz egípcia.

Por outro lado, curioso não deixa de ser o fato de todos estes autores criarem uma aura de silêncio sobre Robert Ambelain, o autor maçônico de livros como *A Vida Secreta de São Paulo*, ou os *Pesados Segredos do Gólgota*, ou ainda *Jesus ou o Mortal Segredo dos Templários*. Curioso por que, na bibliografia apresentada, omitem um autor que trata, entre outros aspectos, dos seguintes: a rejeição, por parte dos templários, da divindade de Jesus; a sua crucificação quando já quinquagenário; o seu irmão gêmeo e a sua relação com as mulheres, etc. Enfim, tudo disposto numa lógica de profunda e concertada transformação social, política e religiosa de um mundo espiritualmente morto.

Entretanto, há, como sabe Antônio Telmo, a Pátria portuguesa, que somos todos nós, os que estamos vivos, na sua íntima relação com "a cadeia invisível dos antepassados, essa enorme força da espécie que o Anjo marcou na sua gênese com uma língua e um determinado sestro histórico, se não transcendente".[431] Isso mesmo, a Pátria portuguesa que jamais será aniquilada por uma nova ordem sem transcendência, uma nova ordem político-religiosa donde serão expulsas as pátrias e os respectivos povos, nações e culturas, que, estes, sim, são a razão de ser da civilização. Desse modo, só preservando as pátrias, que são individualidades históricas e espirituais, poderemos salvaguardar os indivíduos no que de mais sagrado e singular guardam em si próprios.

Gnôthi séauton, nosce te ipsum, conhece-te a ti mesmo. Eis o que, outrora um preceito helênico insculpido no frontão do templo de Apolo, em Delfos, cabe a cada um de nós, enquanto indivíduos, atualizar ou pôr em ato. Atualizar, porém, de um modo iniciático, à semelhança do que Tomé Natanael, o antiquário de Estremoz, sugeriu a Antônio Telmo pela prática da reflexão, como se num espelho sentindo e vivendo estivesse. Na realidade, todos nós fazemos parte desse espelho, todos nós refletimos, consciente ou inconscientemente, o que a verdadeira interrogação, designando a categoria aristotélica da *substância*, permite revelar sobre o que de mais oculto guardamos dentro de nós próprios.

Não há livros que ensinem isto. Não há professores, doutores da Universidade, o que quer que seja, que o façam. A filosofia portuguesa é a porta da vida, é a porta do espírito, à qual só pode bater e entrar quem estiver disposto a empreender a descida aos infernos. Instruções para o fazer não há. Quanto muito, na melhor das hipóteses, um livro, um único livro em que cada uma das páginas que o compõem uma só coisa nos dão a conhecer: um espelho.

De Montargil a Estremoz. Ou, se quisermos, de Estremoz a Montargil. Mas, caro leitor, se alguma vez por aí se aventurar, não se esqueça que tais lugares são reflexos no espelho do mundo. Não meros reflexos, sem vida nem cor. Muito pelo contrário, pois são *imagens pintadas*, sentidas e tridimensionadas, refletindo casas, ruas, plantas e animais. E, acima de tudo, refletindo, para a eternidade, quer a nossa imagem quer a de Antônio Telmo. Em suma: refletindo a filosofia portuguesa.

Capítulo 15 | O Papa Português

Não se conhece ao certo a data de nascimento de Pedro Julião ou, como alguns cronistas o referem, Pedro Hispano Portugalense. O que se sabe é que nasceu em Lisboa, na freguesia de S. Julião, provavelmente entre os anos de 1210 e 1220. De acordo com alguns biógrafos, parece ter feito os primeiros estudos na escola catedral olissiponense,[432] partindo de seguida, ainda muito novo, para Paris, onde se entregou aos estudos médicos[433] e filosóficos. Frequentou, segundo alguns autores, a Escola de Montpellier[434] e, segundo outros, a Escola de Salerno. Já em Portugal, foi-lhe confiada a Igreja de Santo André, em Mafra, a que se seguiram as sucessivas nomeações de tesoureiro-mor da Sé do Porto, arcediago de Vermoim no arcebispado de Braga, prior de Santa Maria de Guimarães e deão da Sé de Lisboa. Depois, presente no Concílio de Lyon (1274), em Itália, foi nomeado cardeal pelo Papa Gregório X. Por fim, ascendeu ao sólio pontifício em setembro de 1276,[435] vindo a falecer em consequência da derrocada do palácio papal de Viterbo, em maio de 1277.

Entretanto, é de notar que, numa linha ininterrupta que vai do século XIII até ao século XVII, toda a Europa culta viu adotado o ensino aristotélico da lógica segundo a sistematização que dela fez o autor das *Summulae Logicales*.[436] A atestar o valor e a influência desta obra, está a singularidade com que Pedro Hispano soube expor os estudos lógicos de inspiração aristotélica, ou, se quisermos, o modo como logrou tratá-los independentemente das mais profundas questões de ordem metafísica. Por conseguinte, convém não esquecer aquilo que, a este respeito, o próprio Dante escreveu no canto XII do *Paraíso*: que, na Terra, o espírito do Portucalense "luce in dodici libelli".

Enquanto aristotélico, Pedro Hispano entendia a lógica como algo que precede o mundo da psicologia, pois é a partir dela que deparamos com a estrutura dinâmica do pensamento humano. Ora, uma vez elaboradas as *Súmulas Logicais*, não só se entregou à nobre missão de comentar o *De Anima* de Aristóteles, como também realizou no *Scientia Libri de Anima* uma síntese da doutrina tradicional da alma, na qual predominam as influências de natureza arábica. Situado no problema escolástico, preconizou ainda que as substâncias criadas encontram a sua razão de ser nos princípios da *matéria* e da *forma*. Mas, em uma concepção diferente daquela que fora sustentada por S. Tomás, para quem a alma era, por definição, a *forma do corpo*,[437] o nosso filósofo projetou uma teoria da psique que, nos seus mais variados aspectos, se distinguiu pelo seguinte: a natural propensão da alma para amar e conhecer a Deus.

Inteligido pelo Portugalense como "ato puro e simples",[438] Deus é, além do mais, imune a qualquer espécie de potencialidade, matéria ou composição. É também, pela mesma ordem de ideias, a *Primeira Inteligência* "que contém todas as coisas universalmente existentes".[439] Ou ainda, para recorrermos às palavras do mestre lusitano, Deus é "princípio e fim de todas as coisas", o que, para todos os efeitos, equivale a dizer que a ideia de Deus é o centro de toda a especulação filosófica capaz de dar uma solução adequada ao problema do homem e do mundo.

Trata-se, portanto, de uma busca racional que não dispensa, nos termos da cosmovisão cristã, a luz da revelação divina, em que surgem duas vias para o conhecimento de Deus: a primeira por *imediação* (*per immediationem*), que consiste na disposição da alma, quando liberta do mundo e das coisas corpóreas, de se elevar a um estado de iluminação em que se prepara a união com a Inteligência Divina; a segunda por *mediação* (*per posteriora*), que consiste, por sua vez, no reconhecimento da presença divina nas coisas do mundo inferior e sensível. Assim sendo, não restam dúvidas de que estamos perante um processo que conduz, no mais alto grau, a uma *experiência interior* em que a alma, excedendo o plano intelectivo, se entrega por completo ao *conhecimento diviníssimo de Deus*.

Em tudo isso, não se trata, pois, de um conhecimento propriamente dito, tomado como "*apreensão imediata e direta de Deus, na sua realidade ontológica*, ou uma visão de Deus em si, face a face", mas, sim, do "sentimento de uma presença divina",[440] por si mesma impossível de ser traduzida pela palavra escrita ou falada. Nesse ponto, ao qual corresponde, na visão de Pedro Hispano, a santificação, temos, como tal, a presença da corrente intimista colhida no neoplatonismo da época, mais particularmente na "teologia negativa" do Pseudo-Dionísio. E por isso mesmo, ganha aqui todo o sentido o que Pedro Hispano, mais uma vez marcando a sua singularidade no pensamento medieval, designou por *teofilosia*, isto é, o *desejo consumado* em que a alma se extasia no movimento amoroso que a impele para a Suma Bondade.

Além de que, com base neste conceito de teofilosia, interessante se torna a relação que João Ferreira estabelece entre o sentido de retidão natural (*sindérese*) e o sentimento da saudade, o qual, estando presente em Pedro Hispano sob a forma do termo latino *Desiderium*, é mais um dos aspectos originais que permitem distinguir a espiritualidade portuguesa das demais.[441] E já agora que nos referimos a estes aspectos, de registrar fica também a forma como o filósofo lusitano encarara com toda a naturalidade a *existência* de Deus, ao contrário, portanto, de certos doutores escolásticos que se lhe seguiram, como, por exemplo, S. Tomás de Aquino. Ou seja: o tomismo, que é sem dúvida uma filosofia da Europa Central, problematizou o que antes não estava problematizado,[442] se bem que, há que dizê-lo, o tenha feito seguindo a orientação de um racionalismo medieval de natureza essencialmente apologética.[443]

* * *

Outras são, porém, as teses tratadas por Pedro Hispano no âmbito da filosofia escolástica, tais como a *atualidade ínfima da matéria*, o *princípio de individuação* e a *forma de corporeidade*. Quer dizer: o modo como as concebeu também aqui não se identifica com as linhas mestras do tomismo, conforme nos demonstrou João Ferreira.[444] Assim sendo, a sua obra continua a aguardar, do ponto de vista português, a interpretação que lhe é devida, ou, por outras palavras, uma interpretação que não seja somente histórica mas essencialmente filosófica.

Logo, neste último aspecto, não há de passar despercebido o fato de o Aristóteles de Pedro Hispano, ao contrário do de S. Tomás de Aquino, ser o "Aristóteles arabizado dos comentadores árabes e neoplatônicos";[445] um aristotelismo, portanto, inspirado nos comentários de um Avicena, de um Averróis e de um Avicebron, e em que todos eles constituíram, em um ambiente característico da medievalidade do século XIII, um patrimônio compatível com as teses e as doutrinas do augustinismo da época; ou, se assim for preferível, a de um aristotelismo cuja formação teve como ponto de partida a atitude de um "neoplatônico com simpatias pelas interpretações árabes de Aristóteles".

Segundo a doutrina antropológica do nosso escolástico, dois princípios fundamentais concorrem para a constituição unitária do ser humano: o *corpo* e a *alma*. O primeiro, naturalmente, a título de matéria, o segundo a título de forma. Note-se, porém, que esta concepção hilemórfica não só começa por se aplicar, em termos gerais, ao corpo e à alma, como também ao *composto* que de tais princípios se forma ou advém. Ou seja: em Pedro Hispano deparamos com a "existência dum hilemorfismo corporal, de um hilemorfismo espiritual e de um hilemorfismo do composto".[446] Ou melhor: o *corpo-matéria* e a *alma-forma* encerram em si outras matérias e outras formas que hão de concorrer, por sua vez, para a superior arquitetura do composto humano. Por conseguinte, tudo progride, desde a *forma ínfima da matéria*, dita *forma de corporeidade*, até a *infusão da alma* no que, enquanto organização elementar, não chega a ultrapassar os limites da matéria.

Temos assim, dentro destes limites, o corpo entendido como *forma elementaris*, já que, neste grau de existência, a matéria como que destituída se encontra, não obstante aquela forma, de todo e qualquer princípio de ordem espiritual. Desse modo, quando Pedro Hispano atribui ao corpo uma certa perfeição entitativa, está nos dizendo que a matéria não é independente da forma, pois só por esta, por ínfima que seja, se condensam os elementos primordiais em uma unidade corporal. Logo, deve ter-se presente que a "estrutura" do ser nem só se reduz à matéria, por um lado, nem à forma, por outro, já que há de implicar sempre um composto suscetível de melhor e contínua perfeição.

Daí que na relação com o corpo, por natureza um composto imperfeito, Pedro Hispano considere a alma como o princípio transcendente e ordenador de todas as formas que nela e com ela concorrem para a perfeição do composto humano. Veja-se, por exemplo, o caso das formas *vegetativa*, *sensitiva* e *intelectiva*, em que tudo se dispõe e prepara, já depois de organizada a matéria corporal, para converter o inferior no superior. Nesta conversão, as formas inferiores estão, pois, "todas ordenadas para a forma última", até porque, "tanto no corpo como na alma, há diversas diferenças com organização própria em cada membro e variadas formas na alma, das quais as mais notáveis são a vegetativa, a sensitiva e a intelectiva, a que o nosso autor atribui substancialidade e formalidade independente, no seio do mesmo ser".[447]

Em Pedro Hispano, como aliás noutros autores pré-tomistas, a noção de alma implica sobretudo, para além das suas relações com o corpo, aquilo que, do ponto de vista da sua *essência*, a caracteriza em termos de imortalidade. Referimo-nos, pois, ao princípio intelectivo desta, já de si uma *forma-substância* incorpórea, e, por isso, em oposição, pela sua natureza inteiramente espiritual, às substâncias vegetativa e sensitiva. Não confundir, entretanto, esta *forma-substância*, ela própria algo já perfeitamente individuado e destinado a separar-se do corpo, com a *forma substancial* enquanto função perfectiva do corpo.[448]

Com isso, vemos como Pedro Hispano, por influência neoplatônica e árabe, concorre para uma concepção que mais ampla se mostra quando comparada à aristotélico-tomista, porquanto nesta, a alma, como já se vira, é por definição *a forma perfectiva do corpo*. Não confundir, no entanto, esta *forma substancial* com a *forma elementaris* da organização corporal, na medida em que para S. Tomás, ao contrário de Pedro Hispano, a noção de matéria, destituída de qualquer disposição formal e, desse modo, insubstancial e insubstante, só pode efetivamente, pelo advento da *forma perfectiva*, transitar à existência. Contudo, note-se ainda que para S. Tomás a matéria, determinada pela *quantidade*,[449] constitui o *princípio de individuação*, ao passo que para o nosso filósofo, à *forma* pertence a individualidade enquanto princípio unificador dos seres criados.[450]

Quanto ao predomínio da matéria sobre a forma, é claro que se poderá objetar, olhando para S. Tomás, que tudo dependerá do grau e perfeição na individualidade de um dado ser na ordem da criação divina. Mas o certo é que também ele o sabia, uma vez que os seres ou as substâncias espirituais, tendo o princípio de individuação em si mesmas, mais não são, pela *forma* ou pela *espécie*, senão puras inteligências em que a matéria surge toda ela espiritualizada. Logo, quando S. Tomás nos diz que o *principium individuationis* é a matéria sob o ponto de vista da quantidade, está obviamente a referir-se ao plano das substâncias sensíveis enquanto suscetíveis de distinção numérica.

Neste domínio, podemos até dar como exemplo a espécie *homem*, visto dela participarem, pelo que de comum encerram entre si, todos os indivíduos cuja natureza específica faz deles homens no particular. Ora, daqui até à espécie encarada como "coletividade", bastaria um pequeno passo, que não caberia, como sabemos, na concepção de S. Tomás de Aquino. E um pequeno passo porque a lógica, para ir ao encontro da ordenação divina das espécies e dos gêneros, requer, antes de mais, que não se confunda o *coletivo* com o *geral*, e muito menos o *conceitual* com o *universal*.

Entretanto, com Pedro Hispano melhor se compreende agora como, pela *forma*, ou, se quisermos, pela *alma*, garantida fica, no contexto do personalismo cristão, o princípio de individuação ou da unidade pessoal. Ou, o que vai dar no mesmo, que só pela alma se torna possível reconhecer Deus como "a forma primeira e exemplar de todas as coisas".[451] Ou ainda que só pela alma, espelho do mundo, se compreende como entre os *universais* e as ideias arquétipas e protótipas de Deus existe uma identidade somente realizável em termos de proporção, semelhança e analogia.

De qualquer modo, necessária se torna a ação do *intelecto agente* para que tal identidade tenha lugar segundo a intervenção de uma luz espiritual e divina superior à alma humana. Aliás, também já Avicena, na doutrina do intelecto, concebera, com base no *De anima* e na *Metafísica* de Aristóteles, uma cosmogonia em que as Inteligências,[452] procedendo por *emanação*, ocupavam um lugar de relevo nas relações do homem com Deus. Em todo o caso, é preciso não esquecer que este emanatismo de influência neoplatônica,[453] também apelidado de *avicenismo latino*,[454] inassimilável se mostrava pelo cristianismo em algumas das suas teses, tais como a da *eternidade do mundo* e a do *intelecto agente comum a todos os homens*.[455]

***

Não há, pois, dúvida nenhuma sobre a polêmica que estas teses, entre outras, causaram na escolástica medieval de formação judaica, arábica e cristã. Tal como, apesar de tudo, não oferece qualquer dúvida o fato de Pedro Hispano ter podido integrar, em uma síntese cristã, os elementos neutros da filosofia de Avicena, como por exemplo, salvo ligeiras variações, os diversos estados em que o *intelecto possível*,[456] em termos de *potencialidade*, se pode encontrar relativamente aos inteligíveis.[457] Daí que, aproveitando a observação de João Ferreira, não seja de estranhar ter Étienne Gilson, crítico e historiador medieval, incluído Pedro Hispano, ao lado de autores como João Pecham, Rogério Bacon e João Duns Scot, na corrente que, então autônoma e independente do averroísmo e do tomismo, se dá hoje a conhecer por *augustinismo avicenizante*.[458]

Porém está ainda por avaliar, contra a historiografia mais acadêmica e corrente, a crise que o aristotelismo chegou a provocar nas teses do augustinismo do século XIII, crise essa que tomara sobretudo lugar em 1210, quando da proibição em Paris dos *libri naturales* de Aristóteles. Uma crise, portanto, cujo destino, superada a análise histórica do que fora o *aristotelismo eclético* nas universidades da época, poderá eventualmente identificar-se com os "dogmas" da modernidade, se para tal atendermos, por exemplo, ao conceito de matéria com que, em oposição ao tomismo, Duns Escoto marcaria, pelo impulso dado, o triunfo do materialismo moderno. A partir daqui, eis, com efeito, por que Orlando Vitorino, situando, na sua origem, o primado da vontade na teologia de Santo Agostinho, vira no tomismo o primado "do pensamento do homem transmutado pelo cristianismo".[459]

Neste contexto, como situar então a noção de matéria em Pedro Hispano, que, como já vimos, não é, como no Aquinate, pura potencialidade, mas *disposição* ou *atividade organizadora* perfeitamente distinta da *forma substancial*? Ou, se quisermos, como situar uma noção que toma a matéria como primeiro princípio incompleto e a forma como segundo e último princípio completo? Como distingui-la, pois, do que na concepção escotista de matéria se apresenta como *potência máxima* e *atualidade mínima*, quando não mesmo algo *real*, ou uma certa *entidade* ou *ser* distinto da *forma*?

A nosso ver, e sem a pretensão de resolver o problema, tudo indica, no modo como Pedro Hispano concebe o pluralismo mórfico à luz do princípio de individuação, que a matéria, começando por já conter em si uma certa formalidade, não se encontra separada ou independente da *forma*, ao passo que para Duns Escoto parece existir a possibilidade de uma matéria sem forma. Agora, com base nesta distinção, talvez se compreenda melhor por que também Orlando Vitorino, atento às consequências do nominalismo, entendera a concepção escotista de matéria como um caminho aberto à matéria preconizada pela ciência moderna, ou seja, uma matéria que "será o permanente e o perene, e a forma o transitório e efêmero".[460] Logo, contra a concepção aristotélica, presidida pelo cristianismo, já podia a natureza "suportar todas as experiências, manobras, utilizações e destruições a que a ciência (depois a técnica e mais tarde a indústria) a sujeitasse, que sempre o essencial, permanente e perene, a matéria, ficaria preservado".

Consequentemente, a este cenário seguir-se-ia a filosofia prática de Descartes, que desde logo, contra os princípios da filosofia natural de Aristóteles,[461] se traduziria em uma física puramente mecânica e, desse modo, possuível, dominável e utilizável. Por isso, mais do que de um impulso se tratando, Descartes dava assim início à ciência moderna enquanto ponto de partida para o que mais tarde, entre os franceses, se designaria por ciências exatas.[462] Por outras palavras, é o que Kant, por sua vez, designará por "razão pura", se bem que, ao contrário de Descartes, para quem o *Cogito* conhece independentemente da *imagem*, ou da *imaginação*,[463] o filósofo da Germânia preconizasse, perante as categorias do intelecto, o caráter imprescindível dos fenômenos que cabem na formas da sensitividade.

Contudo, já Aristóteles, séculos atrás, deixara bem assente os processos de investigação e os métodos de demonstração que fazem da lógica o princípio de mediação entre o mundo sensível e o mundo inteligível. E com ele, mais próximo de nós, Pedro Hispano, se, para o efeito, tomarmos em linha de conta o modo como estabeleceu a relação, também ela de origem aristotélica, entre o *intelecto possível* e o *intelecto agente*. Ou, nos respectivos termos, a relação entre a faculdade da alma destinada a receber as imagens[465] contidas nas potências sensitivas, e a que, enquanto faculdade superior da alma, atualiza as formas inteligíveis que, no intelecto possível, abstraídas foram, entretanto, daquelas *imagens (fantasmata)* recebidas por via sensitiva.

Quer dizer: o intelecto agente, por natureza imortal e eterno, revela, por um lado, a capacidade de *desmaterializar* as formas inteligíveis que, por *via ascendente*,[465] surgem no seio do intelecto possível. E se dizemos por um lado, é porque também parece manifestar a capacidade, por *via descendente*,[466] de *imprimir* e *comunicar* ao intelecto possível as coisas espirituais e divinas superiores à alma humana. De modo que, neste último caso, não só nos referimos às inteligências e substâncias separadas que medeiam entre a Primeira Inteligência e a alma intelectiva, como também aos inteligíveis divinos criados e emanados por Deus.

Repare-se, todavia, que o intelecto possível, não obstante estar profundamente ligado às faculdades sensitivas, está, por natureza própria, acima de toda a matéria. Daí que, para Pedro Hispano, o intelecto possível não seja corruptível em si mesmo,[467] muito embora algo nele, derivado do contato estabelecido com as potências inferiores da alma,[468] destinado esteja, por ocasião da morte, a perecer com o corpo. Neste peculiar aspecto, houve até quem, antes de Pedro Hispano, como por exemplo Alexandre de Afrodísia, Averróis, ou até o próprio Alexandre de Halles, admitisse o já referido *intelecto material* para tornar presente o que no intelecto possível, juntamente com os *fantasmas* recebidos por via sensitiva, destinado estava à lei natural da corrupção.

Ainda assim, nunca é demais salientar, quando comparado com o intelecto potencial, a natureza inteiramente desmaterializada do intelecto agente, pois não "está conexo com as forças inferiores nem com os órgãos corporais". Logo, relativamente a esta faculdade espiritualíssima da alma, temos as seguintes propriedades: *"Existe no corpo, mas não depende do corpo.*[469] É impassível, sempre em ato e estando sempre em ato, *não há nele passagem de potência a ato*. É imortal, separável, perpétuo, sem mistura". Em suma: "O agente dista do possível em ordem, já que o atual ou perpétuo antecede naturalmente o possível e o imperfeito".[470]

* * *

Resta-nos, no entanto, dizer que, no que toca ao intelecto agente, diversas são as espécies admitidas pelo Portugalense, a saber: "o Criador, a Inteligência separada e a potência intelectiva inerente à alma".[471] Ora, nesta distinção, convém não confundir a posição doutrinal de Pedro Hispano com a de Averróis, visto que, para o filósofo árabe, não existe, como naquele, a interpretação da "Primeira Inteligência como Deus Criador *de todas as outras substâncias* da escala hierárquica até à alma (...)".[472] E a razão por que não existe é, à primeira vista, muito simples: cada Inteligência ou *hipóstase*, para empregarmos a terminologia neoplatônica, dá origem ou, melhor, produz por *emanação*, a modo de causa e efeito, a Inteligência que imediatamente se lhe segue na ordem do ser.

Enfim, uma relação, somente compreensível quando, por analogia, nos é dado, por contemplação, comparar cada uma das hipóstases com uma determinada espécie de luz, tal como, entre o que reflete e o refletido, se dá, por exemplo, quando comparamos o Sol com a Lua. Donde, no caso de Avicena, a Inteligência da décima e última esfera, mais particularmente a alma da esfera lunar, constituir para ele, *sem relação direta com o Criador*, a intervenção de uma substância agente de cujo seio emanam, para a alma humana, as formas inteligíveis por ela contidas. Mas nisto, Pedro Hispano, para quem a alma do homem foi "feita à semelhança da Primeira e Suma Sabedoria",[473] faz aqui questão de mostrar como estas formas, embora presentes nas substâncias segundas, tiveram na sua origem por único e verdadeiro Criador a Santa Pessoa de Deus.[474]

Numa palavra, as hipóstases do avicenismo neoplatônico dão lugar, em Pedro Hispano, às várias ordens de inteligências que são, nem mais nem menos, os anjos de Deus. Estes, também denominados, como vimos, de inteligências agentes separadas, têm, pois, como ofício auxiliar, por meio de revelações,[475] o intelecto humano no reconhecimento dos inteligíveis divinos. Logo, no que respeita à emanação das formas da Inteligência, o intelecto agente do homem, destinado a recebê-las por via dos intelectos agentes superiores (Deus e as Inteligências), pode, num certo sentido, comportar-se na qualidade de *possível*, desde que, entretanto, não se esqueça que ele, uma vez na posse do *conhecimento germinal*, tem, por natureza própria, a capacidade para formar, distinguir e ordenar as formas recebidas.[476]

Como se vê, o problema do conhecimento em Pedro Hispano, já de si situado no problema da filosofia cristã, conduz ao modo como, perante os universais, se geram e atualizam os conceitos. Nesta medida, enquanto representante da filosofia portuguesa, Pedro Hispano poderá certamente contribuir, em face da crise intelectual do catolicismo em Portugal, para a futura sistematização da escolástica cristã. Mas, atente-se bem: *enquanto representante da filosofia portuguesa*, pois aqui estão em jogo as mesmas categorias intelectivas capazes de reinterpretar, contra esquemas e categorias de proveniência estrangeira, a teologia católica.

A nosso favor, temos, aliás, o que Álvaro Ribeiro, por natureza imune às aporias, antíteses e antinomias "que atormentam os mais sinceros pensadores portugueses", exprimiu nos seguintes termos: "Na hierarquia histórico-teológica dos povos, ou teodiceia, ainda vejo infinita, não acabada, a missão inconfundível da História de

Portugal. Eis porque deveras me preocupa o problema apologético de relacionar a filosofia portuguesa com a religião absoluta". E mais adiante proclama: "Seja-me permitido dizer que um debate sobre o problema da filosofia portuguesa conduz necessariamente ao problema da filosofia cristã".[477]

Um programa, portanto, aqui surge para os que, no futuro, procurem determinar as características da filosofia portuguesa na concordante relação com os dogmas e os mistérios da fé. Em todo o caso, continua ainda por esclarecer e sistematizar, nos devidos termos, a evolução histórica que vai de Pedro Hispano a Leonardo Coimbra.[478] Tal evolução, uma vez determinada, trará, com toda a certeza, uma nova luz sobre temas que ainda hoje esperam "pela última e luminosa palavra".[479]

De fato, se deixarmos de lado, como condição indispensável de progresso espiritual, o que em termos historiográficos se traça e divulga nas instituições universitárias, veremos lenta mas gradualmente, no quadro daquela evolução, surgirem novos rumos de investigação já apontados por Álvaro Ribeiro. Entre eles, o mais importante, pelo menos no contexto em que agora nos situamos, é o de a cultura cristã, não obstante as obras de Porfírio e de Boécio, dever a Pedro Hispano, em um período que se poderia dizer anterior à vigência do aristotelismo de S. Tomás e de Santo Alberto Magno, a divulgação da obra lógica e psicológica do Estagirita. E porque, com razão, "tem sido afirmada a primazia do aristotelismo arábico na Península Ibérica",[480] com sua tradição esotérica transmitida por via oral, há que prestar a devida atenção ao que realmente distingue a Escolástica portuguesa da Escolástica francesa.[481]

Ora, Pedro Hispano representa, por esta razão, embora não a única, a possibilidade de nós, Portugueses, virmos a destrinçar a influência das três tradições orientais na formação da nossa nacionalidade. E nesta destrinça, a possibilidade ainda maior de também virmos a compreender como a preponderância do nosso aristotelismo, aliado, por vezes, a formas neoplatônicas, garantiu ao nosso ensino escolástico a superioridade com que se afirmou na história do pensamento europeu. Enfim, um aristotelismo que, presente na Idade Média sob a forma de proposições de origem revelada e sobrenatural, decaiu no racionalismo moderno, principalmente quando, em Portugal, "na transição do ensino franciscano para a adoção da síntese albertino-tomista",[482] se deu a nítida separação entre a fé e a razão. Mas isso, caro leitor, fica, por agora, na expectativa de "um novo Cristo cujos milagres sejam argumentos".[483]

Capítulo 16 | O Taumaturgo Ibérico

Não se conhecem a data e o lugar de nascimento de Pascoal Martins. Contudo, salvo algumas exceções, a maior parte das fontes vai no sentido de lhe atribuir a nacionalidade portuguesa, sendo de realçar, antes de mais, as de Matter e A. Franck. Assim, enquanto que o primeiro, no livro intitulado *Saint-Martin, le Philosophe Inconnu*, o dá como "misterioso português", o segundo, quer no *Dictionnaire des Sciences Philosophiques*, quer na obra *La Philosophie Mystique en France à la Fin du XVIIIe Siècle*, relaciona a sua estirpe – não obstante o fato de ter nascido em Portugal ou na França (Grenoble) –, com uma "família de israelitas portugueses".

Além disso, digna de relevo é, de igual modo, a posição de E. Gascoin, que, no escrito *Les Religions Inconnues*, mais particularmente no capítulo denominado "Les martinistes", não só refere a origem portuguesa de Pascoal Martins, como também salienta a difusão da sua doutrina em todo o mundo, indo ao ponto de especificar a região que, perante a cultura da Europa Central, nos poderia, à primeira vista, parecer insignificante: Angola. Assentemos, aliás, que todas estas fontes foram consideradas numa carta que José Marques Leal enviou a um dos redatores do jornal "57", e que, em virtude do seu singular conteúdo, logrou ser ali publicada com o seguinte título: "Sobre Pascoal Martins, os Cavaleiros Templários, os Descobrimentos, Sampaio Bruno e a tradição portuguesa".[484] Ora, esta carta é, sem dúvida, deveras elucidativa, uma vez que nos permite constatar, consoante a expressão do autor, o "positivismo rudimentar" de Amorim de Carvalho, ou seja, dá azo a que possamos retificar o que este último, quer no artigo "Don Martínez Pasqualis", publicado no *Diário de Lisboa* (4-8-1958), bem como no livro *O Positivismo Metafísico de Sampaio Bruno*, procurara insinuar a respeito de Pascoal Martins: a sua origem espanhola.

Sem, porém, omitirmos que outras nacionalidades, como a francesa, a alemã e a italiana, tivessem sido igualmente atribuídas a Pascoal Martins, a verdade é que a pretensão positivista de Amorim de Carvalho peca pela inexistência de uma certidão de nascimento ou, por assim dizer, entra em contradição com o lema dos positivistas segundo o qual *sem documentos não se faz história*. De nada lhe valem, portanto, as conjecturas onomásticas que delineou no já mencionado periódico, até porque a principal fonte onde se apoia, na sua opinião objetivamente fundada nos fatos e nos documentos, radica no estudo crítico de Gérard Van Rijnberk, *Un Thaumaturge au XVIIIe Siècle*. Do trabalho do escritor francês resultam, todavia, aspectos interessantes como os que se ligam às variantes nominais da enigmática figura, porquanto, para o seu primeiro nome, aí se possam encontrar as de Martines, Martinez, Martino, Martin e Martinets, e para o segundo, a título de exemplo, as de Pasquallys, Pasqually, Pasquali, Pasqual, Paschal, Pascal, etc.

Da vida do taumaturgo português pouco se sabe até o ano de 1754, data em que se manifesta a sua missão espiritual ou, por outras palavras, funda a Ordem dos Eleitos Cohen. Entre as cidades onde introduziu o rito secreto da sua Ordem, tal como Paris, Marselha, Bordéus e Toulouse, convém, no entanto, distinguir a de Lyon pelo fato de aí ter sido fundada a Loja da Beneficência. Quer dizer: da sua operatividade sobressai a orientação iniciática de duas altas personalidades, o Conde de Hauterive e o "filósofo desconhecido", Louis Claude de Saint-Martin.

Por outro lado, sob o pseudônimo de Papus, Gérard Encausse, no livro vindo a lume com o título de *Martinésisme, Willermosisme, Martinisme et Franc-Maçonnerie*, pretende fazer crer que a origem religiosa do pensamento pascoalino se deve ao magistério de Swedenborg. Este último, no seu entender, operava com o fim de, no plano invisível, atenuar os efeitos das maquinações diabólicas que, mediante o impulso do Príncipe das Trevas, eram tidas como o resultado da ação supostamente cristã dos jesuítas. Mas, perante o absurdo, nada há como relembrar que Pascoal Martins professava o catolicismo, conforme se pode concluir da carta que escreveu a Willermoz a 21 de novembro de 1768.[485] Porém, vale a pena notar que, ao realizar a síntese das tradições peninsulares, o teurgo ibérico a exprimiu, segundo Álvaro Ribeiro, "em termos diferentes dos que ficaram estabelecidos na nomenclatura da teologia católica e da filosofia aristotélica".[486]

É sabido que a pedra angular da Ordem dos Eleitos Cohen residia na doutrina da reintegração do Mestre. De qualquer forma, a natureza visível da doutrina começou por estar numa série de manuscritos que mais tarde deram lugar ao *Tratado da Reintegração dos Seres*, cuja primeira impressão data de 1899. Quanto ao seu conteúdo, uma ideia sobressai sobre todas as demais: a prevaricação do "espírito menor" ou, em linguagem bíblica, a queda de Adão.

Desse modo, na qualidade de espírito puro capaz de consubstanciar a forma com a matéria, Adão, impelido pelos espíritos malignos, comete uma operação que vai contra as leis da ciência divina, isto é, emana, sem que para tal concorresse a infinita sabedoria de Deus, seres espirituais à sua própria imagem e semelhança. Daí que a consequência imediata fosse o aparecimento de uma substância passiva e tenebrosa, sujeita ao movimento de geração e corrupção. Assim, também se explica que a expulsão de Adão da esfera celeste para a terrestre, em sinal de castigo divino, viesse por si mesma a implicar o doloroso destino da humanidade.

Firmada em operações de exorcismo, evocações mágicas e, sobretudo, rituais de ordem teúrgica, a doutrina de Pascoal tinha, portanto, como fim último a conciliação do homem com o mundo sobrenatural, ou, para sermos fiéis à terminologia iniciática da Ordem, com "a Coisa". De resto, consta que predominavam, face à percepção individual dos iniciados, os fenômenos de natureza óptica – os "Passes" –, que ora se revelavam sob a forma matizada de rápidos clarões, ora sob a que, sempre fugaz, se manifestava através de gloriosas "figuras" de fogo. Em todo o caso, se, a bem dizer, a Ordem de Pascoal Martins, centrada num ritual realizado duas vezes por ano, por altura dos equinócios, prestava um singular culto a Deus, poderemos, porventura, admitir que o taumaturgo, superiormente situado na complexa questão da sociedade maçônica, se distinguisse, acima de tudo, como o "fundador de um movimento místico operativo".[487]

Consta ainda que antes de falecer, ao que parece na ilha de São Domingos a 20 de setembro de 1774, Pascoal Martins, atento à diferenciação dos sexos, compôs um ritual especialmente dedicado à iniciação da alma feminina. A obra do Mestre, sem dúvida baseada no preceito de iniciar a humanidade nos mistérios divinos, continuaria então, nas mais variadas circunstâncias, a ser irradiada pelos seus discípulos, entre os quais, além dos já referidos, importa agora mencionar o abade Fournié, Cazotte e a Marquesa de Lacroix. Todavia, indispensável se torna, apesar de tudo, verificar como a poderosa influência de Pascoal Martins foi ao ponto de animar as obras de "Lamartine, Alexandre Dumas ou Gérard de Nerval", conforme acentua Antônio Telmo no artigo "Da cultura portuguesa ao romance francês", e de, segundo José Marques Leal, inspirar as de "Balzac, Victor Hugo ou Joseph de Maistre, de Goethe, Novalis, Schelling ou Herder", e a que, mais recentemente, se seguiram as "de Tolstói, Bergson, Teixeira de Pascoais ou Fernando Pessoa".

Compreende-se, por isso, que a doutrina de Pascoal Martins, imbuída de luz sobrenatural, viesse a atrair posteriormente os estudiosos de filosofia portuguesa. Daremos como exemplo Álvaro Ribeiro, visto ter sido quem, entre nós, melhor soube conceber a verdadeira natureza do problema iluminista, pois, perante a obstinada cegueira dos historiadores, dele fez ressaltar o seu caráter secreto e orgânico. Senão vejamos. Como distinguir o *segredo* de Estado da *razão* de Estado? Como entender a doutrina da liberdade, ou, quais são, em suma, os princípios filosóficos do liberalismo econômico, político e religioso? Que significado teve, por fim, a inversão kantiana do pensamento categorial de Aristóteles?

Do autor, além do já citado *Traité de la Réintégration des Êtres dans Leurs Premières Propriétés, Vertus et Puissance Spirituelles et Divines* – obra que foi traduzida para a nossa língua por Antônio Sabler e prefaciada por Manuel Joaquim Gandra (1979), na Coleção Esfinge das Edições 70 –, cabe-nos ainda referir a seguinte bibliografia: Sampaio Bruno, *O Encoberto*, Porto, 1904; Marcelino Menendez Pelayo, *Historia de los Heterodoxos Españoles* (Tomo III), Madrid, 1881; Álvaro Ribeiro, *Sampaio (Bruno)*, Idearium, Antologia do Pensamento Português, Lisboa, 1947; Pinharanda Gomes, *Dicionário de Filosofia Portuguesa*, Lisboa, 1987; Antônio Telmo, "As tradições heterodoxas da filosofia portuguesa", em *Filosofia e Kabbalah*, Lisboa, 1989.

Capítulo 17 | A Epóptica no Abade Faria

José Custódio de Faria, também conhecido, sobretudo em França, pelo nome de abade Faria, nasceu em 30 de maio de 1756 na aldeia de Candolim, no concelho de Bardês, em Goa. Batizado na Igreja de Nossa Senhora da Esperança da mesma aldeia, era de nobre ascendência, pois seu pai, Caetano Vitorino de Faria, descendia do brâmane Antú Sinay, convertido ao cristianismo nos fins do século XVI, e sua mãe, D. Rosa Maria de Sousa, pertencia a uma ilustre e abastada família portuguesa conhecida pelos "Quencrós". O casal veio a separar-se por volta de 1764, do que resultou, por um lado, o ingresso de Caetano de Faria na vida eclesiástica e, por outro, o recolhimento de D. Rosa Maria de Sousa ao convento de Santa Mónica, em Goa, onde, segundo se diz, chegou a ser prioresa.

Tendo partido para Lisboa com apenas quinze anos, em 21 ou 22 de fevereiro de 1771, José Custódio de Faria, acompanhado de seu pai, aí desembarcou a 23 de novembro do mesmo ano. Por conseguinte, sob a proteção do Núncio Apostólico em Lisboa, o Arcebispo de Tiro, Monsenhor Inocêncio Conti, pai e filho foram para Roma em 1772. Uma vez na Cidade Eterna, o primeiro obteve o grau de doutor em teologia e o segundo realizou, como interno, os seus estudos no Colégio da *Propaganda Fide*, subsidiados pelo rei D. José I. Tendo seu pai regressado à capital portuguesa em 1777, José Custódio de Faria prosseguiu o curso teológico até 1780, ano em que não só foi ordenado presbítero, como também concluiu a sua tese de doutoramento sobre a Trindade,[488] a qual, evocando a memória de D. José I, acabou por ser dedicada à rainha D. Maria I e ao rei D. Pedro III.

O jovem teólogo, então com vinte e quatro anos, voltou para Lisboa, onde, quer no meio eclesial quer no aristocrático, logrou ser respeitado e admirado pelos seus compatriotas. Entretanto, seu pai, pessoa influente na corte, viu-se envolvido na conjuração de Goa de 1787 (também conhecida pela Rebelião dos Pintos), a qual, segundo reza a memória histórica de Cunha Rivara, tivera por intuito expulsar os portugueses do governo da Índia.[489] O motivo do seu envolvimento dever-se-ia, ao que parece, ao estado de relaxação que atribuía às ordens religiosas, bem como à sua indignação "contra os ministros e militares", enfim, "contra tudo o que é português na Índia, por conta das vexações e o abatimento com que tratam os naturais, maltratando-os com dispêndios e violências e extorquindo-lhes tudo quanto têm".[490] Tendo sido detido no Convento dos Paulistas, à Calçada do Combro, em julho de 1788, fica por saber se o seu filho já teria ou não partido para Paris, embora, de uma maneira geral, se admita a sua saída na Primavera de 1788. Quanto ao possível envolvimento deste último, fica também a dúvida: "se foi [para Paris] antes [de julho de 1788], não pode ter fugido a perseguições ou receios, inexistentes ou desconhecidos; se foi depois, não se compreende porque não foi preso".[491] Seja como for, uma vez em Paris, assistiu às peripécias da Revolução Francesa, chegando mesmo a dirigir em 5 de outubro de 1795 um batalhão de revolucionários da Seção de Ponceau, contribuindo assim para a queda da Convenção.[492] Nessa altura, travou estreitas relações com um dos discípulos de Mesmer, o marquês de Puységur, de quem, na sua obra *Da causa do sono lúcido*, reconhece a importância dos ensinamentos prestados no domínio das práticas hipnóticas.

Não obstante ter, em 1811, professado filosofia em Marselha (sendo, passado um ano, transferido para Nimes), e, caso singular, haver sido eleito membro da Sociedade Médica daquela cidade, José

Custódio de Faria só viria a alcançar um considerável prestígio quando das suas conferências na rua Clichy.[493] As sessões do sacerdote luso-indiano, nas quais predominava o interesse feminino, acabaram, porém, por ficar praticamente incompreendidas, até porque na sua essência eram realizadas à luz de uma profunda doutrina filosófica.[494] Perante a maledicência e insinuações injustas,[495] o nosso compatriota viu a própria existência confinada à condição de simples capelão em um convento de religiosas. Todavia, isso não o impediu de redigir a sua obra acerca do sono lúcido – de que foi apenas publicado o primeiro tomo –,[496] vindo a falecer em consequência de uma apoplexia, a 20 de setembro de 1819.

***

Posto isto, não podemos deixar de realçar que, na segunda metade do século XVIII, já Mesmer houvera obtido em Paris uma certa notoriedade com as experiências sobre o magnetismo animal. Neste sentido, é possível que o médico austríaco se tenha inspirado naquilo que Paracelso designava por M, ou seja, uma espécie de influência magnética da qual dependiam todas as propriedades da matéria e dos corpos organizados. Podendo também ser equiparada ao "mercúrio universal" dos alquimistas, "nada – no dizer de Paracelso – foi constituído, no universo, acima desta coisa. Nada lhe é preferível, e nada é mais digno da contemplação do médico. Notai, pois, atentamente, que indicamos M, não como o que nasce do firmamento, nem o que dele emana, nem como o que se transmite dele. Mas tende por certo que este M conserva todas as criaturas, tanto do céu, como da terra, e que, além disso, todos os elementos vivem nele e dele".[497]

Contudo, enquanto que o alquimista suíço negava que os astros tivessem a menor influência sobre o destino do homem, Mesmer admitia tal possibilidade ao ponto de afirmar "que o Sol e a Lua, nomeadamente, exercem uma ação direta e contínua sobre o sistema nervoso, através de um fluido que se insinuaria na substância dos nervos".⁴⁹⁸ Por isso, o magnetismo praticado por Mesmer baseou-se, logo de início, no toque e nos passes "longitudinais", que da cabeça aos pés consistiam, por virtude do magnetizador, em uma terapêutica magnética com vista a curar as mais diversas doenças, tais como: epilepsia, apoplexia, asma, úlceras, perturbações nervosas, enfim, quase todos os problemas de ordem psicossomática. Porém, quanto ao modo como Mesmer entendia o toque, convém notar que este consistia num movimento a pequena distância da zona afetada, ou melhor, a alguns centímetros do corpo, por ser, talvez, o movimento mais adequado na condução das correntes magnéticas.

Em todo o caso, o médico austríaco não ficaria por aqui, pois mais tarde viria a introduzir, nas suas práticas, a célebre celha, cuja descrição, em Santana Rodrigues, oportuna se mostra para a devida compreensão do mesmerismo:

> Num salão circular, com luz direta, coada através de densos cortinados, [Mesmer] dispôs uma celha circular de madeira, com seis pés de diâmetro e pé e meio de altura, com garrafas cheias e cobertas de água, dispostas segundo os raios de um círculo, repousando sobre uma mistura de limalha de ferro e vidro moído, fechada com uma tampa perfurada, donde saíam hastes de ferro em profusão, cuja extremidade interior mergulhava no líquido e a outra aguçada em ponta tocava nos doentes. Algumas delas atingiam até a terceira fila de pacientes. Uma corda, partindo da enorme celha, ligava os doentes uns aos outros, de modo a experimentarem por igual a maravilhosa influência. Uma espécie de *piano forte* ou harmônica, carregada de fluido pela *baguette*, diretamente magnetizada pela mão do *virtuose*, transmitia o fluido pelo som, favorecendo pelas suas vibrações a difusão das correntes magnéticas.⁴⁹⁹

Ora, as reações dos pacientes, a certa altura observadas por uma comissão, nomeada por Luís XVI (12 de março de 1784),⁵⁰⁰ eram as mais diversas: tosse, calores, suores, o olhar esgazeado, convulsões de toda a ordem e feitio, dores sintomáticas transformadas em dores críticas, tudo sinais em que, por vezes, se incluíam manifestações de indivíduos mergulhados num sono profundo, desde catalépticos a sonâmbulos naturais. No meio disto tudo, aquela comissão, usando um electrômetro e uma agulha de ferro não magnetizada, encarregou-se do exame da celha e do alegado magnetismo que, ora dos dedos ora da baguette de vidro ou aço, provinha do magnetizador austríaco. Conclusão: nada houve ou se descobriu que levasse a admitir o mais leve indício da existência de um fluido magnético, quer num caso quer noutro.[501]

Mas seria somente com o abade Faria, centrado na análise e na cuidada interpretação do sonambulismo, que o golpe de misericórdia, uma vez dado, jamais pouparia a doutrina do magnetismo animal.[502] Em termos concisos, a palavra *magnetismo* apenas podia traduzir, segundo Faria, a ação do ímã sobre o ferro, nada tendo, portanto, que ver com o calor *animal*. Contudo, ligando esta última palavra àquela obter-se-ia somente, nada mais nada menos, o que Faria designa por "*imanismo entre os seres animados, isto é, uma atração de um animal pelo outro*".[503]

Nesta ordem de ideias, em que o sonambulismo surgia como uma espécie de sono pronto a ser compreendido pela razão humana, o abade Faria propôs, com vista a um novo universo conceptual, a substituição dos termos *magnetizador* e *magnetizar* pelos de *concentrador* e *concentrar*. Do mesmo modo, o termo sonâmbulo seria substituído pelo termo grego *epopta*, que significa, na acepção iniciática dos mistérios antigos, *o que vê tudo a descoberto*. Por fim, substituiria ainda o termo *sonambulismo* pela expressão *sono lúcido*.

"Ignorância", "lastimosos subterfúgios", eis, consequentemente, algumas das expressões com que o sacerdote luso-indiano qualificava as observações de médicos e naturalistas sobre a causa do sono lúcido. Entre essas observações, predominavam, como já vimos, a do fluido magnético, sendo as demais atribuídas a múltiplos fatores, como por exemplo a influência divina ou maligna. Estes últimos, convenhamos, atribuíveis à imaginação,[504] enquanto que aquele outro à ordem natural.

Segundo o abade Faria, a *concentração* consiste em um processo de abstração dos sentidos. Tal processo, relacionado, por um lado, com a liquidez do sangue,[505] e por outro com a impressionabilidade psíquica,[506] não só caracteriza o estado apático do sonâmbulo, como também se torna apto a revelar o grau de intensidade hipnótica de cada indivíduo em particular. Por conseguinte, a *concentração* pode ser encarada sob três pontos de vista diferentes: *livre, ocasional* e *necessária*.

Fiquemos, a título de exemplo, pelo segundo ponto de vista, cujo significado, contrariando a teoria do fluido magnético e da vontade externa do magnetizador, se traduz na natureza predisponente do *concentrado*.[507] Ou seja: este se torna refratário quando induzido a adormecer sem as disposições requeridas.[508] Porém, mesmo existindo essas disposições, o epopta, para adormecer, necessita de "recolhimento mental e calma psíquica", dado que não "se dorme enquanto o espírito está ocupado, quer pela agitação do sangue, quer por inquietações ou preocupações".[509]

* * *

O *concentrador* não passa, portanto, de uma causa meramente ocasional.[510] Na verdade, até uma simples criança pode adormecer um adulto, com a condição deste revelar em si a natural propensão para o sono lúcido.[511] Com efeito, três eram os métodos empregues pelo concentrador luso-indiano: o primeiro, puramente sugestivo ou psíquico, consistia na expressão imperativa "Durma"; se com este não obtivesse êxito, passava ao segundo, que consistia em solicitar ao epopta que olhasse "fixamente a sua mão a alguma distância, sem desviar os olhos e sem obstar o movimento das pálpebras", de modo a, gradualmente, levar "a mão a alguns dedos de distância" do *concentrado*; se ainda assim não fechasse os olhos, passava ao terceiro método que, tal como o anterior, era já de ordem psicossensorial: "toques ligeiros no alto da cabeça, no nariz, na testa, no diafragma, no coração, nos joelhos e nos pés".[512]

Entretanto, o abade Faria adverte-nos para os perigos que podem resultar da inexperiência do *concentrador*, o qual, empregando meios impróprios para o alívio dos mais diversos males, pode suscitar a morte dos epoptas. Mais: se o *concentrador*, usando o sono lúcido para os mesmos fins, confiar cegamente na intuição dos epoptas sobre a cura a administrar a outros doentes, pode igualmente causar a sua morte. Dessa forma, "este gênero de tratamento é – segundo o abade – algumas vezes vantajoso, outras nulo e por vezes extremamente funesto". Quer dizer: "o uso da ação do concentrador só pode ser utilizada para *certas e determinadas doenças* e por pessoas que conheçam a sua natureza".[513]

O abade Faria distinguiu ainda a *intuição mista* da *intuição pura*, quer dizer, atribuiu a primeira aos epoptas que, por estarem sujeitos às influências da matéria, apenas podem conceber através de *espécies* ou *imagens*, para desse modo atribuir a segunda aos espíritos cuja natureza transcendente vence todas as distâncias de tempo e de lugar. Alexandre Dumas, igualmente interessado nos fenômenos do sonambulismo, assim como nas experiências hipnóticas, fez do abade Faria a figura central da primeira cena de um dos seus mais notáveis romances, O *Conde de Monte-Cristo*.[514] Não é, pois, de estranhar que, perante as secretas faculdades da alma, o célebre romancista francês haja manifestado o seu conhecimento ao longo da vasta obra que nos legou, sobretudo naquele volume que publicou sob o título de *José Bálsamo*, no qual, em um capítulo dedicado à magia, oferece aos leitores a singular imagem de um feiticeiro revelando, numa garrafa de cristal, o trágico futuro da arquiduquesa de Áustria, Maria Antonieta.

Com a publicação da *Neurypnologie* (1843), do inglês James Braid, novos conceitos e aplicações metodológicas – desde então abrangidas sob a designação de hipnotismo –, marcariam passo quanto aos meios futuros de se provocar artificialmente o sono. Daí a distinção, feita por Dalgado, entre *Braidismo* e *Fariismo*, visto que, de acordo com o primeiro, "toda a gente é hipnotizável e o sono hipnótico é de natureza diferente da do sono ordinário", ao passo que à luz do segundo "toda a gente não é hipnotizável e o sono lúcido e o sono ordinário são, com alguma reserva, da mesma natureza".[515]

Sem esquecer, obviamente, o que de comum encontramos em ambos, como seja a aplicação, introduzida por Faria, do método psíquico-sensorial, prefigurado num ponto ou objeto pela fixação do olhar.

É hoje sabido como o hipnotismo deu lugar às mais variadas aplicações terapêuticas, como, em termos exemplares, o reconheceu o criador da psicanálise. É também e, principalmente, o caso das escolas neurológicas francesas de Nancy e Salpêtrière, em que a primeira, com Liébault e Bernheim, vê na hipnose um fenômeno fisiológico, ao passo que a última, através de Charcot, Richet e Féré, a liga à histeria, tida como estado patológico do sistema nervoso. Pequeno não foi, portanto, o papel de Faria enquanto distinto precursor dos fenômenos hipnóticos, como visível se torna pelo lugar de honra a ele atribuído por um dos mais altos representantes da Escola de Nancy: "Não é pois a James Braid que pertence a descoberta do hipnotismo; só lhe pertence a palavra...". "A Faria pertence incontestavelmente o método de ter estabelecido em primeiro lugar a doutrina e o método do hipnotismo pela sugestão e de tê-lo nitidamente libertado das doutrinas singulares e inúteis que ocultavam a verdade. É na realidade quem deu antes de todos a concepção nítida e verdadeira dos fenômenos do hipnotismo".[516]

Convém notar que, entre nós, continua a não existir uma tradução portuguesa da obra do abade Faria. Com efeito, já Álvaro Ribeiro, na entrevista concedida a Antônio Quadros, publicada no jornal "57" (ano I, ns. 3-4, Lxª, 1957), chegara a observar – paralelamente à importância dada ao abade Faria no âmbito da filosofia portuguesa –, a falta de traduções nacionais das obras dos nossos melhores pensadores, como é o caso de Pedro Hispano, Leão Hebreu e Pascoal Martins. Por fim, refira-se a bibliografia que, acerca do nosso autor, Egas Moniz consignou no seu livro *O Padre Faria na História do Hipnotismo*, bem como a que, prestando maior atenção a autores portugueses, se pode encontrar no *Dicionário de Literatura Goesa* (Instituto Cultural de Macau, Fundação Oriente, A-F), da autoria de Aleixo Manuel da Costa.

Capítulo 18 | Carta de Álvaro Ribeiro para Henrique Veiga de Macedo (inédito)

Lisboa, 15 de Janeiro de 1970

Ex.mo Sr. Dr. Veiga de Macedo
meu prezado Amigo:

Por este mesmo correio tenho o gosto de oferecer a V. Ex.cia um exemplar do meu livro «A Literatura de José Régio».

Poeta de alta estirpe intelectual, José Régio foi já comparado a Camões. Morreu, e nenhum funcionário representativo do Estado compareceu no funeral, aliás religioso. Em vida não foi mais do que um modesto ou medíocre professor liceal; em espírito uma glória da Pátria e um fervoroso servidor de Deus.

É o último caso, não o derradeiro, de um intelectual que a sociedade política não integra nem dignifica. É um entre muitos. Professor, teve pelo menos o ócio lúcido das férias grandes e pequenas, mas escritores há que trabalham na condição de operários assinando o ponto às horas regulamentares ou picando mecânicamente no relógio!...

V. Ex.ª não terá dificuldade em entender a minha opinião:

O problema do ensino público em Portugal é e será insolúvel enquanto for considerado apenas no plano da transmissão da cultura, mediante bons professores, bons programas, bons edifícios, etc, por quem estiver cego para a dimensão superior de criação de cultura, exactamente da cultura portuguesa. Os Estados europeus e americanos que têm resolvido o problema do ensino público são exactamente aqueles em que os criadores de cultura, os intelectuais, os pensadores, escritores e artistas, não morrem de fome nem estão a servir em empregos incompatíveis com a especulação filosófica, a imaginação artística e a investigação científica.

Investigação científica! Eis a expressão da moda, nova panaceia para resolução do problema de produtividade técnica e industrial. Mas investigador não é o empregado de um laboratório ou de um observatório que presta as oito horas de serviço como um operário de qualquer fábrica. Que o Espírito Santo ilumine os nossos estadistas. A investigação, no rigoroso sentido do termo, é o complemento da hipótese, a qual pressupõe imaginação, liberdade e cultura universal. A história da investigação científica relata a importância dos sistemas filosóficos e das heresias teológicas na base de todos os descobrimentos. Não pautem os estadistas a investigação científica pelas normas de investigação policial,

Sabe V. Ex.ª muito bem que penso ser a falta de filosofia portuguesa uma das causas, se não a principal, do fracasso das sucessivas reformas da Educação Nacional. Com desgosto leio no infeliz projecto do Instituto Nacional de Pedagogia (Pedagogia, pederastia, — já o escrevi) a omissão da filosofia portuguesa, da filosofia nacional e autónoma, e a presença da "Filosofia da Educação", quer dizer, reflexão sobre os sistemas estrangeiros.

Demasiado me alonguei sobre a condição social do escritor num mundo planeado para operários, e portanto hostil para os intelectuais. V. Ex.ª, que sempre afirmou a inteligência própria no respeito pela inteligência alheia, desculpará este oportuno desabafo de um sincero admirador e amigo muito grato

Álvaro Ribeiro

Notas

Capítulo I

[1] Ernesto Palma, *O Plutocrata*. Lisboa, Edições Ledo, 1996, p. 21.

[2] Cf. Orlando Vitorino, *Refutação da Filosofia Triunfante*. Lisboa, Teoremas, 1976, Cap. VI.

[3] O leitor pode, a título de exemplo, encontrar a correspondente comprovação em uma série de textos atribuídos a um grupo de economistas, sobretudo naquele texto em que supostamente se diz tratar da educação (*Problemas Atuais da Política Econômica Portuguesa: Crescimento, Desemprego, Participação na União Econômica e Monetária*. Lisboa, C.E.S., 1997, p. 32-36). Acrescente-se ainda que, como não podia deixar de ser, tais textos tiveram a participação de figuras bem-pensantes da Universidade.

[4] No que toca a esta sabedoria, Álvaro Ribeiro, quando entrevistado por Antônio Quadros, chegou a afirmar que outrora, na Idade Média, "o povo português atingiu o nível mental dos setenta anos". Isto dito e pensado em oposição aos resultados do sistema escolar do tempo de Leonardo Coimbra, para quem esse sistema "faz cessar a evolução mental do português aos quinze anos" (Álvaro Ribeiro, *As Portas do Conhecimento*. Lisboa, IAC, 1987, p. 186). Quanto ao sistema atual, positivizado até à medula, o leitor inteligente que julgue por si.

[5] Antônio Sérgio, *Cartas sobre Educação Profissional*. Porto, Edição da "Renascença Portuguesa", 1916, p. 8-10.

[6] Cf. prefácio de Sérgio em Henri Châtelier, *Indústria e Ciência*. Porto, Edição da "Renascença Portuguesa", 1917, p. 9.

[7] Cf. Teixeira de Pascoaes, *A Arte de Ser Português*. Lisboa, Assírio & Alvim, 1998, p. 6.

[8] Dada a opinião, correntemente aceita pela maioria não pensante, de que a educação deve procurar refletir e adaptar-se às exigências do mundo do trabalho, como não esperar que a Universidade atual se prontifique a ser, cega e voluntaristicamente, o motor de modernização da sociedade? E, uma vez percorrido este caminho, como poderá ela, confinada que está ao domínio da matéria, libertar-se daquele modelo de experimentação científica que a modernidade lhe trouxe, sobretudo se atendermos aos instrumentos, aparelhos e máquinas de que são feitos os laboratórios universitários de psicologia, informática e "ciências exatas"?

[9] Temos, neste sentido, a confirmação de Leonardo Coimbra: "A ciência não se explica por empirismos, a ciência não é somente um conjunto de receitas, nem é filha dum construtivismo idealista de puro valor pragmático". E um pouco mais à frente adianta: "Para explicar a ciência é preciso admitir e postular uma estrutura ideorrealista do universo, um mínimo de platonismo retificado, que reintroduz o Deus das verdades eternas, dos princípios do ser, um Deus absoluto a que nem a matéria se furte naquela irremediável rebeldia que era ainda a insuficiência do platonismo, carecendo retificação" (*A Rússia de Hoje e o Homem de Sempre*. Porto, Livraria Martins, 1962, p. 63).

[10] Para uma melhor compreensão das ciências na sua relação com o pensamento categorial, remetemos o leitor para a obra *Exaltação da Filosofia Derrotada*, de Orlando Vitorino, mais particularmente para o capítulo intitulado "Introdução à Teoria das Categorias".

[11] Tomamos aqui a psicologia como a *ciência da alma*, no sentido aristotélico, e, portanto, alheio ao sentido empírico e psitacista atribuído pela Universidade nos dias de hoje.

[12] Álvaro Ribeiro, *A Razão Animada*. Lisboa, Livraria Bertrand, 1957, p. 19.

[13] Cf. Antônio Quadros, *Introdução à Filosofia da História*. Lisboa, Editorial Verbo, 1982.

[14] Se extrapolarmos o domínio da história da filosofia, veremos que têm saído, sob a orientação marxista da Universidade e em uma torrente que promete não ter fim, inúmeras dissertações sobre a história das ideologias e dos regimes políticos, de que as livrarias, geralmente consideradas, dão um testemunho impressionante. Quem aí não vê a toda a hora e a todo o momento as figuras de Mussolini, Stálin, Hitler e Salazar, em uma clara alusão aos regimes por eles personificados? E quem, medianamente culto e atento ao que se passa em Portugal, não vê neste processo, onde a historiografia aparece como uma descrição arbitrária e contingente de acontecimentos, figuras e culturas, o poder tentacular de uma organização esquerdista que, instalada no Estado e ao serviço de poderes internacionais, obsta à liberdade do povo português?

[15] Álvaro Ribeiro, *A Literatura de José Régio*. Lisboa, Sociedade de Expansão Cultural, 1969, p. 33.

[16] Aristóteles, *Poética*. Tradução, prefácio e introdução de Eudoro de Sousa. Lisboa, Imprensa Nacional-Casa da Moeda, 2003, p. 115.

[17] Álvaro Ribeiro, *Apologia e Filosofia*. Lisboa, Guimarães Editores, 1953, p. 75. Em outro livro de sua autoria (*Escola Formal*. Lisboa, Guimarães Editores, 1958, p. 80), o filósofo português, acompanhando de perto a transformação da escola em oficina de ciências e técnicas, mostra-nos como o ensino positivista, incapaz de reconhecer a diferenciação entre os sexos, tudo faz e prepara para, nos estreitos limites de um empirismo organizador, obrigar o estudante a estar *quieto*, *calado* e *atento*. Daí que, a acordar com o que à nossa volta se passa, ser o ensino exclusivamente técnico ou tecnológico a atividade que tudo põe ao alcance das mãos, mesmo quando, a par disso, inclui o que, sobrepondo a experiência ao exercício da razão, está ao alcance dos olhos e dos ouvidos.

[18] "Quem? Para Quem?", é o título que Friedrich Hayek escolheu para um dos capítulos da sua obra *O Caminho para a Servidão* (Lisboa, Teoremas, 1977), para o qual encaminhamos o leitor decerto interessado em distinguir liberdade individual e poder totalitário do Estado. [Edição brasileira: *O Caminho da Servidão*. São Paulo, Instituto Mises Brasil, 2010.]

[19] Álvaro Ribeiro, *Escola Formal*, p. 153-54.

[20] Decreto Regulamentar n. 66/94, de 18 de novembro. Para este efeito, cf. Portaria n. 119/97, de 5 de novembro. In: *Diário da República* (I Série B), p. 6099.

[21] Essa situação resulta evidentemente da chantagem que o Estado impõe a quem queira ver reconhecida a sua "atividade de formador", seja no domínio público seja no particular.

[22] Referimo-nos, antes de mais nada, às provas de múltipla escolha, as quais, no decorrer dos últimos anos, têm sido adotadas pelo Instituto Nacional de Administração no intuito de recrutar licenciados para o desempenho de funções públicas. Ao abrigo de protocolos com diversas instituições universitárias, onde vai buscar grande parte do seu corpo docente, propõe-se este instituto, acima de tudo, a modernizar a administração pública, o que não deixa de estar de acordo com a planificação econômica de que temos vindo a falar, preparadora, como sabemos, do regime totalitário. Desta forma, perguntemos então, perante os previsíveis incrédulos, que outras implicações poderão ter, ao compulsarmos os programas dos cursos ali ministrados, as expressões "governo eletrônico" e "administração pública eletrônica". E já agora por que não citar quem, a propósito do primeiro Curso de Estudos Avançados em Gestão Pública, se viu tentado a tomar a cruel e sanguinária figura do Marquês de Pombal como altamente inspiradora do progresso e da administração pública moderna: "Da combinação da inteligência com a violência, da ousadia com a

soberba, do patriotismo com o nepotismo, da visão de progresso com o paternalismo, da estratégia com a tática dos pequenos passos, da paciência com a impertinência: em tudo Sebastião José foi mestre. A ele devemos os primeiros passos de um estado moderno, de uma administração empenhada no progresso, na educação, nas luzes para iluminar o obscurantismo" (*Do Iluminismo Pombalino à Reforma do Estado Moderno*, curso Marquês de Pombal, Instituto Nacional de Administração, p. 7-8). Que dizer, pois, dessas "farfalhudas maravalhas" - por sinal análogas às que Camilo Castelo Branco descreveu e citou no *Perfil do Marquês de Pombal* –, senão apelar vivamente para a leitura do mesmo, sem dúvida assaz reveladora de quão broncos, ontem e hoje, se têm manifestado os epígonos e os panegiristas do "Déspota Esclarecido".

[23] Atinentes aos escritores e ativistas dos séculos XIX e XX, continuam presentes, ainda que decorrido mais de um século, os processos de vulgarização usados pela geração marxista, a que os meios tecnológicos hoje disponíveis trouxeram um poder e um alcance até há pouco tempo quase inimagináveis. Seja como for, Álvaro Ribeiro foi dos poucos a quem tais processos não passaram despercebidos, a atestar pela sua propositada referência ao livro que, prefaciado por Vitorino Magalhães Godinho, Mário Soares deu à estampa com o título de *As Ideias Políticas e Sociais de Teófilo Braga* (cf. carta de Álvaro Ribeiro para José Marinho de 28 de dezembro de 1950 [IBNL, Esp. E6]).

[24] De salientar fica ainda o fato deste dirigismo acadêmico e profissional, direcionado que está para a ficção uniformizadora e sociológica dos povos, ser o principal responsável pelos múltiplos e crescentes problemas a que, paradoxalmente, pretende dar solução: desemprego, exclusão social, desigualdades técnicas, científicas e profissionais no quadro da União, etc. Ou seja: da estreita e recíproca dependência entre as instituições universitárias e o mundo empresarial – com seu respectivo primado da "comunidade científica" ou tecnológica sobre o que de singular existe nos povos e nos homens – apenas um caminho há a percorrer: indiferença e desprezo para com as lições de europeísmo vulgar.

[25] Cf. *Documentos para a História da Universidade de Coimbra* (1750-1772), 2 vols. Introdução, leitura e índices de Mário Alberto Nunes Costa. Coimbra, 1959-1961, II, Doc. CCCXVII, p. 1-3.

[26] Mediante o alvará de 4 de junho de 1771, atribui-se à Real Mesa Censória "toda a Administração e Direção dos Estudos das Escolas Menores destes Reinos e seus Domínios", assim "incluindo nesta Administração e Direção não só o Real Colégio dos Nobres, mas todos e quaisquer outros colégios e Magistérios que for servido mandar erigir para os estudos das primeiras idades" (cf. *Documentos para a História da Universidade de Coimbra*, II, Doc. DXLVIII, p. 249). Teófilo Braga, em *História da Universidade de Coimbra* (Lisboa, Academia Real das Ciências, 1898, Tomo III, p. 368), chega a afirmar terem as Escolas Maiores sido igualmente submetidas à organização deste organismo estatal. Em suma: este alvará veio, no fundo, substituir o alvará de 28 de junho de 1759, no qual se instituíra a Direção-Geral dos Estudos, ou seja, uma entidade que, no âmbito do ensino, aparece pela primeira vez dependente do Estado, tal como, em novas formas e condições assaz complexas, persiste nos nossos dias.

[27] Cf. *Documentos para a História da Universidade de Coimbra*, Doc. CCCXVII, p. 3.

[28] "Quando algum dos professores deixar de cumprir com as suas obrigações, que são as que se lhe impõem neste alvará e as que há de receber nas Instruções, que mando publicar, o Diretor o advertirá e corrigirá. Porém não se emendando, mo fará presente, para o castigar com a privação do emprego, que tiver, e com as mais penas que forem competentes" (op. cit., Doc. CCCXVII, p. 3).

²⁹ Álvaro Ribeiro, *Os Positivistas*. Lisboa, 1951, p. 43.

³⁰ Para além da época setecentista, mormente no que respeita à Realeza e às ordens tradicionais, tem esta imagem, com as devidas adaptações, predominado na descrição dos fatos e acontecimentos próprios da história medieval. Prova disso têm sido os compêndios escolares destinados ao "ensino secundário", pois neles se podem encontrar, como manda o socialismo dominante, citações – e, na sua base, comentários e resumos dos respectivos compendiaristas – de autores da História de Portugal, de que indicamos, entre outros, os universitários Oliveira Marques e João Medina.

Ainda a propósito daquela imagem sugerida pelo "marxismo universitário", damos também como exemplo, entre os muitos que poderíamos apresentar, a tese de doutoramento de Áurea Adão, intitulada *Estado Absoluto e Ensino das Primeiras Letras*. Lisboa, Fundação Calouste Gulbenkian, 1997, p. 4-5. Aí poder-se-á reparar que a descrição feita da estrutura social na época pombalina se deva, nas palavras da autora, à "orientação científica" de mais um membro da máquina universitária, um tal Rogério Fernandes. Este último, perorando sobre a pedagogia sergina, em *A Pedagogia Portuguesa Contemporânea* (Coleção "Biblioteca Breve", Instituto de Cultura Portuguesa, 1979, p. 49-52), deixa transparecer como a cultura em Portugal é um fenômeno totalmente dirigido e controlado pela esquerda, como mostra ao escrever que "Sérgio não radicava os 'males' de Portugal no capitalismo e na exploração desenfreada das classes trabalhadoras e médias, mas, historicamente, na falta de desenvolvimento do capitalismo industrial com a consequente expansão das forças produtivas, como se neste regime a classe operária fosse menos sujeita à exploração e à alienação". E mais à frente adianta: "O socialismo de Sérgio não ultrapassa os limites da social-democracia: combatendo a 'alta-ganância' deixa intactas as estruturas do capitalismo e a divisão da sociedade em exploradores e explorados".

³¹ Estabelecendo a respectiva técnica ou ciência cultivadas, Sant'Anna Dionísio faculta-nos o nome de alguns estrangeirados, vindos, quase por inteiro, da Itália: "(...) o professor de álgebra Franzini, o de anatomia Luis Cicli, o de cirurgia Simão Goulel, o de astronomia Manuel Ciera, o de filosofia natural Domênico Vendeli, e, transferido, do Colégio dos Nobres [para Coimbra], o físico italiano Dala Bella, primeiro diretor do gabinete de física da Universidade de Coimbra (...)", (*A Não Cooperação da Inteligência Ibérica na Criação da Ciência*, p. 27).

³² Cf. Hernâni Cidade, *Lições de Cultura Luso-Brasileira – Épocas e Estilos na Literatura e nas Artes Plásticas*. Rio de Janeiro, Editora Livros de Portugal, 1960, p. 196-198.

³³ Cf. J. Borges de Macedo, *A Situação Econômica no Tempo de Pombal*. 2. ed. Lisboa, Morais Editores, 1982, p. 78-79.

³⁴ Consulte o leitor, a este propósito, a *História da Fundação do Colégio dos Nobres de Lisboa* (Coimbra, Livraria Atlântica, 1959, p. 22-24) e a *História do Ensino em Portugal* (Lisboa, Fundação Calouste Gulbenkian, 2001, p. 443), de Rômulo de Carvalho.

³⁵ Lançada a inspeção escolar na segunda metade de setecentos sob vigilância do Estado, a decadência do sacerdócio e da nobreza seria, à falta de instituições que pudessem assegurar as respectivas funções, algo de irreversível. Ora, foi precisamente o que aconteceu com a gradual transferência daquelas funções para o funcionalismo público, uma vez que os inconvenientes daí decorridos, como seja a seleção de professores por concurso de provas públicas, raramente propicia a realização do princípio aristocrático, tal como, referindo-se ao Curso Superior de Letras, assim o reconhecera D. Pedro V nestes termos: "O concurso – assim escreve El-rei – é uma instituição profícua em muitos casos, muito menos profícua do que muitos pensam e eu mesmo já pensei, mas mal aceito daqueles que se creem uma

aristocracia. São estes mesmos que conviria chamar a perpetuarem a sua espécie pelo ensino" (citado por Álvaro Ribeiro em *Os Positivistas*, p. 51). Mas, sobre o assunto, nada melhor do que recorrer às palavras do filósofo portuense: "Durante a vigência da monarquia liberal vão sendo as funções da Nobreza transferidas para o funcionalismo público, recrutado por um processo individualista que não atende às exigências de genealogia. A escolha dos melhores, formativa da nova aristocracia, depende de vários critérios, mas é legalizada por quem assume as funções superiores de julgar do bem e do mal. Vigora o regime das provas públicas, tanto no concurso determinado segundo condições regulamentares, como na eleição e no leilão. Um júri examina quem compra por preço mais elevado, quem fornece por mais barato custo, quem escreve melhor tese de doutoramento, quem responde precisamente a um questionário, enfim, qual dos elegíveis deve ser eleito". E continuando um pouco mais à frente acerca da corrupção da Nobreza pela dissolução da Família, escreve: "Desvalorizada a educação de pai para filho, com o estabelecimento de escolas públicas e particulares, negado o poder da hereditariedade e a influência do hábito familiar, deixou de ser entendida a vantagem de transmitir ao primogênito, àquele que mais cedo e por mais tempo se beneficia de um ensino incomparável, os direitos e os deveres do ofício a que estava ligado um nome honrado e respeitável. Atacada a família nos seus privilégios de projeção social, e consequentemente a Nobreza, não tardaria o momento de a mesma doutrina atingir 'o duro ofício de reinar'" (Álvaro Ribeiro, "Filosofia Escolástica e Dedução Cronológica". In: *As Portas do Conhecimento*, p. 250-251).

[36] José Gorani, *Portugal, a Corte e o País nos Anos de 1765 a 1767*. Tradução, prefácio e notas de Castelo Branco Chaves. Lisboa, Editorial Ática, 1945, p. 98.

[37] Por mais inacreditável que pareça, muitos são os que se deixam levar, cegos que estão, por uma deficiente interpretação da época pombalina, assim revelando uma mentalidade positivista como a que, efetivamente, a Universidade hodierna impõe a todos os que lá entram para nunca mais sair. Em todo caso, mostremos ao leitor que as coisas são o que são partindo de um trecho a todos os títulos expressivo da mentalidade em causa: "A reforma pombalina da Universidade é uma obra de grande merecimento na sua estruturação, e os Estatutos que a definem colocam-nos em uma posição digna na Europa do tempo. O trabalho dos seus organizadores foi tanto mais árduo quanto mais se afastaram dos esquemas programáticos e metodológicos tradicionais que se dispuseram a ultrapassar e a substituir, o que traduz um esforço intelectual que é justo apreciar favoravelmente" (Rômulo de Carvalho, *História do Ensino em Portugal*, p. 465). E aos curiosos sugira-se, para consulta, um outro universitário, o qual, representando a sua corporação, descreve a reforma pombalina da Universidade como se, para os portugueses, se tivesse tratado de uma lufada de ar fresco (Marcello Caetano, *História do Direito Português*. 2. ed. Lisboa, Editorial Verbo, p. 35-41).

[38] J. Lúcio de Azevedo, *O Marquês de Pombal e a sua Época*. 2. ed. Lisboa, Clássica Editora, 1990, p. 271.

[39] Álvaro Ribeiro, *Os Positivistas*, p. 36.

[40] LBSE, arts. 7º, 8º e 9º.

[41] Para que fique bem claro a não existência do ensino livre em Portugal, nada melhor do que, pela posição dominante que ocupa, sugerirmos um passar de olhos pelo *Estatuto do Ensino Superior Particular e Cooperativo*, aprovado pelo Decreto-Lei n. 16/94, de 22 de janeiro. Embora neste se reconheça, em conformidade com a nossa Constituição socialista, a liberdade de ensinar e aprender, fica, contudo, esta última dependente da fiscalização administrativa, pedagógica e científica do Estado. A negação daquela liberdade é, pois, evidente, uma vez

que as universidades particulares mais não são do que uma *extensão* das universidades do Estado, o qual, mediante "intervenção legislativa", tudo dispõe para que essa extensão seja rigorosamente cumprida.

Além do mais, o Estado, não obstante o que diz a Constituição (Art. 43, alínea 2), programa ideologicamente a educação e a cultura, consoante, a propósito do 25 de abril, se pode verificar nos compêndios escolares, na rádio, na televisão, no cinema e na imprensa, sobretudo periódica. Assim sendo, radicalmente diferente se nos afigura a definição alvarina de *filosofia nacional* enquanto *filosofia do Estado*, na medida em que este, jamais impondo uma ideologia uniformizadora da consciência nacional, não deixa, porém, de optar por uma ética e uma metafísica que em nada deve impedir, no plano individual, o livre-pensamento quanto aos princípios éticos e ontológicos professados (cf. Álvaro Ribeiro, *A Arte de Ser Português*. Lisboa, Portugália Editora, 1955, p. 236-37).

[42] Cf. *Encontros no Secundário – Documentos de Apoio ao Debate – 1*, Ministério da Educação – Departamento do Ensino Secundário, 1997, p. 50-51.

[43] Cf. Álvaro Ribeiro, *O Problema da Filosofia Portuguesa*, p. 9.

[44] Ministério da Educação, *Introdução à Filosofia* (10º e 11º ano), Caderno de Apoio à Gestão do Programa, Departamento do Ensino Secundário, 1995, p. 18.

[45] Álvaro Ribeiro, "Espelho do Pensamento". In: *As Portas do Conhecimento*, p. 329.

[46] Ibidem, p. 329.

[47] Idem, *Memórias de Um Letrado*, vol. 1. Lisboa, Guimarães Editores, 1997, p. 84.

[48] Ministério da Educação, *Introdução à Filosofia* (10º e 11º ano), p. 5.

[49] Ibidem, p. 5.

[50] Ibidem, p. 8-10. Muito embora este documento, referindo-se aos dez "objetivos gerais" para a disciplina de Filosofia (p. 27) – os quais na sua maioria são os que vêm enunciados no art. 9º da LBSE –, exija da parte do professor, sob a forma de "objetivos específicos" (p. 28), a sua adaptabilidade às várias e, supostamente, heterogêneas turmas de alunos, a verdade é que na prática todo este sistema redunda na uniformidade didática e despersonalizante daqueles a quem se dirige. E para que não fique qualquer sombra de dúvida, notemos que o motor deste sistema assenta no "grupo disciplinar", a ele cabendo, por meio e com vista à socialização, fixar os "objetivos específicos" para cada uma das partes do programa. O indivíduo, por conseguinte, não conta.

[51] Ibidem, p. 4. Em contraposição às várias especializações de que se reveste o corpo docente, por turmas diferentes entende-se, em termos gerais, uma população social, cultural e economicamente diferenciada. Tal desigualdade, porém, oculta uma outra, esta, sim, verdadeiramente diferenciadora dos seres individuados, pois, como ensina a tradição filosófica, a natureza humana é um composto de corpo, alma e espírito. Mas, sempre na ignorância desta verdade, temos vindo a assistir, sob o controle dos administradores escolares, a uma série de métodos e técnicas de avaliação que, pelo seu caráter uniformizador, são postos em prática pelos já denominados "grupos disciplinares" (p. 25). Daí que a "prova global", propositadamente elaborada para o final de cada ano letivo, apareça como um fenômeno revelador do que temos vindo a afirmar.

[52] Ibidem, p. 19.

[53] Seguindo a posição crítica de Max Scheller e Ortega y Gasset à Universidade teutônica, o Dr. H. Veiga de Macedo, em *Problemas da Universidade* (intervenções realizadas na Assembleia Nacional em 1970), traça-nos a situação contrapolar que vai da especialização técnica

e científica ao sistema de ideias vivas que só o homem, na plenitude do seu ser, pode não somente criar e assumir perante a vida social, mas também e, essencialmente, "na linha da ordem divina". Chega até mesmo, para o efeito, a comparar diferentes concepções de Universidade que não a alemã, tais como a *medieval*, de raiz corporativa, religiosa e autônoma, a *napoleônica*, burocrática, laica e estatal, e a *inglesa*, liberal e de caráter humanístico.

CAPÍTULO 2

[54] Cf. Ministério da Educação, *Introdução à Filosofia* (Ensino Secundário). Lisboa, Imprensa Nacional-Casa da Moeda, 1992.

[55] Ministério da Educação, *Programa de Filosofia* (10º e 11º ano), Departamento do Ensino Secundário, homologado em 22 de fevereiro de 2001.

[56] Ibidem, p. 3-4.

[57] Cf. Álvaro Ribeiro, "Espelho do Pensamento". In: *As Portas do Conhecimento*, p. 313.

[58] *Philosophie et Démocratie dans le Monde, Enquête de L'Unesco*. Editions Unesco, 1945, p. 35.

[59] Ibidem, p. 33.

[60] Ibidem, p. 34 e 37.

[61] Ibidem, p. 33 e 38-39.

[62] Ibidem, p. 42.

[63] Álvaro Ribeiro, "O ideal civilizador dos portugueses é imensamente superior (incomparavelmente superior) àquele que tem sido proclamado na ONU". In: *Diário da Manhã*, de 18/01/1964.

[64] *Philosophie et Démocratie dans le Monde*, p. 38-39. Radicalmente diferente é a concepção tradicional que atribui à filosofia uma função monárquica, desde sempre referida à ideia de Deus. A confirmá-lo estão os melhores valores da filosofia portuguesa, para quem a monarquia filosófica não se subordina aos interesses e desvios da política triunfante.

[65] Ibidem, p. 37.

[66] Ibidem, p. 39-40.

[67] A exemplificar o processo de internacionalização das universidades, temos hoje em voga a Declaração de Bolonha, assinada em janeiro de 1999 por 29 ministros da educação europeus. Visando também "países terceiros", o seu principal fito está em uniformizar o que designa por "Sociedade do Conhecimento", uma vez que pretende pôr e dispor do "capital humano" ao serviço de interesses políticos e economicistas. Anulando o nacional, destituindo a Europa espiritual pela Europa socialista do carvão e do aço, aquela declaração já só pode significar uma coisa: o triunfo do praticismo dos falsos universalistas, que mais não são os que, adotando um sistema uniformizado de cursos e graus acadêmicos, fazem das universidades um instrumento inimigo da Natureza e da Civilização.

[68] Cf. *Philosophie et Démocratie dans le Monde*, p. 44. Quanto aos restantes pontos acima salientados, ver p. 39-44.

[69] Friedrich Hayek, *O Caminho para a Servidão*, p. 37.

[70] Ibidem,, p. 25, 39 e 50-51. Para além dos escritores franceses que estiveram na origem do socialismo moderno, F. Hayek aponta o leste como o foco de doutrinas, aliás muito antigas, que vieram minar, a partir de 1870 e por via da Alemanha, o espírito da civilização europeia

(op. cit., p. 49). O que explica, no contexto do niilismo e do messianismo russos, que o marxismo tenha sido apenas um instrumento do imperialismo revolucionário pan-eslavófilo (cf. Henri Massis, *A Nova Rússia*. Porto, Livraria Tavares Martins, 1945, p. 5-6 e 10-13), também acentuado por Leonardo Coimbra quando, de uma forma única e singular, descreveu as solicitações da alma russa: "O socialismo russo tem, pois, duas formas completamente diferentes, ambas elas de importação, mas transformadas logo pelo apocaliptismo russo: a forma sentimental, de origem essencialmente francesa, e a forma judeogermânica de aspecto e vestuário cientista, filha do judeu alemão Marx e neta da orgia intelectual de Hegel".

Mas era o "marxismo que naturalmente estava indicado para ocupar o lugar vago deixado na alma russa pela sua não aceitação cultural, pelo seu radical niilismo e pelo seu sonho idealista, messiânico e apocalíptico da Parúsia.

Foi, com efeito, o marxismo que deu corpo a todo o revolucionarismo russo, que, parafraseando Turgueniev, poderemos dizer que vivia no estado gaseiforme – embora de gases tóxicos e em pressão explosiva.

A história do marxismo na Rússia é, depressa, a história do leninismo e, mais até, a história do próprio Lênin" (*A Rússia de Hoje e o Homem de Sempre*. Porto, Livraria Tavares Martins, 1962, p. 349 e 362).

[71] Ainda me recordo do que, a propósito do nacional-socialismo alemão, Orlando Vitorino me disse sobre esta obra de Stuart Mill: a de que enquanto os alemães faziam circular pelo mundo o *Mein Kampf*, os ingleses faziam, por sua vez, circular o *Ensaio sobre a Liberdade*, isto é, opunham à expansão militarista do socialismo a doutrina da liberdade, que outra não é senão a do liberalismo.

[72] Já antes da Segunda Guerra Mundial, as ideias socialistas dominavam por completo a "direita" e a "esquerda" nacional-socialista, de que os respectivos conflitos dão testemunho indiscutível. Pouco importa, por isso, os que então se opuseram aos nazis, como certeiramente mostra F. Hayek (*O Caminho para a Servidão*, p. 30-31). E se pouco importa é porque o que está em jogo *são as mesmas ideias*, que só podem levar, de uma maneira ou de outra, ao totalitarismo.

Terminada a Segunda Guerra, convém não esquecer que estas ideias não desapareceram, pois sempre acompanharam e vigiaram o processo que, procurando reverter o caos econômico em que caíra um número considerável de povos e nações, afastou a ameaça de bancarrota "com o gradual recurso, a partir de 1944, ao livre-cambismo: primeiro com o 'Acordo de Bretton Woods' que restabelecia o padrão-ouro, depois com o 'Benelux' e a 'União Europeia de Pagamentos', finalmente com o 'Tratado de Roma' que criou, em 1954, uma zona de mercado livre abrangendo vários países europeus" (cf. Orlando Vitorino, *Exaltação da Filosofia Derrotada*, p. 40-41). Quer dizer, nesta nova fase "o socialismo passa a apresentar, nos seus 'partidos' e 'internacionais' políticas, propostas de economia mista em que se combinariam setores econômicos coletivizados com setores privados, e a dar às suas palavras-chave conteúdos não socialistas. Observando este esvaziamento doutrinário, Friedrich Hayek marca o ano de 1946, o que se segue ao final da Segunda Guerra, como o da extinção do socialismo. A sua posterior perduração fantasmática é a repetição de um fenômeno frequente na história" (Hayek, op. cit., p. 40). Em suma: tratando-se, nas palavras de Orlando Vitorino, de um "livre-cambismo timorato", em si, apesar de tudo, capaz de uma franca recuperação das nações em agonia, como foi o caso espetacular do Japão, a sua impotência vai ao ponto de não conseguir deter o intervencionismo socialista, em que agora, através das instituições suscitadas pelo keynesianismo (as da Segurança Social, as da centralização sindicalista e as do controle da moeda), estamos dramaticamente condenados a suportar (ibidem, p. 41 e 47).

⁷³ *Philosophie et Démocratie dans le Monde*, p. 32-33. Esta "condição psicológica" tem sido assumida, dogmática e intransigentemente, por todos aqueles que, de uma forma ou doutra, estão dependentes de instituições nacionais e internacionais, sejam elas de finalidade política, económica ou cultural. Em termos ideológicos, trata-se de mais uma forma de fanatismo que, à escala mundial, se impõe através de um sistema de ideias-crenças, em si exclusivista de todos os outros que com ele se não coadunem. Note-se, porém, que tal processo é para a maioria das pessoas, nele implicadas, *um fenómeno inconsciente*, se pensarmos sobretudo no desvio semântico a que têm sido sujeitas as palavras *liberdade* e *democracia*, ou *indivíduo* e *sociedade*. Assim o mostra o cabalista Antônio Telmo, ao dar-nos, através das palavras de Benjamin Lee Worf, a chave do que, à multidão ignara, tem escapado por completo: "Todos nós vivemos na ilusão de que a palavra é espontânea e que apenas *exprime* o que queremos que se exprima. Tal ilusão provém de as formas inevitáveis que se instalam no fluxo aparentemente livre da fala serem de tal modo imperativas que os interlocutores estão inconscientemente *ligados* como se se tratasse de uma lei inalterável da natureza. Os fenómenos linguísticos são fenómenos dos bastidores do espírito, de cujo emprego as pessoas não têm consciência ou têm apenas uma vaga consciência, do mesmo modo que não se apercebem das poeiras em suspensão na atmosfera de uma sala. Pode dizer-se que os interlocutores estão dominados pelas estruturas linguísticas mais ou menos como todos os corpos estão pela gravidade" (Antônio Telmo, "Como a Perversão na Linguagem Leva à Demência na Sociedade". In: *Filosofia e Kabbalah*. Lisboa, Guimarães Editores, 1989, p. 72). O que corresponde, em termos análogos, aos ídolos do foro, causadores, segundo Francis Bacon, das fantasias e das controvérsias em que por vezes o intelecto se debate.

De resto, que dizer, entretanto, de expressões como esta: "(...) a disciplina de Filosofia deverá, pois, promover condições que viabilizem uma autonomia do pensar (...). Desta maneira, a intencionalidade estruturante da disciplina de Filosofia, no ensino secundário, deverá ser: contribuir para que cada pessoa seja capaz *de dizer a sua palavra, ouvir a palavra do outro* e *dialogar com ela*, visando construir uma *palavra comum* e integradora" (*Programa de Filosofia*, p. 5). Estarão, para surpresa nossa, os professores e, correlativamente, os alunos imunes à "influência de uma sutil ação a distância que parece ter nos intelectuais os inconscientes intermediários"? (Antônio Telmo, op. cit., p. 68-69).

⁷⁴ Friedrich Hayek, *O Caminho para a Servidão*, p. 57. O mesmo autor distingue, nalgumas páginas atrás (p. 40-41), os termos *liberty* e *freedom*, se bem que, segundo G. Dietze, autor de "Hayek on the Rule of Law", os empregue indiferentemente. Para os distinguir, diremos que *liberty* corresponde a *liberdade principial* e *freedom* a *liberdade individual*, a última das quais só pode existir se for garantida pela primeira.

⁷⁵ De acordo com F. Hayek, o socialismo, inicialmente autoritário, ter-se-ia tornado "democrático" quando vencido pelas respectivas forças ou correntes que antecederam a revolução de 1848. Até aí todos os socialistas, nomeadamente os franceses, haviam concebido o socialismo moderno sob uma base totalmente repressiva, de que a liberdade de pensamento, como é óbvio, seria o principal alvo a abater. E nada melhor para o exemplificar do que o preconizado por Saint-Simon sobre a moderna planificação, que consistia em tratar como gado todos os que a não aceitassem.

Só depois, digamos, de 1848, é que o socialismo passaria então a acenar com a promessa de uma "nova liberdade", cuja significação, a mais contrária possível da sustentada pelos defensores da liberdade política, continuaria a designar o "poder" ou, em uma imagem própria da retórica revolucionária, a "riqueza". Esta, efetivamente, traduzia-se em mais promessas, como seja a igualdade de escolha entre as diferentes pessoas, ou, em última instância, a utópica e ingénua doutrina da igual distribuição de riqueza. Para concluir, resta-nos somente dizer que o socialismo, na sua pretensa relação com a liberdade e a democracia, enganou e continua a enganar muita gente incapaz de distinguir as *aparências* das *essências* (ibidem, p. 55-59).

[76] Ibidem, p. 59-60. De tudo isso sobressai que na "Alemanha e na Itália, os nazis e os fascistas já não tinham efetivamente muito que inventar. A invasão de todos os aspectos da vida pelos movimentos políticos tinha já sido lançada, em ambos os países, pelos socialistas. Foram os socialistas que pela primeira vez puseram em prática a concepção de um partido que abrangesse todas as atividades de um indivíduo desde o berço até ao túmulo, um partido que se propusesse a orientar as opiniões de todos sobre as coisas, que traduzisse todos os problemas em termos de uma *Welthanschaung* partidária" (ibidem, p. 185).

[77] *Philosophie et Démocratie dans le Monde*, p. 33. Era até natural que assim fosse, dado que a influência intelectual dos socialistas alemães, sobretudo no último quarto do século XIX e primeiro do século XX, se deve, a par do progresso material, "à extraordinária reputação que os pensadores e cientistas germânicos conquistaram nos cem anos anteriores, quando a Alemanha se tornou um membro integrante e até triunfante da comum civilização europeia" (F. Hayek, op. cit., p. 50-51).

[78] Álvaro Ribeiro, "Espelho do Pensamento". In: *As Portas do Conhecimento*, p. 314.

[79] Leonardo Coimbra, *O Criacionismo (Esboço de um Sistema Filosófico)*. Porto, Renascença Portuguesa, 1912, p. 212.

[80] Antônio Quadros, *A Arte de Continuar Português*. Lisboa, Edições do Templo, 1978, p. 34.

[81] No sentido etimológico da palavra, *revolução* significa *revolvimento*, *retorno* e *regresso* (cf. Álvaro Ribeiro, *As Portas do Conhecimento*, p. 146). O que só mostra mais uma vez como o socialismo deturpa e perverte a linguagem.

[82] Para que não haja qualquer espécie de reserva sobre este ponto, eis duas passagens do programa político do PPD: "Liberdade, igualdade e solidariedade são os grandes ideais do socialismo e realizam-se na democracia. Não há verdadeira democracia sem socialismo, nem socialismo autêntico sem democracia"; "O Partido Popular Democrático, como partido político, visa a conquista do poder por via eleitoral e demais regras do processo democrático, a fim de instaurar progressivamente uma sociedade socialista em liberdade no nosso país" (*O Programa do M. F. A. e dos Partidos Políticos*. Edições Acrópole, 1975, p. 26 e 32). Quanto ao CDS, o caráter progressista do seu programa político é praticamente o mesmo, não obstante a tentativa de o apresentar em uma linha de pluralismo democrático e liberal. Desse modo, à semelhança do PPD e do PS, o programa do CDS exige a repartição justa da riqueza, salvaguarda o sindicalismo, projeta um sistema de salários mínimos, acena com a miragem do pleno emprego, adota uma economia mista em que se combinam setores econômicos coletivizados e privados, incita ao reforço da industrialização, preconiza a centralização da cultura, quer ver tributada em uma base progressiva a propriedade e "o rendimento das pessoas singulares e coletivas", propõe o lançamento pelo Estado de grandes programas de construção de habitação social, faz a apologia da economia social de mercado, etc. (op. cit., p. 259-93). Compreender-se-á agora que a única distinção a fazer entre estes partidos e os partidos de extrema-esquerda, nos quais se inclui o Partido Comunista, está na maneira de conduzir, na mais cruel e agonizante tirania, um povo ao comunismo: os primeiros *progressivamente*, os segundos *imediatamente*.

[83] Pinharanda Gomes, *Meditações Lusíadas*. Lisboa, Fundação Lusíada, 2001, p. 27.

[84] Cf. Orlando Vitorino, *Exaltação da Filosofia Derrotada*, p. 26 e 179.

[85] *Programa de Filosofia* (10º e 11º ano), p. 4.

⁸⁶ *Método de autoridade* quer aqui dizer *autoria*, que vem por sua vez de *autor*, neste caso Álvaro Ribeiro. Embora saibamos, de acordo com S. Tomás de Aquino, que entre as coisas humanas aquele método é o mais débil, também sabemos o quão útil poderá ser para demonstrar como o positivismo, passado pouco mais de meio século, continua, no essencial, a minar e a positivizar a mentalidade reinante. Repita-se: *passado pouco mais de meio século*, se tivermos por referência o ano de 1951, data em que foi publicado o livro que tem por título *Os Positivistas*, de Álvaro Ribeiro.
É desde então que o positivismo, enquanto socialismo mitigado, se tem vindo a transformar em pleno socialismo. Basta, para o efeito, atender à similitude que no espaço de cinquenta anos vem perdurando nos processos e métodos de ensino, não só "liceal" como universitário. E quem senão Álvaro Ribeiro, cuja obra constitui, em todos os aspectos, uma refutação do materialismo e seus sequazes, estaria em melhor posição para nos facultar o ponto de apoio com o qual todo homem civilizado, honesta e corajosamente, compreenderá o drama espiritual em que o mundo se debate?
A este respeito, tão vital e importante é o pensamento do nosso filósofo quanto os vários exemplos que aqui poderíamos dar pelo incômodo a que a sua obra tem dado lugar. É o caso do autor de "O Ensino da Filosofia em Portugal" (*Brotéria. Cultura e Informação*, 1978, vol. 107, ns. 1-5), que simplesmente omite, entre os nomes de Antônio Sérgio, Leonardo Coimbra, Delfim Santos, Sant'Anna Dionísio e José Marinho, o nome de Álvaro Ribeiro. O engenhoso, chamado Éduard Fey, mostra assim seguir o método jornalístico conhecido por "kill by the silence", tão ao gosto dos americanos.

⁸⁷ *Programa de Filosofia* (10° e 11° ano), "Objetivos Gerais", A – 1. 4., p. 9.

⁸⁸ Álvaro Ribeiro, *Apologia e Filosofia*, p. 69-70.

⁸⁹ Cf. Orlando Vitorino, *Exaltação da Filosofia Derrotada*, p. 189-90.

⁹⁰ *Programa de filosofia* (10° e 11° ano), p. 31.

⁹¹ Ibidem, p. 9.

⁹² Álvaro Ribeiro, *Apologia e Filosofia*, p. 73.

⁹³ Ibidem, p. 74.

⁹⁴ Cf. Álvaro Ribeiro, "História da Filosofia e o Ensino Universitário". In: *As Portas do Conhecimento*, p. 69.

⁹⁵ *Programa de Filosofia* (10° e 11° ano), p. 17.

⁹⁶ Álvaro Ribeiro, *Apologia e Filosofia*, p. 75-76.

⁹⁷ Ambiente, diga-se de passagem, feito e preparado segundo os esquemas regulares e previsíveis das matemáticas, onde não há lugar para a presença do *singular* (cf. Álvaro Ribeiro, op. cit., p. 66-67).

⁹⁸ Temos como exemplos de má tradução portuguesa o *Penso, logo existo*, em vez do *Penso, logo sou*, sem dúvida mais fiel ao entimema cartesiano *Cogito, ergo sum*. Para uma distinção semântica entre *existir*, *estar* e *ser*, consultar Álvaro Ribeiro, *Uma Coisa que Pensa*. Braga, Editora Pax, 1975, p. 37-38. Temos ainda, quanto à terminologia de Kant, a expressão *Begriff*, normalmente traduzida por *conceito*, sobrepondo-se assim ao significado semântico de *greiffen* (*agarrar, prender, compreender*), do qual aquela expressão se origina. De não menor importância é o termo *Anschauung*, que ao ser traduzido por *intuição*, desvirtua a sua correspondente significação, "bem próxima de *aparição* ou *aspeção*" (cf. Álvaro Ribeiro, *Estudos Gerais*, p. 102-03 – grifo nosso).

⁹⁹ *Programa de Filosofia* (10° e 11° ano), p. 14.

[100] Ibidem, p. 15.

[101] Álvaro Ribeiro, *Apologia e Filosofia*, p. 134 (grifo nosso).

[102] Álvaro Ribeiro, *Estudos Gerais*, p. 46.

[103] Cf. Álvaro Ribeiro, *Apologia e Filosofia*, p. 135-36.

[104] José Marinho, *Verdade, Condição e Destino no Pensamento Português Contemporâneo*. Porto, Lello & Irmão Editores, 1976, p. 157.

[105] *Programa de Filosofia* (10º e 11º ano), p. 18.

[106] Nós não queremos dizer que os professores, na sua maioria meros funcionários do Estado, tenham consciência do papel que desempenham nesta nova agressão ideológica. E como poderiam tê-la, se este tipo de agressão está em todo o lado, desde a política e a educação até às "indústrias" de divertimento público (a televisão, o cinema, o teatro, etc.), hoje denominadas de "culturais".

[107] *Programa de Filosofia* (10º e 11º ano), p. 18-19.

[108] Álvaro Ribeiro, *O Problema da Filosofia Portuguesa*, p. 51.

[109] Idem, *Apologia e Filosofia*, p. 79-80.

[110] Entre as principais causas, senão a principal, do abuso e da desorientação escolar em termos de avaliação, considere-se a seguinte passagem: "Antes mesmo de se constituir como um problema estritamente pedagógico ou técnico, ela [a avaliação] é um problema ideológico e político, ético e deontológico, de justiça e equidade, sobretudo" (*Programa de Filosofia*, p. 21). Não será ela antes, perante este absurdo, uma questão a ser serena e gradualmente atendida por quem, pela carreira que tomou a cargo, deveria estar versado nos estudos fisiológicos, psicológicos e pedagógicos? Damos a palavra a Álvaro Ribeiro: "A nota numérica, o teste que lhe corresponde, o interrogatório escrito ou oral, constituem provas de escolaridade que podem diferir radicalmente das aptidões naturais dos estudantes. (...) A orientação escolar, que pressupõe o estudo das predisposições e das tendências de cada aluno, é substituída por um automatismo burocrático, regido pelo número. Essa demissão da pessoa, que representa um caráter e um temperamento, *perante uma uniformidade estabelecida para garantir a imparcialidade*, é um erro de imprevistas consequências morais, além de uma ficção inadmissível em fisiologia, em psicologia e em pedagogia" (Álvaro Ribeiro, *Escola Formal*, p. 51-52 – grifo nosso).

[111] J. Barata-Moura foi recentemente o reitor da Universidade Clássica de Lisboa, confirmando assim, mais uma vez, que a doutrina da Universidade é o marxismo.

[112] No que ao último diz respeito, aconselhamos a leitura do artigo "O Führer", de Orlando Vitorino. Não se trata de uma brincadeira, como poderá ser levado a pensar o leitor pouco versado nestes assuntos. É, acima de tudo, um artigo exemplar de como socialistas como M. M. Carrilho planejam exterminar o pensamento, a avaliar pelas expressões absurdas do próprio: "um jovem de quinze anos sabe hoje muito mais coisas do que sabia Aristóteles"; a filosofia tradicional é um "ranço, uma tontice, um cemitério de sucata"; convicções "é o que as ideias sempre foram", etc. Todavia, convém notar que este artigo, destinado a ser publicado por "um dos jornais portugueses de mais leitores", foi retido pelo Diretor do mesmo, com medo, certamente, das represálias do Governo de que fazia então parte M. M. Carrilho. Deste modo, ao leitor interessado no artigo, a única hipótese é procurar aceder ao primeiro e único número da revista liberal intitulada *Bárbara* (Edições Ledo, setembro de 1997), sem dúvida uma das notáveis publicações que, na democracia socialista dos últimos trinta anos, escapou ao controle secreto da comunicação social. Na verdade, "ingênuo salazarismo que tivemos", para usarmos a expressão de Orlando Vitorino.

[113] *Programa de Filosofia* (10º e 11º ano), p. 36.

114 Álvaro Ribeiro, *A Razão Animada*, p. 126.

115 A eliminação da escolástica jesuítica, de inspiração aristotélica, não impediu, porém, que entre nós fossem trilhados, anacronicamente, os caminhos passados da ciência e da filosofia modernas. Aliás, que outra coisa poderiam significar, na sequência da reforma pombalina, as duas novas Faculdades – a de Matemática e a de Filosofia Natural –, na última das quais se incluía a Física Experimental, a História Natural e a Química. Ou seja, tudo resultando num ambiente espiritualmente morto e enterrado, como a propósito da situação dos estudos naquelas Faculdades, nos cinco anos que então decorreram da aplicação dos estatutos pombalinos, nos relata o reitor reformador de Coimbra, D. Francisco de Lemos: "No primeiro ano da reforma – diz o reitor – matricularam-se [na Faculdade de Matemática] oito estudantes, dos quais faleceu um e desistiram dois; no segundo ano matricularam-se dois mas só um apareceu; e no terceiro, quarto e quinto anos, não se matriculou nenhum". Nisto, pior era ainda a Faculdade de Filosofia Natural: "Desde o princípio da sua criação até agora só quatro estudantes se têm matriculado como Ordinários [por alunos *ordinários* entendiam-se os que frequentavam as Faculdades para se formarem no respectivo curso, distinguindo-se assim dos *obrigados*, que ali andavam como condição obrigatória de ingresso noutros cursos]" (cf. Rômulo de Carvalho, *História do Ensino em Portugal*, p. 500-01).

116 Álvaro Ribeiro, *Os Positivistas*, p. 79.

117 Cf. Eduard Fey, "O Ensino da Filosofia em Portugal – III", p. 281-82. Dada a falta de seriedade e probidade intelectuais da parte deste autor, somente o citamos pelo simples motivo de ter sido referenciado no contexto reformulador do *Programa de Filosofia* (p. 4).

118 Edward Fey, op. cit., p. 283.

119 Ibidem, p. 289.

120 Para a organização da nova Universidade, ver Orlando Vitorino, *Exaltação da Filosofia Derrotada*, p. 198-200. Ver ainda do mesmo autor *O Processo das Presidenciais 86*, p. 84-85.

Capítulo 3

121 A. Lobo Vilela, *A Crise da Universidade*. Tipografia Popular da Figueira da Foz, 1933, p. 37-38.

122 Eduardo Salgueiro, *O Suicídio dos Catedráticos de Coimbra*. Lisboa, Tipografia da "Seara Nova", 1933, p.28.

123 Sant'Anna Dionísio, *A Não Cooperação da Inteligência Ibérica na Criação da Ciência*". Lisboa, Cadernos da "Seara Nova", 1941, p. 31.

124 Antero de Quental, *Causas da Decadência dos Povos Peninsulares*. Lisboa, Guimarães Editores, p. 60.

125 Cf. Eudoro de Sousa, "A incapacidade especulativa dos portugueses". *Diário Popular*, ano I, ns. 100 e 131, Lisboa, 3 jan. e fev., 1943.

126 Eudoro de Sousa, "O Problema da Filosofia Portuguesa". *Atlântico*, n. 5, Lisboa – Rio de Janeiro, 1944, p. 190.

127 Delfim Santos, *Linha Geral da Nova Universidade*. Lisboa, Renovação Democrática, 1934, p. 13.

128 Um exemplo desse tipo de organização pode ser encontrado nos princípios teóricos da Constituição de 1933, doutrinariamente oposta ao liberalismo e, como não poderia deixar de ser, ao comunismo internacional. Para a missão da Universidade, sobretudo no âmbito da unidade moral e cultural da Nação, veja-se a intervenção de H. Veiga de Macedo, na Assembleia Nacional (Sessão de 17 de abril de 1970), em *Problemas da Universidade* (1972).

[129] Eis o momento para, em termos sumários, descrever como a Universidade pombalina tudo predispôs para que a razão humana declinasse nas trevas da ignorância. Tal processo, enquanto expressão dos despóticos desígnios do Marquês de Pombal, partiu de uma intervenção estatal em todas as estruturas públicas e particulares de ensino, visando desta forma fazer dos mestres funcionários ao serviço do Estado, ou, melhor ainda, agentes por ele nomeados, dirigidos e pagos. O fim perseguido pelo ministro de D. José seria, então, o de preparar os quadros de uma administração que se queria politicamente centralizada, e como tal determinada por critérios utilitários de ordem econômica, como os que, a título de exemplo, se patenteiam nos Estatutos da *Aula do Comércio*, aprovados a 19 de abril de 1759.

No entanto, se é verdade que este processo parece surgir de uma ação exterior à Universidade, o seu êxito, diga-se de passagem, só poderia ter tido lugar com a colaboração ativa de membros a ela ligados, como a que foi levada a efeito pelo reitor reformador Francisco de Lemos, ele próprio um homem da Igreja. Não deixa, porém, de ser interessante como a estatização pombalina, procurando transferir o "poder" da sociedade religiosa para o Estado, persegue, desde logo, uma parte desta, entenda-se os jesuítas, ao mesmo tempo que se servia de outra esfera a ela ligada, como seja a da Congregação dos Oratorianos, se bem que também ela posteriormente perseguida. A presença, pois, de eclesiásticos desempenhando funções em organismos estatais – tais como, entre muitos outros, o prelado D. Tomás de Almeida enquanto Diretor Geral dos Estudos, bem como Frei Manuel do Cenáculo exercendo o cargo de presidente da Real Mesa Censória –, passa a ser, na época, uma constante, o que já de si significa o ato de profanar a sua missão espiritual, dada a predisposição para servir a fins temporais que, a curto prazo, estariam na origem do ensino universitário decaído em ensino politécnico.

Consequentemente, esse processo acaba por fazer da Universidade o agente dinamizador do poder estatal, tornando-a assim bastante poderosa, uma vez que é ela quem determina como se devem planificar o ensino, a política e a economia, enfim, o que deve ser ou não ser a vida e a existência de todos nós.

[130] Hoje, temos também o Ministério da Ciência e da Tecnologia, do qual, há já alguns anos, passou a fazer parte a Direção-Geral do Ensino Superior, até aí dependente do Ministério da Educação. Por conseguinte, uma alteração apenas formal, visto nada de essencial ter realmente ocorrido.

[131] Diante do aparecimento de inúmeras universidades privadas desde a revolução socialista de 1974, cuja autonomia pedagógica e científica é coisa que não existe, propôs Orlando Vitorino a sua extinção, conquanto esta implicasse, obviamente, o findar prévio da Universidade estatal, ela própria condicionadora de toda a organização do ensino e, por isso, insuportável obstáculo à criação de verdadeiras escolas privadas de ensino superior: "Essas Universidades privadas – a Universidade Livre e a Universidade Católica – só administrativamente são privadas. O seu ensino, a sua didática, os seus métodos, os seus cursos, até os seus professores são os mesmos da Universidade do Estado, modelo imposto como condição para que os respectivos cursos sejam reconhecidos pelo Ministério da Educação, todo ele infiltrado de comunistas nos lugares-chave" (Da entrevista a "A Capital" de 4/11/85, em *O Processo das Presidenciais 86*, Organizado e Publicado pelos Serviços da Candidatura de Orlando Vitorino. Lisboa, Sociedade de Papelarias da Beira Douro, 1986, p. 84-85). Mas até no plano administrativo têm vindo as universidades privadas a ser condicionadas pelo Estado, o qual, à imagem de uma democracia que sabemos ser puramente formal, estabelece uma série de processos e estruturas "na administração e gestão do sistema escolar", para com isso fazer crer que esses mesmos processos e estruturas são o resultado de uma participação de cariz comunitário (cf. *Lei de Bases do Sistema Educativo* – Lei n. 46/86, de 14 de outubro e Lei n.

115/97, de 19 de setembro –, Ministério da Educação, Cirep, novembro de 2000, Cap. I, Art. 3º, alínea l e Cap. VI, Art. 45, n. 6).

Esta pretensa democratização do ensino – e, através deste, da sociedade –, seja na igualdade de oportunidades para todos, seja nos respectivos esquemas de definição administrativa, é algo que, como se sabe, constitui apanágio do igualitarismo.

CAPÍTULO 4

[132] José Marinho, *O Pensamento Filosófico de Leonardo Coimbra*. Porto, 1945, p. 31

[133] Aristóteles, *Metafísica*. Madri, Editorial Gredos, 1990.

[134] A análise do economista Friedrich Hayek, no que diz respeito ao avanço do socialismo nos países da Europa Central, mostra-nos que a instauração de um regime autoritário a todo um povo começa numa esmagadora forma de organização e direção únicas que, a partir de um chefe ou de um grupo, acaba por se impor aos outros pela força ditatorial da opinião homogênea e enganosa. Convém salientar que essa mesma direção encontra terreno adequado nos presentes domínios da educação, para onde vão sendo mobilizados os elementos intelectualmente mais fracos de uma sociedade: "(...) há todas as razões para considerarmos verdadeiro que, quanto mais elevada for a educação e a inteligência de um indivíduo, mais as suas opiniões e seus gostos se singularizam e, portanto, mais resistência oporá em dar a sua concordância a uma hierarquia de valores que lhe proponham. A prova disso é que, quando queremos encontrar um alto grau de uniformidade e semelhança de pontos de vista, temos de descer às regiões sociais de níveis morais e intelectuais mais baixos e nos quais predominam os instintos e os gostos mais primitivos e grosseiros. Não quer isto dizer que a maioria do povo tenha um nível moral baixo, mas significa apenas que a maior parte das pessoas com valores éticos muito semelhantes são pessoas de níveis baixos. Como se o denominador comum mais baixo fosse o que reúne o maior número de pessoas. Se for necessário constituir um grupo bastante numeroso e forte para impor aos outros as suas concepções éticas da vida, esse grupo nunca será recrutado entre os que possuem gostos altamente singularizados e desenvolvidos. Será antes recrutado entre aqueles que formam as "massas", no sentido pejorativo do termo, entre os menos originais e independentes, entre os que não hesitem em se servir do peso do seu número para apoiarem os seus ideais privados" (Friedrich Hayek, *O Caminho para a Servidão*, p. 218-22).

[135] Antônio Telmo, "O Discurso do Método a seguir nas Escolas". In: *Bárbara*, n. 1, 1997, p. 21.

[136] Perante esta desnacionalização pela escola, tenha-se em consideração o testemunho de Álvaro Ribeiro: "Dada a acumulação e a convergência de todos os indícios, é lícito admitir – o que eu sinceramente creio – que essa atividade desnacionalizante e desnacionalizadora está a ser efetivamente comandada, não por homens conscientes da sutil delinquência em que se encontram envolvidos, mas por um espírito difícil de discernir na puridade da sua essência, mais facilmente conhecido pelos seus propósitos e efeitos inegáveis" (Álvaro Ribeiro, "O Homem Português". In: *As Portas do Conhecimento*, p. 14-15).

[137] É lícito admitir, nas condições do mundo contemporâneo, que entre a vida escolar e a uniformização sociológica da humanidade, existem sutis implicações a que conviria atender: "Nós sabemos perfeitamente – temo-lo sentido na carne, se é que não mesmo na alma – que a hora é poderosamente antifilosófica. Hoje, porventura mais realmente do que na época em que viveu e pensou Leonardo Coimbra, o positivismo e o materialismo dominam quase impantemente a vida das sociedades, dos Estados e dos homens. É, desde logo, uma ousadia abordar os problemas pedagógicos numa perspectiva filosófica. O que os poderes nacionais e internacionais querem que façamos – poderes políticos, econômicos, sociais e culturais – é executar

os programas pedagógicos que nos fornecem já feitos: executá-los à luz dos princípios, meios e fins que os informam e acompanham. A verdade é que – apesar das reiteradas declarações em contrário – esses poderes não querem que nós pensemos a educação do homem com a liberdade e a radicalidade com que o homem deve pensar tudo e deve principalmente pensar-se a si próprio" (Manuel Ferreira Patrício, *A Pedagogia de Leonardo Coimbra, Teoria e Prática*. Porto Editora, 1992, p. 14-15).

CAPÍTULO 5

[138] Este escrito, concebido para a revista *Teoremas de Filosofia*, em resposta ao libelo "Oliveira Salazar e a Filosofia Portuguesa" (n. 2), de um tal Antônio Cândido Franco, é agora aqui apresentado pelo simples fato de não ter sido publicado pela mesma. Esta recusa traduzia, pois, não só o intuito de evitar reações hostis do meio universitário, como também inviabilizar inquietantes polêmicas no seio da própria revista. Contudo, o que importa salientar é o modo como aquele libelo, dando uma leitura distorcida do meu artigo "Álvaro Ribeiro e o *Organon* de Aristóteles", cai na vã tentativa de malsinar o próprio Salazar, como, aliás, tem sido prática corrente num esquerdismo que continua preponderante entre nós. Dessa forma, como sinal de que não nos deixamos intimidar pelos anarquistas que engrossam as fileiras de comunistas e socialistas da Universidade, entre os quais se destaca A. Cândido Franco, eis que finalmente se dá a conhecer mais um escrito contra a maré dominante. Cf. Álvaro Ribeiro, *Memórias de Um Letrado*, vol. 3. Lisboa, Guimarães Editores, 1980, p. 27.

[139] "Segundo diálogo sobre a Pátria". In: *Escola Formal*, n. 5, 1977, p. 10.

[140] Franco Nogueira, *Salazar*, vol. I. Coimbra, Atlântida Editora, p. 203-04.

[141] Ibidem, p. 206.

[142] Henrique Veiga de Macedo, "Renovação na continuidade". In: *Três Campanhas Eleitorais Um Pensamento*. Santa Maria de Lamas, Oficinas de Rios & Irmão, 1970, p. 106.

CAPÍTULO 6

[143] Das povoações e fazendas assaltadas, temos, segundo Franco Nogueira, as seguintes: "Sto. Antônio do Zaire, S. Salvador do Congo, Maquela do Zombo, que se podem considerar quase raianas; mas são igualmente acometidas Ambrizete, Negaje, Mucaba, Sanza-Pombo" (*Salazar*, vol. 5, p. 216). Aconselha-se ainda a leitura de *A Epopeia de Mucaba* (Angola, 1961), de Carlos Alves (Cave), editada em maio de 1998 pelo Núcleo de Estudos de Oliveira Salazar.

[144] Sobre a respectiva chacina, diz-nos Franco Nogueira: "Mas a fúria do ataque visa sobretudo as populações. Não se faz distinção de etnias, nem de sexo, nem de idades tampouco. É o terror, maciço e cru. Além dos praticados na Baixa do Cassange, e contra as vilas fronteiriças, parecem ser particularmente violentos os massacres nas regiões de Nambuangongo, Quicabo e Quitexe. Como nos tempos remotos das grandes barbáries, são assassinados homens, mulheres, velhos e crianças, autoridades administrativas, agentes da ordem, brancos, negros e mestiços; ou fuzilados, ou queimados dentro de casas e cubatas; ou esquartejados e degolados; ou serrados vivos. São fazendeiros, comerciantes do mato, madeireiros, capatazes das plantações, habitantes de vilas e cidades, homens de profissões liberais, missionários, enfermeiros: no ímpeto do inferno, não se faz discriminação" (op. cit., p. 216).

Convém não esquecer que tanto Washington como Moscou constituíram neste processo como que as duas faces da mesma moeda, na medida em que agiram intencionalmente no sentido da subversão mundial de nações, culturas e povos, alguns até mesmo com séculos de incomparável história, como é o caso simbólico de Portugal. Assim, relativamente a Angola, temos a considerar duas frentes de ataque: a primeira, correndo *pari passu* com as atividades subversivas do comunismo soviético (nas quais surge o Partido Comunista Português enquanto instrumento mediador entre Moscou e o MPLA - Movimento Popular de Libertação de Angola), pautava-se quer pelo financiamento da CIA (Central Intelligence Agency) à FNLA (Frente Nacional para a Libertação de Angola), quer pelo infiltrar dos seus agentes nas missões americanas de metodistas e batistas, por então respectivamente espalhadas ora na área urbana de Luanda, ora a norte do território angolano (cf. "Guerra em Angola". In: José Freire Antunes, *Kennedy e Salazar. O Leão e a Raposa*. Lisboa, Difusão Cultural, 1991, p. 171-73); por fim, a segunda frente, pautada pela mobilização de milhares de agentes diplomáticos e estrangeiros ao serviço (passe o eufemismo) das doutrinas de contrassubversão no programa do Pentágono (cf. ibidem, p. 169).

Escusado será dizer que Salazar sabia tudo isso melhor do que ninguém, tal como se torna patente na audiência que, a 7 de março de 1961, concedeu a Charles Burke Elbrick, então embaixador americano em Portugal. Elbrick ouviu, pois, de Salazar o seguinte: "Os Estados Unidos, como líder do Ocidente, devem compreender que os russos estão ativamente empenhados em destruir as duas nações da Península Ibérica. A existência de governos comunistas em Espanha e em Portugal conduziria seguramente a uma Europa comunista. Os russos estão claramente a atacar Portugal em África e parece que os americanos estão ingenuamente a fazer o jogo dos russos. É manifestamente impossível ser um aliado de Portugal e um inimigo de Portugal em África" (ibidem, p. 178).

Deveras infeliz, embora compreensível, é que do encontro entre Salazar e Elbrick – em que o último, abordando a independência das províncias africanas, expõe ao primeiro uma série de "sugestões" delineadas por Washington – tenha Freire Antunes concluído que "a audiência ficou como um marco histórico nas relações bilaterais. Foi nela que Salazar recusou a proposta dos Estados Unidos para que Portugal acertasse o passo com a comunidade internacional" (ibidem, p. 180). Dissemos infeliz porque, mais do que acontecimento histórico propriamente dito, a atitude de Salazar, ou, melhor ainda, a sua visão de Portugal na cena internacional, entronca na fiel e intuitiva expressão do gênio de um povo cuja "defesa esteve na luta aos elementos sitiadores ou restritivos (os mouros, Leão, Castela, o Oceano, a ONU), (...) sempre numa exigência de sobrevalorização do homem nas escalas do heroísmo, da tática política e da compreensão mútua" (Francisco da Cunha Leão, *Ensaio de Psicologia Portuguesa*. Lisboa, Guimarães Editores, 1971, p. 134). E por outro lado compreensível, uma vez que Freire Antunes, tomando por modelo os métodos de investigação da crítica estrangeira, quer dizer, situando-se fora das obras verdadeiramente originais da tradição portuguesa, cai na condição do especialista universitário para quem a apostada negação da originalidade política, poética e filosófica dos portugueses é uma constante.

[145] Francisco da Cunha Leão, op. cit., p. 123.

[146] Em face da presença histórica dos portugueses no Oriente, grandiosos e heroicos foram os sacrifícios prestados ao altar da Pátria, de que invocamos, sem par na história do mundo, os feitos de guerra dos três gigantes que deram azo à formação do Império Português da Índia, a saber: D. Francisco de Almeida, D. Afonso de Albuquerque e D. João de Castro. Da epopeia portuguesa ficam, pois, na memória, além da tomada de Goa, a de Quíloa, Mombaça, Onor, Diu, Curiate, Mascate, Soar, Orfacate, Ormuz, Malaca e Damão. Mas, já sem as qualidades guerreiras de outrora – salvo o protagonismo heroico do *Afonso de Albuquerque*, que sob o comando de Cunha Aragão abre fogo contra a esquadra indiana, como ainda, recorde-se, a intervenção das nossas lanchas-patrulhas que, quando atacadas, abrem igualmente fogo contra aviões indianos –, os portugueses, perante o destino, perdiam assim e para sempre o Estado Português da Índia.

De nada nos valeu, infelizmente, o alardear de intenções heroicas do governador-geral e comandante-chefe Vassalo e Silva, como mostram estas palavras: "Estamos aqui sobre um vulcão, Senhor Ministro. Tenham o governo e V. Ex.ª a certeza, porém, de que tudo se poderá perder menos a honra de Portugal". Mais: em Goa, declara publicamente: "somos poucos, mas temos ânimo. Havemos de estar à altura das nossas tradições" (Franco Nogueira, *Salazar*, V, p. 371). Todavia, a verdade é que não esteve, uma vez que, fugindo ao combate – mesmo numa desproporção de seis mil para 50 mil indianos –, preferiu viver sem honra a entregar-se, sem pejo e medida, à mais bela e gloriosa das mortes, entendida, claro está, no sentido dos que enveredam pela nobre carreira das armas.

Compreende-se, por isso, que dada a força das circunstâncias, Salazar, numa mensagem enviada a Vassalo e Silva (quatro dias antes da invasão), não deixasse de realçar "o valor dos portugueses, segundo velha tradição na Índia". E continua: "É horrível pensar que isso pode significar o sacrifício total, mas recomendo e espero esse sacrifício como única forma de nos mantermos à altura das nossas tradições e prestarmos o maior serviço ao futuro da Nação. Não prevejo possibilidade de tréguas nem prisioneiros portugueses, como não haverá navios rendidos, pois sinto que apenas pode haver soldados e marinheiros vitoriosos ou mortos. (...) Estas palavras não podiam, pela sua gravidade, ser dirigidas senão ao militar cônscio dos mais altos deveres e inteiramente disposto a cumpri-los (...)". "É evidente" – agora nas palavras de Franco Nogueira – "que apenas povos e homens de fibra dura e altiva podem compreender tais atitudes, e aprová-las; quando os povos entram em decadência e entendem por *boa política* a *política fácil*, tudo que impuser sacrifícios é objeto de crítica; e então há uma completa inversão de valores, e o dever, o brio, o heroísmo, a defesa da nação, de virtudes transformam-se em defeitos, e cedem o passo ao conforto pessoal, e a paz a todo preço sobrepõe-se ao direito, à justiça e à verdade, que são tidos por secundários, quando não por ridículos. Quando a elite portuguesa decide, nos princípios do século XV, que o Infante Santo, em defesa dos supremos interesses nacionais, tem de ser sacrificado e morrer em uma prisão marroquina, está tomar uma atitude em nome de uma nação que se dispunha – nada menos, nada mais – à grande aventura das descobertas" (Franco Nogueira, *Salazar* V, p. 365-67).

Somos, por fim, levados a concluir que o povo português, a existir, já não tem, nem por sombras, a heroicidade e, acima de tudo, a correspondente *sabedoria* própria de quem aspira ao direito de existir autonomamente. Tal é o que, indubitavelmente, Álvaro Ribeiro tornou patente quando entrevistado por Antônio Quadros: "Estudos etnológicos me levaram à convicção da superioridade do povo português... Bem sei que a observação empírica não é favorável à minha tese. Que miséria fisiológica a da nossa população!... Isto é hoje. Mas pelo estudo da genética e das ciências afins, cheguei a estar convencido de que, com a educação apropriada, o nosso povo revelaria muito depressa a sua congênita superioridade" ("O Testemunho de Álvaro Ribeiro". In: *As Portas do Conhecimento*, p. 185).

[147] *O que é o Ideal Português*. Lisboa, Edições Tempo, p. 215.

[148] Ibidem, p. 227. Antecipando, desde já, os que sofrem de pressa política, deixemos a claro que as teses dos conferencistas não obedeceram a qualquer esquema ideológico (cf. ibidem, p. 20). Esclarecido este ponto, toda a aproximação que se queira ver entre estas teses e os esquemas mentais do salazarismo está fora de questão.

[149] Cf. Alexandre Coelho, "O Ideal Português e a Economia". In: *O que é o Ideal Português*, p. 182-83. Quase dezoito anos depois, o mesmo autor, participando de um diálogo sobre a Pátria, diria: "Há sempre Pátria! Nenhum homem pode viver sem Pátria. Há sempre Pátria, como há sempre Rei e como há sempre Deus. Ora a mim parece-me que os portugueses vivem hoje em grande medo. O medo de terem perdido a Pátria. Perderam o Ultramar, as colônias,

o império –como quiserem chamar-lhe – e têm medo de também terem perdido a Pátria" (*Escola Formal*, n. 4, p. 13). O que vinha, de certo modo, confirmar o que já Álvaro Ribeiro dissera sobre a Pátria, ou seja, de que ela é "essencialmente espírito". Por essa razão, atentar ou conjurar contra este equivaleria, segundo o filósofo, a perder Portugal, tal como o fizera, ou, melhor, predispusera o Marquês de Pombal ao proibir o ensino do aristotelismo, sem o qual não há filosofia. Daí que a "exclusão ou a minoração da lógica, a pretexto de corrigir, combater ou refutar Aristóteles, privou-nos do ensino escolástico que é um estudo direto sobre a realidade do Espírito (...)" (*Escola Formal*, n. 4. p. 11).

Vejamos ainda como, a partir deste ponto, o intuito de destruir a Pátria, identificando--se com a destruição da respectiva filosofia, assume às tantas uma expressão territorial: "Seguindo a narrativa histórica das vicissitudes da filosofia portuguesa, verificamos a lenta deslocação da ideia de Pátria, movida por quantos lhe negaram o valor, lhe combateram a existência, lhe deturparam a essência. (...) A ideia de Pátria passou a estar reduzida à ideia de território, designada pela expressão corrente de "o nosso país" (ou a nossa paisagem). A Pátria significa então o espaço vital dos portugueses, durante oito séculos cobiçados pelos soberanos vizinhos de aquém e além mar. Faltando ao Espírito português os meios culturais de se expandir, logo o patriotismo se moldou pelo paradigma militar, o qual se define pela defesa do território ameaçado ou ofendido, e se manifesta por virtudes heroicas de obediência, sacrifício e martírio" (*Escola Formal*, n. 4, p. 11-12). É o caso, convém dizê-lo, de grande parte do salazarismo, deveras distante do secreto pensamento que norteou o heroísmo dos Portugueses de Quinhentos.

[150] Alexandre Coelho, op. cit., p. 190.

[151] Nestas circunstâncias, não é de estranhar, poucos meses decorrido o colóquio, ter Álvaro Ribeiro duvidado da futura adesão dos jovens pensadores às teses da filosofia portuguesa: "A aprovação da mocidade é sempre agradável, mas duvido muito de que a adesão juvenil possa transformar-se em obstinação inteligente, porque sei muito bem quanto a maturidade é obrigada a respeitar os preconceitos dominantes na sociedade constituída". Referia-se, obviamente, aos conferencistas "cuja conclusão de despedida ou de desespero figura agora numa série de dissertações enfeixadas no livro *O que é o Ideal Português*" (Álvaro Ribeiro, "O Problema da Filosofia Portuguesa Perdeu já a Atualidade". In: *Diário Ilustrado*, 20.12.1962, p. 9-10).

[152] *O que é o Ideal Português*, p. 216.

[153] Ibidem, p. 211-17.

[154] Ibidem, p. 201.

[155] Cf. Friedrich Hayek, "Onde a Verdade Acaba". In: *O Caminho para a Servidão*. Atente-se, no referido capítulo, a esta elucidativa passagem: "(...) a perversão do significado da palavra [liberdade] foi preparada por uma longa linha de filósofos alemães a que não deixaram de dar o seu apoio muitos teorizadores socialistas". E ainda esta: "O ambiente intelectual que deste modo se origina, o espírito de total cinismo perante tudo o que se relaciona com a verdade, a perda do sentido e até do significado que a palavra verdade contém, o desaparecimento do espírito da investigação independente e da possibilidade de acreditar no poder das convicções racionais, a maneira como as diferenças de opinião se tornam, em todos os ramos do saber, questões sobre as quais só as autoridades superiores devem decidir, tudo isso são desgraças que só a experiência pessoal pode fazer conhecer pois não há descrição capaz de as exprimir em toda a sua extensão".

[156] "A ciência pela ciência e a arte pela arte são tão abomináveis para os nazis como para os nossos intelectuais socialistas ou comunistas" (F. Hayek, op. cit., p. 252).

[157] "Deixo ao leitor a possibilidade de adivinhar se foi na Alemanha nazi ou na Rússia soviética que oficialmente se exortaram os jogadores de xadrez nos seguintes termos: 'Temos de acabar de uma vez para sempre com a neutralidade do xadrez. Temos de condenar de uma vez para sempre a fórmula *o xadrez pelo xadrez* tal como condenamos a fórmula *a arte pela arte*'" (F. Hayek, op. cit., p. 252).

[158] Jamais encarando o sexo como pecado, para, ao contrário do que se ouve ou se tem vindo a afirmar, o entender como um dom da criação, Joseph Ratzinger, entrevistado por Peter Sewald, vai mais longe ao denunciar como a técnica e a comunicação social, neutralizando a relação de reciprocidade entre o homem e a mulher, reduzem o sexo a uma mercadoria. Apesar de instigado pelo entrevistador de que "isso já existe há dois mil anos...", responde: "Sim, mas que se possa comprar sexo diretamente em uma loja ou que, no fluxo de imagens correspondente, as pessoas só possam ser registradas como objetos de sexo e, por isso, já não como pessoas, atingiu outro nível através da comercialização. A possibilidade de transformar a sexualidade em mercadoria e de a difundir como mercadoria de forma massificada, cria possibilidades de alienação, de abuso que vão para além do que conhecemos até hoje" (Cardeal Joseph Ratzinger, *O Sal da Terra*, p. 76-77).

[159] Álvaro Ribeiro, *O Problema da Filosofia Portuguesa*, p. 22-23.

[160] Tendo em conta as virtudes heroicas e patrióticas dos portugueses, inequivocamente patentes na sua história, o reverso torna-se, de igual modo, verdadeiro em épocas de decadência. Nesse ponto, diz-nos Cunha Leão: "Em contrapartida, e na vazante de uma grandeza pretérita ou em declínio, começou a revelar-se o descuidado reverso da medalha. A nossa generosa entrega ao mundo inteiro traduziu-se em abandono da própria casa cujos caboucos a dinastia afonsina tão robustamente firmara no solo.
Gerou-se um 'complexo de inferioridade' semelhante ao que Lopez Ibor denunciou no espanhol, em termos que podem considerar-se ibéricos. Sentimento e apreensão do atraso, a partir dos setores científico e técnico que, não sendo recente, se agravou contudo após a Revolução Industrial" (Francisco da Cunha Leão, *Ensaio de Psicologia Portuguesa*, p. 134).

[161] Cf. *O que é o Ideal Português*, p. 208-09.

[162] "Escola deveria significar o ócio, o tempo livre, mas como instituição significa dever compulsivo, obrigações regulamentares, custos económicos. *Aluno* é nome passivo, enquanto *discípulo* é nome ativo, de onde haver muitos mais alunos do que discípulos; aliás, o aluno é posto face ao professor; o discípulo escolhe o mestre. E não presta contas" (Pinharanda Gomes, *A "Escola Portuense", uma Introdução Histórica-Filosófica*. Porto, Edições Caixotim, 2005, p. 40).

[163] Cf. *O que é o Ideal Português*, p. 207. Neste sentido, tenha-se ainda em conta o testemunho de Álvaro Ribeiro: "Convém, todavia, perguntar se não será um erro de consequências terríveis a aceleração desmedida do combate ao analfabetismo, o excessivo zelo no incitamento à escolaridade, à proposição do diploma como alvo de estudo. Incitar as crianças a que abandonem o ambiente de família, a que entrem no ambiente escolar, a que façam exames para obter diplomas, é mais indução do que educação" (*Escola Formal*, p. 42).

[164] Concebida como primeira categoria económica, a propriedade não passou despercebida a Orlando Vitorino enquanto expressão de uma metafísica principial, "que a transcende e substancializa" (cf. *Exaltação da Filosofia Derrotada*, p. 95-96). Há, por isso, segundo o autor, três espécies de propriedade: a *absoluta*, expressa pela natureza inalienável, indivisível e perpétua do corpo do homem; a *perfeita*, em certo grau inalienável como acontece com as coisas naturais, de que a terra, com o seu renovar cíclico, é a máxima expressão; e a *imperfeita*, que, destinando-se a ser dividida, alienada e consumida, corresponde aos produtos industriais.

Logo, a terra, sendo uma espécie de propriedade, não é um objeto de posse, como vulgarmente o entendem os juristas e os teorizadores da economia. Por outras palavras, a propriedade não é um meio de produção ou, se quisermos, um instrumento do trabalho. Ela é antes um *fator* de produção, tal como o trabalho também o é (ibidem, p. 113).

[165] Ponto importante é o que Orlando Vitorino, acompanhando o raciocínio de F. Hayek, mostrou sobre a incompatibilidade do planejamento com a democracia. Dos motivos apresentados, registre-se os que mais importam segundo o contexto em que nos situamos: "Há quem defenda que a democracia possa funcionar como controle da execução do plano. Ilusão. Poderá, no máximo, designar as pessoas que hão de ser investidas no poder, *praticamente absoluto*, que é a execução do plano. Todo o sistema caminhará para uma ditadura plebiscitária na qual a chefia do governo se sujeitará, de tempos a tempos, à confirmação do voto popular mas que disporá, nos intervalos, de todos os meios necessários a garantir que o voto lhe seja favorável".

"A democracia não é um feitiço. É um meio destinado a salvaguardar a paz e a liberdade individual. Não é, como a liberdade, um fim em si mesma. E não podemos esquecer que tem havido, por vezes, muito maior liberdade sob regimes autocráticos do que em algumas democracias. O governo democrático de uma maioria doutrinada e homogênea pode ser tão opressivo como a pior ditadura. Ora o planejamento conduz inevitavelmente à ditadura pois a ditadura é essencial à realização de qualquer planejamento centralizado" (*Escola Formal*, n. 3, p. 13).

[166] Friedrich Hayek, op. cit., p. 175.

[167] Vejamos, segundo Hayek, o que está na origem da analogia entre o socialismo e o tipo da sociedade militar: "O exército constitui, efetivamente, e de muitas maneiras, a organização mais aproximada que conhecemos do segundo tipo de sociedade [a militar] pois, nele, tanto o trabalho como o trabalhador são determinados superiormente e, caso os recursos sejam escassos, toda a gente é igualmente posta na penúria. É o único sistema que garante ao indivíduo uma total segurança econômica que, alargada como está a toda a sociedade, faz que dela participem todos os seus membros. É, todavia, uma segurança inseparável das restrições à liberdade e à ordem hierárquica da vida militar, é a segurança das casernas" (F. Hayek, op. cit., p. 204).

[168] Note-se, neste ponto, o que a geração do "57" havia preconizado: "Admitir o ensino livre, nos colégios e institutos religiosos ou laicos, com programas e métodos próprios, desde que fique convenientemente assegurado o primado do ideal português na cultura e no pensamento" (*O que é o Ideal Português*, p. 209).

[169] *O que é o Ideal Português*, p. 208. O repúdio do livro único, instrumento nocivo à distinção dos sexos, constitui, no âmbito do colóquio, um dos mais relevantes fatores para a razão de ser da diferenciada programação do ensino, onde, pelo lugar que o corpo, situado na alma, ocupa, se destaca o ensino primário do ensino secundário. O intento foge, portanto, a qualquer tentativa de discriminação quer sexual quer social, como explica Álvaro Ribeiro: "Não foi definida qualquer limitação no acesso das meninas, raparigas e mulheres a qualquer grau do ensino público, nem, consequentemente, ao exercício de qualquer atividade profissional, e assim foram respeitados os sagrados artigos da *Declaração Universal dos Direitos do Homem*. A doutrinação expendida pelos publicistas do Movimento da Cultura Portuguesa realizou-se porém tardiamente em um ambiente caracterizado pela afluência de mulheres aos empregos públicos nas escolas e secretarias, pelo que se tornou suscetível na aparência de ter a intenção de obstar ao movimento de emancipação da mulher. Aos pedagogistas não parecia clara a enunciação do problema de salvar a alma feminina, libertando-a de uma escolaridade que

não lhe está de feição e vedando-lhe profissões degradantes, pelo que prevaleceu a doutrina da igualdade dos sexos perante a escola, quanto mais se verificou o fato de as alunas poderem competir com os alunos em dar tão exatas respostas aos objetivos pontos de exame como até em exceder a pontuação quando os testes forem elaborados com a intenção de as favorecer" (Álvaro Ribeiro, "Espelho do Pensamento". In: *As Portas do Conhecimento*, p. 323).

[170] Segundo Ferreira Deusdado, foi no final do século XVIII que Portugal havia de seguir mais de perto o movimento intelectual europeu. Referindo-se à filosofia, mais particularmente à moderna, atribui, entre nós, a sua entrada ao Pe. João Baptista do Oratório, a Luís Antônio Verney e ao Pe. Teodoro de Almeida. Com estes (mas não os únicos) começaria, pois, o infeliz acerto da nossa cultura com as correntes estrangeiras, como, na época e contra a nossa tradição aristotélica, foi o caso do cartesianismo e do sensualismo. Nesta ordem de ideias, estão igualmente os manuais, a maioria deles ecléticos e de inspiração francesa e alemã. De referir fica ainda o fato de alguns manuais do tempo terem sido, sob o despotismo pombalino, banidos do ensino, para assim darem lugar aos *Princípios de Lógica e Metafísica*, do padre italiano Antônio Genovesi (Ferreira Deusdado, *A Filosofia Tomista em Portugal*, cap. IV).

[171] De resto, outra não tem sido a nossa intenção senão mostrar, pelo direito que assiste ao povo português de existir, a relação que há entre o verdadeiro magistério, invocado, como vimos, pela intervenção heroica e transcendente da geração do "57", e o muito legítimo nacionalismo, de expressão marcadamente filosófica.

CAPÍTULO 7

[172] Teixeira de Pascoaes, *A Arte de Ser Português*, p. 75.

[173] Álvaro Ribeiro, *A Razão Animada*, p. 132.

[174] Cf. Francisco da Cunha Leão, *Ensaio de Psicologia Portuguesa*, p. 87.

[175] Ver o respectivo *site*.

[176] Franco Nogueira, *Juízo Final*. Porto, Livraria Civilização Editora, 1992, p. 43.

[177] Cf. Idem, *Salazar*, vol. V, p. 269.

[178] José Freire Antunes, *Kennedy e Salazar*, p. 237.

[179] Cf. Franco Nogueira, *Salazar*, vol. V, p. 272. Uma nota curiosa: reportando-se, sobre este assunto, a Franco Nogueira, Freire Antunes, evitando a expressão "fornecimento de armas", atenua o que ela realmente indica substituindo-a por "ajuda logística". Neste caso, como noutros similares, tratar-se-á do tão apregoado rigor universitário? (cf. op. cit., p. 239).

[180] Cf. Oliveira Salazar, *Portugal e a Campanha Anticolonialista*. 4. ed. Lisboa, SNI, 1960, p. 13.

[181] Cf. ibidem, p. 8 e 15-17.

[182] Cf. Franco Nogueira, *Salazar*, vol. V, p. 302.

[183] Cristina Garnier, *Férias com Salazar*. Lisboa, Companhia Nacional Editora, 1952, p. 106.

[184] Ibidem, p. 107.

[185] Álvaro Ribeiro, *Memórias de um Letrado*, III, p. 30.

[186] Franco Nogueira, *Salazar*, vol. II, p. 59.

[187] Cristina Garnier, op. cit., p. 145-46.

[188] Um contraste, aliás, que até o próprio Salazar, depois de ter desempenhado as suas funções de professor universitário, evidenciara quando se viu obrigado, pelas circunstâncias do caminho tomado, a substituir a leitura dos livros pela compreensão dos homens e da vida

(Oliveira Salazar, *O Meu Depoimento*. Lisboa, Edições SNI, 1949, p. 7). Uma natureza, por conseguinte, de contrastes, como os que o Cardeal Cerejeira, na presença da francesinha, recordara nos seguintes termos: "Nele, chocam-se a todo o instante o ceticismo e o entusiasmo, o orgulho e a modéstia, a desconfiança e a confiança, a bondade mais tocante e por vezes a dureza mais inesperada" (Cristina Garnier, op. cit., p. 177).

[189] Sobre o subconsciente medieval dos portugueses, registre-se a impressão com que Cristina Garnier, na audiência que lhe fora concedida, encara, logo à partida, o então Cardeal Patriarca de Lisboa: "O Cardeal D. Manuel Gonçalves Cerejeira aparece por fim, vestido de negro, olhar penetrante. Um mês antes, vira-o em S. Bento, sentado em frente de Salazar, na suntuosidade das suas roupagens solenes. Parecera-me então que pertencia a uma época desaparecida e ainda esta tarde só consigo imaginá-lo como figura do tempo passado, conselheiro cintilante e temível de algum rei" (Cristina Garnier, op. cit., p. 174).

[190] Franco Nogueira, *Salazar*, vol. V, p. 516-17.

[191] Álvaro Ribeiro, *Memórias de um Letrado*, III, p. 29.

[192] Cf. Antônio Ferro, *Salazar*. ENP, 1933, p. 56-59.

[193] Ibidem, p. 59-64.

[194] Ibidem, p. 64-66.

[195] Cf. *Escola Formal*, n. 3, p. 7.

[196] Friedrich Hayek, *O Caminho para a Servidão*, p. 45-47.

[197] "A Força dos Políticos... e o Desprezo dos Povos". In: *Escola Formal*, n. 4, 1977, p. 20-21.

[198] Oliveira Salazar, *A Atmosfera Mundial e os Problemas Nacionais*. Lisboa, SNI, 1957, p. 19.

[199] J. P. D'Assac, *O Pensamento de Salazar Extraído dos seus Discursos*. Lisboa, Companhia Nacional Editora, 1952, p. 115.

[200] Cristina Garnier, op. cit., p. 125.

[201] Álvaro Ribeiro, *Memórias de um Letrado*, III, p. 29.

[202] Cf. Orlando Vitorino, *Exaltação da Filosofia Derrotada*, p. 91-93.

[203] Cf. *O Trabalho e as Corporações no Pensamento de Salazar*. Lisboa, Junta da Ação Social, 1960, p. 69-72.

[204] Cf. Franco Nogueira, *Juízo Final*, p. 29-30.

[205] Ibidem, p. 24.

[206] Ibidem, p. 37.

[207] Ibidem, p. 37.

[208] Jaime Nogueira Pinto, *O Fim do Estado Novo e as Origens do 25 de Abril*. DIFFEL, 1995, p. 435-36.

[209] Ibidem, p. 436.

[210] *Conversas com Agostinho da Silva*. Entrevista de Victor Mendanha. Editora Pergaminho, 1994, p. 60.

[211] *A Última Conversa*. Entrevista de Luís Machado. Lisboa, Editorial Notícias, 1998, p. 50.

[212] *Agostinho da Silva, Ele Próprio*. Zéfiro, 2006, p. 34.

[213] Agostinho da Silva, *Reflexão à Margem da Literatura Portuguesa*. Lisboa, Guimarães Editores, p. 67-71.

[214] *Agostinho da Silva, Ele Próprio*, p. 83.

215 *A Última Conversa*, p. 82.

216 Corporizando, pelo seu testemunho pessoal, a esperança numa sociedade de renúncia, onde o abandono da propriedade temporal permitiria ao homem reaprender o aspecto divino do inesperado no mundo, Agostinho da Silva não era, de fato, o "visionário" abstratamente perdido no caráter utópico do mito da Idade do Ouro. Nem era, como poderá parecer à primeira vista, alguém que pusesse no mesmo plano o mito do Quinto Império e a confusão que o proselitismo comunista, obcecado pela abundância inesgotável da Idade de Ouro, estabelece entre o regime comunitário dos bens da terra e a fruição paradisíaca dos bens do céu. Por outras palavras, a sua mensagem, que dependia muito mais do procedimento humano que de um ideal racionalista ou metafísico, não se exprimia nos estreitos limites da luta ideológica em que muitos materialistas, perdendo a razão em uma dialética que opunha o socialismo ao capitalismo, incidiam com total desprezo do que Agostinho considerava ser a verdadeira missão de Portugal: consolar e especializar o homem na teologia do Espírito Santo.

217 *A Última Conversa*, p. 86.

218 Cf. entrevista com Roberto Pinho. In: *100 Anos a Propósito de Agostinho da Silva*, DVD, vol. III, Alfândega Filmes. Da omissão deste testemunho, entre outros igualmente possíveis, se vê, pois, como pode resultar um equívoco entre o que Agostinho pensou e o que, com a criação da CPLP, em 17 de julho de 1996, passou a constituir mais uma organização político-institucional ao serviço do socialismo no Atlântico Sul. Logo, não deixa de ser irônica a cobertura, por parte do *Diário de Notícias*, dada à criação da CPLP, onde, inclusivamente, surge a imagem de Agostinho da Silva por entre as de Jaime Gama e José Aparecido de Oliveira: "Pioneiros da CPLP: Agostinho da Silva (enunciação original), Jaime Gama (primeiro texto diplomático único dos Sete na língua comum) e Aparecido de Oliveira (formalização política da proposta)".

219 "Segunda Carta de Agostinho da Silva". In: *A Arte de Continuar Português*, p. 194.

220 Esta declaração, assinada em Lisboa a 17 de julho de 1996, foi aprovada em 30 de janeiro do ano seguinte (cf. *Diário da República* n. 67/97, Série I-A, de 20 de março de 1997).

221 "Resposta do autor a Agostinho da Silva". In: *A Arte de Continuar Português*, p. 203.

222 Repare-se que já Antônio Quadros houvera proposto um instituto com o mesmo nome, embora naturalmente sem a versão estrangeirada da cultura universitária oficial.

223 *A Última Conversa*, p. 101.

224 *Conversas com Agostinho da Silva*, p. 80-81.

225 Antônio Quadros, *A Arte de Continuar Português*, p. 199.

226 Nesta escalada, desde logo expressa em termos nucleares, químicos e radiológicos, veja-se como vão sendo mobilizados soldados portugueses para, no estrangeiro, servir os interesses de uma organização que diz agir em nome da paz e da segurança internacional.

227 Fernando Pessoa, *Mensagem*. Lisboa, Edições Ática, 1997, p. 89.

CAPÍTULO 8

228 Leonardo Coimbra, *A Questão Universitária*. Lisboa, Portugal-Brasil – Limitada, p. 42.

CAPÍTULO 9

229 Por objetos do conhecimento científico entenda-se os que constituem, na sua especificidade, os diferentes campos objetivos em que se determinam as correspondentes ciências particulares.

²³⁰ Orlando Vitorino, "A Filosofia de Álvaro Ribeiro como Doutrina do Espírito". In: *Leonardo*, Ano II/Número Duplo, 1989, p. 13.

²³¹ Álvaro Ribeiro, *Memórias de Um Letrado*, II, p. 183. Recorde-se também como o filósofo portuense, atribuindo à obra apologética de S. Tomás de Aquino a separação radical da filosofia e da teologia, considerara estarem os historiadores pouco ou nada atentos à origem medieval do racionalismo moderno. Contudo, abre uma exceção no que respeita a Étienne Gilson, já que este "considera a libertação da razão humana e a consequente laicização da sociedade concluídas no século XIII". Desta forma, no "dizer do ilustre escritor – prossegue Álvaro Ribeiro –, seria S. Tomás de Aquino o primeiro dos filósofos modernos e René Descartes o último dos filósofos escolásticos" (cf. "Filosofia Escolástica e Dedução Cronológica". In: *As Portas do Conhecimento*, p. 248).

²³² José Marinho, *O Pensamento Filosófico de Leonardo Coimbra*, p. 16.

²³³ Orlando Vitorino, *Refutação da Filosofia Triunfante*, p. 61.

²³⁴ Ibidem, p. 65.

²³⁵ Ibidem, p. 66. E com base nesta distinção o abandono do valor cognitivo da sensação, que já desde os antigos se apresentara como "o início de um processo que conduzia o pensamento até o universal". Daí, segundo Álvaro Ribeiro, dever-se mesmo usar "a palavra *sentido* com o significado de resultado do processo de sensação", deixando "a palavra *senso* para designar o orgão sensitivo" (cf. *Apologia e Filosofia*, p. 139).

²³⁶ Orlando Vitorino, op. cit., p. 36.

²³⁷ Ibidem, p. 64-65.

²³⁸ Cf. idem, "A Filosofia de Álvaro Ribeiro como Doutrina do Espírito". In: *Leonardo*, p. 14. Ver também Álvaro Ribeiro, *A Arte de Filosofar*, p. 61.

²³⁹ Op. cit., p. 14.

²⁴⁰ Idem, *Refutação da Filosofia Derrotada*, p. 57.

²⁴¹ Cf. Álvaro Ribeiro, *A Arte de Filosofar*, p. 93.

²⁴² Ibidem, p. 84. Convém lembrar ter sido, entre nós, Álvaro Ribeiro o pensador que, "no domínio mais rigorosamente filosófico", afirmou pela primeira vez o hegelianismo "como o sistema essencial de toda a formação filosófica". Estas últimas expressões pertencem, aliás, a Orlando Vitorino, visto ele próprio, por inspiração alvarina, chegar a contribuir para as primeiras traduções portuguesas das obras de Hegel. Porém, ao fazê-lo, não deixou também de mostrar como em Portugal, "um país culturalmente dependente", o hegelianismo não fora até então devidamente atendido, se tivermos em conta que:
  1. Os conhecimentos filosóficos de Antero, incluindo os que tinha de Hegel, não passarem, como o próprio reconhecera, de simples veleidades.
  2. As referências de Alexandre Herculano ao grande filósofo não passarem, por seu turno, de um apoio para "a sua defesa dos direitos de autor".
  3. A breve e superficial exposição, por Teófilo Braga, da estética hegeliana em *As Modernas Ideias na Literatura Portuguesa*.
  4. A admiração de Fernando Pessoa "por um hegelianismo considerado sobretudo no que tem de místico", assim nos esclarecendo, nestes termos, porque enveredara pela "sua infeliz tentativa de uma 'estética não aristotélica'" (cf. o prefácio de Orlando Vitorino. In: Hegel, *Princípios da Filosofia do Direito*. 1. ed. Lisboa, Guimarães Editora, 1990, p. 15-17). Pesem embora tais aspectos num período anterior ao da publicação de *O Problema da Filosofia Portuguesa* (1944), de Álvaro Ribeiro, há ainda, quanto ao hegelianismo, a atenção que

lhe fora dada, em Coimbra, pelo Dr. Cabral de Moncada, quando da criação, em 1936, da cadeira de Filosofia do Direito. A este professor, um neokantiano, outros se destacaram como o neotomista Antônio José Brandão e o hegeliano Afonso Queiró. Todos eles representaram, em certa medida, uma reação ao positivismo dominante, mais particularmente ao "monolítico positivismo universitário", pois em Lisboa, por exemplo, predominava na respectiva Faculdade de Direito a ortodoxia comteana (cf. Antônio Braz Teixeira, *Filosofia do Direito*. Braga, Faculdade de Filosofia, 1960, p. 12-13).

[243] Álvaro Ribeiro, *Apologia e Filosofia*, p. 108.

[244] Cf. Orlando Vitorino, *Refutação da Filosofia Triunfante*, p. 86-87.

[245] Ibidem, p. 87. Aqui, Hegel diverge, sem dúvida, de Aristóteles, segundo o qual o princípio de não contradição, isto é, o princípio supremo de que toda a lógica depende, afirma que "nada há que possa ser e não ser ao mesmo tempo".

[246] Prefácio de Orlando Vitorino à 3. ed. dos *Princípios da Filosofia do Direito*, de Hegel, p. 38.

[247] Ibidem, p. 39.

[248] Ibidem, p. 40. Para uma melhor compreensão do princípio hegelino de que "tudo é e não é ao mesmo tempo", tome-se em consideração a natureza, o mundo e a sociedade, pois enquanto não seres, pelo seu caráter efêmero e transitório, *ao mesmo tempo o são* graças à identificação do não ser com o ser. Porém essa identificação, como convém reconhecer, estabelecida é "por algo de muito diferente, até contrário e oposto, ao fenômeno e à aparência, à natureza e à sociedade, às quais é superior e as domina: o espírito".

[249] Ibidem, p. 40-41.

[250] Ibidem, p. 41.

[251] Idem, *Exaltação da Filosofia Derrotada*, p. 89. No que respeita ao movimento científico dos séculos XVIII e XIX, diz-nos Álvaro Ribeiro que o próprio Hegel, não obstante o seu conhecimento dos estudos geológicos e geográficos, tal como os que se prendiam com as ciências naturais, não os teria, todavia, por suficientes "para representar o universal concreto". Pelo que, ainda nas palavras de Álvaro Ribeiro, o professor de Nuremberg, desencantado com as representações mecânicas, houvera reconhecido "a aristotélica necessidade dos fenômenos de geração e de corrupção". Logo, chegara a teorizar "um novo tipo de relações necessárias entre os conceitos", já que, "formulando a lógica das relações (...), muito mais propriamente do que os empiristas, respeitou o ideal de cientificidade" (cf. *Apologia e Filosofia*, p. 108 e 123).

[252] Orlando Vitorino, *Exaltação da Filosofia Derrotada*, p. 89-90.

[253] Cf. prefácio de Orlando Vitorino à 2. ed. dos *Princípios da Filosofia do Direito*, de Hegel, p. 23.

[254] A esta subjetividade, fechada sobre si mesma, designava-a Hegel, algumas vezes, por "intelecto vazio" e "idealismo abstrato". Outras vezes, por "intelecto subjetivo" e "razão raciocinante". Outras, finalmente, por "trapaças do livre-arbítrio" e "doutrinas vis", como as que, "ditadas [já depois de Hegel] pelos ideais vazios da igualdade dos homens e da distribuição da riqueza, se combinaram na designação – ignorada de Hegel – de socialismo" (cf. ibidem, p. 25-27).

[255] Idem, *Exaltação da Filosofia Derrotada*, p. 87.

[256] Ibidem, p. 88.

[257] Segundo Aristóteles, as categorias são *os gêneros supremos do ser*.

[258] Orlando Vitorino, *Exaltação da Filosofia Derrotada*, p. 88.

²⁵⁹ Idem, "As Teses da Filosofia de Álvaro Ribeiro", p. 190.
²⁶⁰ Cf. Álvaro Ribeiro, *A Arte de Filosofar*, p. 62.
²⁶¹ Cf. Orlando Vitorino, "As Teses da Filosofia da Álvaro Ribeiro", p. 190.
²⁶² Ou que se refere ao *já dito*, isto é, ao *predicado*.
²⁶³ Álvaro Ribeiro, *Estudos Gerais*, p. 45.
²⁶⁴ Ibidem, p. 46.
²⁶⁵ Daí que dar "à fortaleza, à prudência, à justiça e à temperança o nome comum de virtudes não é ainda formar um conceito" (ibidem, p. 46).
²⁶⁶ Álvaro Ribeiro, *A Arte de Filosofar*, p. 61-63.
²⁶⁷ Neste sentido, atente-se na seguinte passagem do nosso filósofo: "Era previsível, segundo a ordem natural das ciências, que a mecanização e a espacialização do juízo acabassem por subordinar a lógica à matemática. Do quadro de Miguel Psellus às previsões de Raimundo Lúlio e às profecias de Leibnitz estava traçado um caminho que haveria de ser seguido por pensadores mais audaciosos. Os *Principia Mathematica* de Alfredo Whitehead e de Beltrão Russel marcam sem dúvida a absorção pela matemática de uma lógica que nada tinha que ver com a filosofia" (*A Razão Animada*, p. 133).
²⁶⁸ Para além destes domínios, outros há em que a lógica, decaída no cálculo, tem feito valer a imagem mecanicista do homem e do mundo. Assim, desde o implante de um microprocessador em animais, à maneira de um bilhete de identidade, até a aplicação de implantes eletrônicos em seres humanos, ao modo de um código de barras, eis algumas das imagens com que cada vez mais se vão antecipando os manuais de uma disciplina que se dá como capaz de suscitar a reflexão crítica dos adolescentes. Aqui chegados, mais uma vez perguntamos se não se tratará, pois, de mais um indício de como caminhamos, a passos largos e acelerados, para uma sociedade totalitária nunca antes vista à face da terra? E se perguntamos, sem nunca perder de vista o que representou a álgebra de Boole para o funcionamento dos computadores, tal como para os sistemas elétricos aplicados aos telefones e à sinalização dos circuitos ferroviários, é porque já temos entre nós numerosíssimos sinais dessa sociedade do porvir, como, por exemplo, as "pulseiras eletrônicas" aplicadas aos presos que saem em "liberdade condicional".
²⁶⁹ Álvaro Ribeiro, *Apologia e Filosofia*, p. 133.
²⁷⁰ Ibidem, p. 156.
²⁷¹ A *forma lógica*, distinta dos termos (*matéria remota*) e das proposições (*matéria próxima*) que entram no silogismo, consiste no encadeamento lógico das proposições que o constituem segundo as oito regras da "validade silogística". Esta validade, *puramente formal* e, desse modo, distinta da validade *material*, que procura o acordo do pensamento com a realidade, tem por base, conforme o exposto nos livros escolares, a multiplicação das *figuras* pelos *modos* possíveis do silogismo. Dessa multiplicação, levada a cabo pelos escolásticos medievais e modernos, resultaram 256 formas possíveis, das quais somente 19, identificáveis segundo a nomenclatura latina (Barbara, Darii, Ferio, etc.), surgem como formalmente válidas.
²⁷² Nos livros de lógica, o silogismo é, antes de mais, dividido em *categórico* e *hipotético*, seguindo--se, no caso do primeiro, a subdivisão em *regulares* e *irregulares*, isto é, entre os que são constituídos por três termos e três proposições e os que não obedecem a esse esquema, como, por exemplo, o *entimema*, o *epiquerema*, o *polissilogismo* e o *sorites regressivo* e *progressivo*. No caso do hipotético, subdivide-se ora no *condicional*, ora no *disjuntivo* – no qual temos ainda o *disjuntivo especial*, também conhecido por *argumento de dois gumes*. Diga-se, de passagem, que aos adolescentes que frequentam o ensino secundário é-lhes normalmente exigido o domínio

do *categórico regular*, embora, por vezes, lhes seja também exigido o domínio do *condicional* (*modus ponens e tollens*) e do disjuntivo (*modus ponendo-tollens e tollendo-ponens*).

²⁷³ No cálculo proposicional, o objetivo consiste na representação, por meio de símbolos, dos elementos de ligação das frases e proposições entre si, ou seja, a cada expressão da linguagem corrente, como por exemplo, "não é verdade que", corresponde uma conectiva proposicional, neste caso representada pelo símbolo ~, e a qual, a par de outras conectivas, como sejam a *conjunção* (&), a *disjunção* (∨), a *implicação* (→) e a *equivalência* (↔), corresponde ao que se convencionou designar por "função de verdade". E assim se designa porque, se tivermos, por exemplo, duas proposições ligadas por uma conjunção – "Sócrates é homem e Sócrates é mortal" –, o "valor de verdade" de A com B, enquanto variáveis proposicionais, depende do "valor de verdade" (verdadeiro ou falso) de cada uma das proposições, dadas separadamente. Em suma: a conjunção, no contexto do cálculo proposicional, é uma função de verdade que, suscetível de ser representada em uma tabela, só é verdadeira no caso de ambas as proposições constituintes o serem.

A partir daqui, há a possibilidade de se poder simbolizar toda a série de proposições, cujo fim, consideradas as premissas e a conclusão, é testar a validade ou a invalidade do conjunto, conforme ensinam os livros que expõem a respectiva formalização. Quanto ao cálculo de predicados, o seu objetivo consiste, com base em uma doutrina da quantificação, em se apresentar como uma tradução simbólica ora de predicados individuais ora de predicados relacionais. Neste último caso, a par da sua pretensão para simbolizar toda a lógica aristotélica, que interpreta, aliás, segundo a fórmula essente *S é P*, considera até uma grande evolução o fato de poder relacionar dois ou mais indivíduos entre si, pois até então a lógica formal, confundida com a de Aristóteles, somente postulara, consoante aquela fórmula, a proposição enquanto simples relação entre sujeito e predicado.

Uma pretensão, como se vê, absurda, tanto mais que já tivera como ponto de partida a análise formal de Russell a respeito dos possíveis tipos de proposições, tais como as *atômicas* e *moleculares*, ou desde *existenciais* às *gerais* e destas às *completamente gerais*, segundo o modelo da abstração matemática. Em todo o caso, uma coisa é certa: quer o cálculo proposicional quer o de predicados não passam de processos operatórios ontologicamente vazios, sobretudo quando se sabe que ambos estão na origem da construção de sistemas de programação informática, como foi o caso, nos princípios dos anos 1970, do sistema lógico (Prolog) então desenvolvido por Alain Colmerauer, na Universidade de Marselha.

²⁷⁴ Uma formação, note-se, bastante duvidosa, atendendo ao modo como o professorado, sempre por imposição programática, entende a retórica na sua relação com a democracia, pois, sob a influência dos meios de informação e comunicação, decorre ela de uma imagem que faz da última uma organização dependente de associações partidárias aparentemente independentes do Estado. Mas, como nós sabemos, a verdade é que o pobre do professorado, vítima do condicionalismo econômico-político a que se encontra sujeito, não pode nem sabe compreender como estas poderosas instituições, dispondo de um enorme poder demagógico, negam o primado da inteligência humana perante o dogma absurdo do respeito pela vontade inqualificada da maioria dos votantes. Ou, mais e melhor, não sabe nem compreende como tais instituições iludem o povo através de processos eleitoreiros, que uma vez realizados, só vêm confirmar que a opinião inqualificada do homem medíocre não tem valor de voto em razão da sua incapacidade para pensar. E se não há como contornar esta verdade, que vantagem podem trazer, na realidade, os estudos de retórica aos adolescentes vítimas de uma ditadura plebiscitária?

²⁷⁵ A expressão "lógica não formal", originalmente adotada como *informal logic* pelo movimento *Critical Thinking*, surgiu nos anos 1970 após o reconhecimento do insucesso da lógica

formal no desenvolvimento lógico-discursivo dos alunos do ensino médio e universitário. Desde então, conhecendo um sucesso considerável, sobretudo no Canadá e na Universidade de Amsterdã, onde, aliás, Perelman fora professor de direito, não só faz hoje parte integrante de currículos escolares adotados pelos Estados Unidos, a Austrália e a América Latina, como também um pouco por toda a Europa, inclusive por Portugal.

[276] Não deixa de ser curiosa a forma como Perelman, imitando o lógico alemão Gottlob Frege, culminara na renovação da retórica no âmbito do pensamento contemporâneo. Ou, a bem dizer, na forma como, querendo extrair uma lógica dos juízos de valor de escritos de moralistas e políticos, se inspirara nos métodos que Frege, partindo da demonstração matemática, aplicara ao ponto de preterir a lógica formal por uma lógica operatória, e, portanto, ao modo de um cálculo que se viera sobrepor ao que até então se apresentara como uma lógica da classificação.

[277] Álvaro Ribeiro, *Estudos Gerais*, p. 55.

[278] Idem, *A Razão Animada*, p. 100.

[279] Idem, "Decisão e Indecisão na Casa de Portugal". In: *As Portas do Conhecimento*, p. 277.

[280] José Marinho, *Teoria do Ser e da Verdade*. Lisboa, Guimarães Editores, 1961, p. 162.

[281] Orlando Vitorino, "A Filosofia de Álvaro Ribeiro como Doutrina do Espírito", p. 13.

[282] Idem, "O Mestre dos que Sabem". In: *Nova Renascença*, p. 86.

[283] Cf. introdução à *Teoria do Ser e da Verdade*, de José Marinho.

[284] Orlando Vitorino, "As Teses da Filosofia de Álvaro Ribeiro", p. 191. No que distingue e diferencia as duas vias, considere-se ainda esta passagem de Álvaro Ribeiro: "É dos livros que o misticismo, ao atingir o extremo quietista, como o ceticismo, ao atingir o extremo sofístico, se consideram libertos de qualquer ética desdenhada ou desprezada pelo caráter partido ou parcial do seu pensar e do seu agir (...). A teoria da cisão, expõe, portanto, as dificuldades de uma ética sem pauta, sem regra, sem prazo, uma ética sem precisão nem decisão, uma ética da indecisão (...). Certo é, porém, que da falta de ética resulta necessariamente a demissão da pedagógica, da política e da econômica, com amarga decepção de quantos justamente esperam da filosofia qualquer decisão mental ou moral perante os problemas humanos, os segredos naturais e os mistérios divinos" ("Decisão e Indecisão na Casa de Portugal", p. 276).

[285] José Marinho, *Teoria do Ser e da Verdade*, p. 155.

[286] Idem, *Estudos sobre o Pensamento Português Contemporâneo*. Lisboa, Biblioteca Nacional, 1981, p. 15.

[287] Orlando Vitorino, "O Mestre dos que Sabem", p. 86.

[288] Álvaro Ribeiro, *A Arte de Filosofar*, p. 97.

[289] Ibidem, p. 97.

[290] Orlando Vitorino, "O Mestre dos que Sabem", p. 86.

[291] Cf. prefácio de Orlando Vitorino. In: John Stuart Mill, *Ensaio sobre a Liberdade*. Lisboa, Editora Arcádia, 1973, p. 21.

[292] Ibidem, p. 18.

[293] Idem, *Refutação da Filosofia Triunfante*, p. 207-11. Como diz o nosso autor, a "teocracia sem Deus", negando a divindade e repudiando a transcendência, é "um sistema que, paradoxalmente, a si mesmo retira o princípio que o justificaria e a cada uma das suas formas retira o significado que lhe daria sentido". Logo, "faz da ignorância o seu fundamento e o seu método, uma espécie de lógica sem logos que positivamente rejeita tudo o que seja pensar".

[294] Cf. prefácio ao *Ensaio sobre a Liberdade*, p. 19.

[295] Cf. ibidem, p. 20.

[296] Cf. ibidem, p. 22.

[297] Cf. *Exaltação da Filosofia Derrotada*, p. 40.

[298] Cf. prefácio ao *Ensaio sobre a Liberdade*, p. 23.

[299] Ibidem, p. 46.

[300] Ibidem, p. 45.

[301] Ibidem, p. 46.

[302] Ibidem, p. 50.

[303] Orlando Vitorino, *Refutação da Filosofia Triunfante*, p. 179.

[304] Idem, *Exaltação da Filosofia Derrotada*, p. 98.

[305] Idem, prefácio ao *Ensaio sobre a Liberdade*, p. 11.

[306] Ibidem, p. 11.

[307] Ibidem, p. 12. Note-se, contudo, que a singularidade não se apresenta como algo "que a si mesmo se determina, que em si mesmo tenha seu princípio e seu fim, em que o ser a si mesmo se baste". Assim, para que a liberdade obtenha real garantia, ou simplesmente haja de se apresentar como elemento principal do Espírito, não pode ela deixar de transitar do sujeito singular, no qual se realiza e se manifesta, para o conceito objetivado de si mesma enquanto algo de não entitativo, ou, se quisermos, de algo que de nada depende. Ora, a liberdade, nesta acepção, identifica-se com o próprio Espírito, pois, se assim não fosse, ficaria sujeita às contradições e absurdos que dela o pensamento concreto nos oferece.

[308] Orlando Vitorino, *Refutação da Filosofia Triunfante*, p. 188. Pelo que, ainda a propósito da abolição da propriedade, há que ter em conta a implicação que parece existir entre o comunitarismo dos bens e o comunitarismo das mulheres, muito embora, como mostra o autor, dela não tenhamos nem a evidência intuitiva nem o nexo lógico. Já, porém, a respeito do comunitarismo dos filhos, mais fácil se torna ver como aparece ele implícito no comunitarismo das mulheres, visto tratar-se, pela natural repugnância que a posse comum da mulher suscita, de "um absurdo de monstruosas consequências". De qualquer modo, ficará sempre a suspeita, já porventura racionalmente indizível desde Platão e Aristóteles, de que há, para todos os efeitos, "uma mútua implicação em todas estas formas de comunitarismo".

[309] Ibidem, p. 186.

[310] Ibidem, p. 187.

[311] Ibidem, p. 181.

[312] Ibidem, p. 182.

CAPÍTULO 11

[313] Pinharanda Gomes, *Os Conimbricenses*. Lisboa, Instituto de Cultura e Língua Portuguesa, 1992, p. 81.

[314] Álvaro Ribeiro, "Filosofia Escolástica e Dedução Cronológica". In: *As Portas do Conhecimento*. Lisboa, Instituto Amaro da Costa, 1987, p. 244. Deste tema, singularmente tratado por Álvaro Ribeiro, se ocupou atentamente Antônio Telmo, como a seguir se mostra: "Sampaio Bruno dá os jesuítas, no período de formação da companhia, como um grupo de conversos, não diz qual a sua origem, se judaica se islâmica, mas Álvaro Ribeiro em *Escolástica e Dedução Cronológica*

claramente significa que, ainda hoje, conduzem, na melhor forma cristã, o pensamento islâmico. Muito mais do que o sinal pela arquitetura das igrejas-salões barrocas nos alerta a semelhança dos *Exercícios Espirituais* de Santo Inácio de Loyola com os exercícios espirituais dos sufis. O jesuíta espanhol Asín Palácios tratou largamente da analogia no seu *Islão Cristianizado*. Santo Inácio era espanhol e, na verdade, a influência muçulmana é muito mais acentuada em Espanha do que em Portugal, com nítido reflexo nos fonemas da língua. Esta distinção entre portugueses e espanhóis carece da mais sólida fundamentação, mas fica aqui como uma aliciante hipótese" (Antônio Telmo, *Filosofia e Kabbalah*. Lisboa, Guimarães Editores, 1989, p. 82-83). Em todo o caso, voltando a Averróis, de difícil interpretação serão igualmente, sem ele, as obras do célebre poeta Dante Alighieri, sobretudo quando, segundo Álvaro Ribeiro, foram elas "que mais influíram no aristotelismo português. A assimilação do pensamento dantesco – prossegue o filósofo – transparece até mesmo nos escritos daqueles que não o citam. Aludimos, sem dúvida, às obras de D. Duarte e do Infante D. Pedro" (Álvaro Ribeiro, op. cit., p. 244).

[315] Trata-se de uma compatibilidade que, segundo Pinharanda Gomes, permitiu aos Conimbricenses ligar o mundo antigo com a modernidade por meio da escolástica medieval e, por conseguinte, assegurar uma unidade verdadeiramente espiritual (Pinharanda Gomes, op. cit., p. 76). Neste contexto, importante seria proceder, quanto antes, ao estudo filosófico da influência arábica em Portugal, onde merecem especial atenção as figuras de Avicena, Averróis e Avincebrol.

[316] F. van Steenberghen, *O Tomismo*. Lisboa, Gradiva Publicações, 1990, p. 11.

[317] Pinharanda Gomes, op. cit., p. 107.

[318] O autor, no estudo que nos deixou sobre *A Filosofia Tomista em Portugal*, refere mesmo os manuscritos que, em Alcobaça, continham as doutrinas de S. Tomás ou dos seus discípulos imediatos. Hoje, como no seu tempo, encontram-se na Biblioteca Nacional, em Lisboa.

[319] Maurício Guinguand, em *O Ouro dos Templários* (trad. port., Lisboa, Livraria Bertrand, 1977, p. 43-65), descreveu-nos em algumas páginas admiráveis a relação espiritual que, através do abade de Flora, existiu em Portugal entre a Ordem de Cister e a Ordem dos Templários. Nos últimos capítulos deste livro, o autor também nos apresenta uma notável e interessante análise relativa a um potencial sistema de correspondências simbólicas – sistema no qual intimamente se patenteia o Castelo de Tomar, o Convento de Cristo e a arquitetura manuelina –, cujo inegável valor deverá constituir para nós, portugueses, o fundo de uma sutil tradição que decorre desatendida nos dias de hoje.

[320] Na origem dos *Commentarii*, está o fato de os estudantes, com prejuízo para o debate oral, gastarem as aulas a escrever o ditado dos mestres. Tudo começou, portanto, quando "o escriturista e teólogo Jerónimo Nadal, (...) em visita à Província Portuguesa da Companhia de Jesus, conferenciou com os professores do Colégio das Artes sobre a vantagem de se compor de imediato um curso de filosofia". Assim, por volta de 1561, surgiu um primeiro grupo encarregado da tarefa, de que faziam parte dois portugueses e dois espanhóis: Pedro da Fonseca, Marcos Jorge, Cipriano Soarez e Pedro Gómez.
Porém, dado o descumprimento da mônita do Padre Nadal, alguns professores do Colégio das Artes "assumiram a responsabilidade de formatar uma obra de cunho colegial", tais como Manuel de Góis, Baltazar Álvares, Cosme de Magalhães e Sebastião do Couto. Entre os quatro, "Góis é o autor dos oito livros que constituem o chamado Curso Conimbricense", ou seja, é o principal autor que "revelou obediência e espírito de serviço, ao aceitar, por fim, que os seus trabalhos ou composições fossem editados sem nome de autor, melhor, sob a autoria do Colégio Conimbricense da Companhia de Jesus". Contudo, não obstante Manuel de Góis se ter servido dos cursos manuscritos que existiam no Colégio, um cunho pessoal deixara necessariamente na sua tarefa de dar *corpo* ao Curso.

É de notar ainda que ao *corpus conimbricensis* se atribuem duas deficiências: "o não se iniciar pelas instituições de Lógica, e o carecer do tratado da Metafísica". Segundo Pinharanda Gomes, "Góis queria ser o autor da Metafísica", até porque as suas teses se opunham às de Pedro da Fonseca, cujos *Comentários à Metafísica*, "começados a sair dos prelos em 1577 e concluídos em 1615, foram lidos no Colégio das Artes, a título precário, enquanto se não elaborasse obra comum, ou tratado colegial". Quanto à Lógica, que ficara para última, "só se tornou realidade após o acidente da chamada *Lógica Furtiva*", a qual consistira, da parte de um editor alemão, em um ato de contrafacção da Lógica Conimbricense.

Nisto tudo, o processo que levou ao aparecimento dos *Commentarii* durou catorze anos, "desde a data em que saiu o primeiro (28.03.1592) até a publicação do último (1606). Por outro lado, com exceção da tradução de Antônio Alberto de Andrade da *Ética a Nicómaco*, segundo Manuel de Góis, torna-se significativo constatar a falta de traduções portuguesas do Curso Conimbricense. Todavia, chegou a existir um projeto de tradução do Centro de Estudos Escolásticos, mas tal projeto apenas realizou a tradução da obra acima referida (cf. Pinharanda Gomes, op. cit., caps. IV-V).

[321] Op. cit., p. 67-68 e 85. O que, aliás, pode ser confirmado por Álvaro Ribeiro nos seguintes termos: "A conjectura de que houve fidelidade literal aos textos autênticos de Aristóteles terá de ser afastada, se admitirmos que os esforços dos escolásticos obedeceram sempre ao intento de compor o aristotelismo, lido em latim, com a religião medieval e a ciência moderna" (*Apologia e Filosofia*, p. 20).

[322] Orlando Vitorino, *Refutação da Filosofia Triunfante*. Lisboa, Teoremas, 1976, p. 62.

[323] Pinharanda Gomes, op. cit., p. 126-27.

[324] Álvaro Ribeiro, op. cit., p. 245.

[325] Pinharanda Gomes, op. cit., p. 154.

[326] Joseph Ratzinger, *O Sal da Terra*. Lisboa, Multinova, 1996, p. 169-70. [Edição brasileira: *O Sal da Terra*. Trad. Inês Madeira de Andrade. Rio de Janeiro, Imago, 2005.]

CAPÍTULO 12

[327] Antônio Telmo, "Teoria da Imaginação em Álvaro Ribeiro". In: *Álvaro Ribeiro e a Filosofia Portuguesa*. Lisboa, Fundação Lusíada, 1955, p. 147.

[328] Orlando Vitorino, "As Teses da Filosofia de Álvaro Ribeiro", p. 190-91.

[329] Álvaro Ribeiro, *A Arte de Filosofar*. Lisboa, Portugália Editora, 1955, p. 139.

[330] João Ameal, *São Tomás de Aquino*. Porto, Livraria Tavares Martins, 1947, p. 95-96.

[331] Carta Encíclica *Fides et Ratio* do Sumo Pontífice João Paulo II. Lisboa, Edições Paulinas, 1988, p. 118.

[332] Oliveira Salazar, *Discursos* (1928-1934). Coimbra, Coimbra Editora, 1935, p. 324-25.

[333] Cf. Álvaro Ribeiro, "O Homem Português". In: *As Portas do Conhecimento*, p. 300.

[334] H. Veiga de Macedo, *Problemas da Universidade*, intervenções realizadas na Assembleia Nacional em 1970.

[335] Carta de Álvaro Ribeiro para H. Veiga de Macedo de 15 de janeiro de 1970. Uma cópia dessa carta, por nós reproduzida no final do livro, foi-nos generosamente concedida pelo seu destinatário, ao qual, aliás, solicitamos, quando da feitura deste texto, a respectiva autorização para assim dá-la ao conhecimento público.

Capítulo 13

[336] José Marinho, *O Pensamento Filosófico de Leonardo Coimbra*. Porto, 1945, p.71.
[337] Álvaro Ribeiro, "Aristóteles e a Tradição Portuguesa". In: *As Portas do Conhecimento*, p. 142.
[338] Álvaro Ribeiro, *Apologia e Filosofia*, p. 151.
[339] Idem, "Aristóteles e a Tradição Portuguesa", p. 144.
[340] Idem, "Francisco Bacon". In: *As Portas do Conhecimento*, p. 106.
[341] Idem, *A Literatura de José Régio*. Lisboa, Sociedade de Expansão Cultural, 1965, p. 99.

Capítulo 14

[342] Cf. os seguintes autores: Pinho Leal, em *Portugal Antigo e Moderno* (1875, vol. V, p. 456-57), assim como Américo Costa, em *Dicionário Corográfico de Portugal Continental e Insular* (1943, vol. VIII, p. 267-68).
[343] Trata-se do *Arauto de Montargil*, no qual a referida transcrição apareceu sob o seguinte título: "D. Fernando deu Foral de 'Vila' a Montargil". O foral encontra-se agora publicado na obra *Um Contributo para a Monografia de Montargil*, da autoria de António Godinho de Carvalho, Joaquim Machoqueira, Lino Mendes e Luís Mendes Pires (Associação Nova Cultura de Montargil, 2009).
[344] Tanto esta versão como a anterior encontram-se igualmente em Pinho Leal.
[345] Durante o Verão, sobressaía o "palhinhas", que era e continua a ser a expressão personificada usualmente empregue para caracterizar os chapéus de palha.
[346] Referimo-nos, mais propriamente, ao lugar outrora ocupado pelo restaurante "A Panela", onde hoje permanece um empreendimento de exploração hoteleira que atenta criminosamente contra a paisagem da região.
[347] Cf. Fernando Pessoa, "O Caso Mental Português". In: *Fama*, n. 1, Lisboa, 30 de novembro de 1932. Da mesma forma que aqui se diz ser o progresso, com tudo o que de moderno dele advém, algo de artificial, que por sua vez se vem acrescentar ao que de artificial a civilização também nos traz, tal como "o transporte sobre rodas" ou "o discurso disposto em verso escrito", já de si encarados com toda a naturalidade, podemos igualmente dizer, seguindo a mesma linha de raciocínio, que a posição social do professor universitário, no presente exibida e banalizada por toda a parte, é mais uma artificialidade que permite caracterizar a mentalidade provinciana do português. Este, enquanto tal, jamais indiferente às coisas correntes do cotidiano, como faz o citadino, sente o apreço e a admiração por tudo o que é novidade social, por tudo o que de artificial o progresso vai indefinidamente produzindo e inventando. No caso do professor universitário, é de ver como essa artificialidade se espelha perante as novidades impostas pela internacionalidade, isto é, as novidades que emergem no plano da globalização econômico-política, por um lado, e técnico-cultural, por outro.
Resta-lhe, enfim, a sua adaptação ao destino tido por incontornável desta globalização, à qual obedecerá incondicionalmente se quiser ver reconhecido, com todos os privilégios que daí resultam, o seu papel no domínio das mais variadas instituições da sociedade do porvir.
[348] Álvaro Ribeiro, *Apologia e Filosofia*, p. 43.
[349] Manuel Antunes, "Haverá Filosofias Nacionais?". In: *Brotéria*, vol. LXIV, n. 5, 1992, p. 555-56.
[350] Ibidem, p. 559.
[351] Ibidem, p. 559.

[352] Ibidem, p. 565.
[353] Ibidem, p. 560-61.
[354] Ibidem, p. 561.
[355] Ibidem, p. 562.
[356] Ibidem, p. 562.
[357] Eduardo Lourenço. In: *Vértice*, vol. II, f. 7, 1946, p. 157.
[358] Antônio Sérgio, op. cit., p. 158.
[359] Ibidem, p. 158.
[360] Manuel Antunes, op. cit., p. 565.
[361] Álvaro Ribeiro, "Estou convencido da compatibilidade entre a Filosofia Portuguesa e a Filosofia Católica". In: *Flama*, ano XIV, n. 509, Lisboa, 06.12.1957, p. 6-7.
[362] Manuel Antunes, op. cit., p. 561.
[363] Álvaro Ribeiro, *Apologia e Filosofia*, p. 198.
[364] Idem, *A Arte de Filosofar*, p. 138.
[365] Manuel Antunes, op. cit., p. 562.
[366] "O Testemunho de Álvaro Ribeiro". In: *As Portas do Conhecimento*, p. 184.
[367] Ibidem, p. 185.
[368] Álvaro Ribeiro, "Estou convencido da compatibilidade entre a Filosofia Portuguesa e a Filosofia Católica", p. 5.
[369] Ibidem, p. 7.
[370] "O Testemunho de Álvaro Ribeiro", op. cit., p. 185.
[371] Karl Popper, *Em Busca de um Mundo Melhor*. Lisboa, Editorial Fragmentos, p. 111-12.
[372] Álvaro Ribeiro, *A Arte de Filosofar*, p. 242.
[373] Ibidem, p. 141.
[374] Ibidem, p. 242.
[375] Ibidem, p. 140.
[376] Álvaro Ribeiro, *Apologia e Filosofia*, p. 191-92.
[377] Idem, *O Problema da Filosofia Portuguesa*, p. 66.
[378] Idem, *A Arte de Filosofar*, p. 22-23.
[379] Ibidem, p. 24.
[380] Depois da *Crítica da Razão Pura*, a primeira obra de peso de Immanuel Kant, o *a priori* passou a significar "antes da prova ou antes da experiência", ao passo que o *a posteriori* passou a significar "depois da prova ou da experiência" (cf. Álvaro Ribeiro, *A Arte de Filosofar*, p. 24).
[381] Álvaro Ribeiro, *A Arte de Filosofar*, p. 31. Quanto às formas portuguesas que melhor lhes correspondem, temos *platonino*, *aristotelino* e *hegelino*.
[382] Ibidem, p. 32.
[383] Eduardo Lourenço, *O Labirinto da Saudade*. Lisboa, Dom Quixote, 1988, p. 17.
[384] Ibidem, p 22.
[385] Ibidem, p. 22.
[386] Victor Mendanha, *Conversas com Agostinho da Silva*, p. 55-57.

387 Ibidem, p. 96.
388 Ibidem, p. 97.
389 José Marinho, *O Pensamento Filosófico de Leonardo Coimbra*, p. 20.
390 *Conversas com Agostinho da Silva*, p. 83.
391 Orlando Vitorino, "O Mestre dos que Sabem". In: *Nova Renascença*, Revista Trimestral de Cultura, Porto, 1993, vol. 3, p. 87.
392 *Conversas com Agostinho da Silva*, p. 99.
393 Ibidem, p. 98.
394 Luís Machado, *A Última Conversa com Agostinho da Silva*, p. 71.
395 Kenneth Henshall, *História do Japão*. Lisboa, Edições 70, 2005, p. 66.
396 *Conversas com Agostinho da Silva*, p. 28.
397 Trata-se da história de 47 samurais que perderam o seu senhor, Asano Naganori (1665-1701). Este, tendo sido insultado pelo responsável do protocolo do xogum, Kira Yoshihisa, cometera uma ofensa capital ao puxar do sabre no castelo do chefe supremo dos samurais. Por conseguinte, é-lhe ordenado o suicídio japonês (*hara-kiri* ou *seppuku*), que consiste em abrir horizontalmente o próprio ventre com um sabre curto. Entre os 299 samurais que estavam sob a sua guarda, apenas 47 juraram vingar a sua morte, tirando a vida a Kira. Fingindo levar uma vida dissoluta durante dois anos, mataram-no no momento em que a sua guarda pessoal se tornara menos numerosa. Feita justiça, depositaram no túmulo do seu senhor três provas da sua vingança: a cabeça de Kira, o sabre que o matara e uma nota a relatar que fora feita justiça.
Embora admirados pelo xogum, este ordenara-lhes o suicídio, pelo simples fato de terem tomado a lei nas suas próprias mãos. Dos 47 ronins, somente um deles – o que fora anunciar a respectiva vingança à família do dáimio –, escapou ao ritual da morte por ordem do xogum. Tendo morrido com 90 anos, foi com aqueles enterrado no templo Sengaku-ji, em Edo. Os seus túmulos constituem hoje, na atual Tóquio, um centro de grande atração turística.
398 Se bem que "o caminho do guerreiro" (*Bushido*) tivesse tido uma proveniência não escrita, *Hagakure*, que traduzido significa *Na Sombra das Folhas*, foi o livro que, remontando aos inícios do século XVIII, chegou até nós contendo os preceitos e os pensamentos de um sacerdote, outrora samurai, chamado Jocho Yamamoto (1659-1719). Um discípulo seu, Tsuramoto Tashiro, apesar de instado a não fazê-lo, preservou, por meio de notas, as suas palavras sobre a visão do samurai segundo as linhas mestras do *Bushido*. Eis alguns exemplos: "Se tiveres que cair, então que o faças de maneira esplêndida" (Livro II); "A melhor atitude no que respeita ao discurso é permanecer em silêncio" (Livro III).
399 Miyamoto Musashi, também chamado "Kinsei", ou o "Santo da Espada", nasceu no último quarto do século XVII, em data imprecisa. A sua figura de guerreiro, tornada célebre entre os japoneses, ficou lendária pela sua invulgar destreza no manejo do sabre, de que deu provas em mais de sessenta confrontos. Além de ter criado o seu próprio estilo, o Nito Ichi Ryu (Escola das Duas Espadas), posteriormente designado por Niten Ichi Ryu (Escola dos Dois Céus), é-lhe atribuída a autoria da obra intitulada *O Livro dos Cinco Anéis* (*Go Rin No Sho*), no qual são tratados, em virtude da sua experiência, bem como pela tradição espiritual em que se situa, todos os ensinamentos que, no domínio da estratégia, deve conhecer e praticar todo aquele que se entregue ou reveja na arte japonesa do Kenjutsu.
400 Álvaro Ribeiro, *Sampaio (Bruno)*. Lisboa, Edições SNI, 1947, p. 24.
401 Álvaro Ribeiro, *Apologia e Filosofia*, p. 183.

[402] Joaquim Domingues, *De Ourique ao Quinto Império*. Lisboa, Imprensa Nacional-Casa da Moeda, 2002, p. 10-15.

[403] Manuel Patrício, "O Antiaristotelismo Explícito de Leonardo Coimbra". In: *Revista Portuguesa de Filosofia*, Tomo XXXIX-4-1983.

[404] Ibidem, p. 26.

[405] Ibidem, p. 433.

[406] Ibidem, p. 434.

[407] Ibidem, p. 434.

[408] Ibidem, p. 445.

[409] Ibidem, p. 439.

[410] Ibidem, p. 440.

[411] Álvaro Ribeiro, *Estudos Gerais*, p. 435.

[412] Op. cit., p. 50-51.

[413] Manuel Patrício, "O Antiaristotelismo Explícito de Leonardo Coimbra", p. 435.

[414] Ibidem, p. 441.

[415] Ibidem, p. 447.

[416] Ibidem, p. 448.

[417] Ibidem, p. 442.

[418] Álvaro Ribeiro, *Apologia e Filosofia*, p. 176.

[419] Como sejam os da astronomia, para irmos ao encontro do exemplo apresentado por Aristóteles, também citado por Manuel Patrício (op. cit., p. 443).

[420] Ibidem, p. 446.

[421] Cf. ibidem, p. 418-20.

[422] Manuel Patrício, "O Problema da Qualidade no Sistema Educativo Português – I". In: *Suplemento do Diário do Sul*, n. 8.073, de 07.10.1998.

[423] Idem, "Filosofia para Crianças". In: *Diário do Sul*, n. 8.093, de 04.10.1998.

[424] Ibidem.

[425] Manuel Patrício, "O Pensamento Português Contemporâneo no Horizonte do 3º Milênio". In: *Arauto de Montargil*, de 24.03.2002, p. 11.

[426] Idem, *A Pedagogia de Leonardo Coimbra*, p. 28-29.

[427] Ibidem, p. 280.

[428] Manuel Patrício, "A Ideia de Escola Cultural no III Congresso Latino-Americano de Escola Pública". In: *Diário do Sul*, n. 8.112, de 02.12.1998, p. 18.

[429] Cf. *Atas do I Congresso da Educação Pluridimensional e da Escola Cultural*, promovido pela Aepec e realizado na Universidade de Évora, nos dias 10, 11 e 12 de setembro de 1990, p. 11-13. De notar fica ainda a inspiração da Aepec em um signo de ordem internacional: J. A. Coménio (cf. *Escola Cultural*, publicação da Aepec, n. 1, vol. 2, 1992, p. 3).

[430] Especifiquemos, perante esta multiplicidade, os seguintes aspectos: para o *saber*, temos as várias formas de cultura, tais como "a Ciência, a Filosofia, a Arte, a Técnica, a Moral, o Direito, a Religião..."; para a *personalidade*, temos, por seu turno, várias e diferentes dimensões: "a somática ou físico-motora; a cognitiva; a afetiva; a volitiva; a simbólica e

axiológica" (cf. Manuel Patrício, "A Escola Cultural, A Reforma Educativa e a Reestruturação Curricular". In: *Escola Cultural*, n. 1, 1992, p. 5).

[431] Antônio Telmo, *História Secreta de Portugal*, p. 162.

Capítulo 15

[432] É o caso, entre outros, de D. Rodrigo da Cunha, Sudhoff, Petella, Mullally, Kirsch, todos eles, aliás, referidos por João Ferreira, quando ainda pertencia à Ordem dos Frades Menores (cf. João Ferreira, O.F.M., "Os Estudos de Pedro Hispano". In: *Coletânea de Estudos*, Braga, 2ª série, ano V, n. 3, 1954, p. 4-5).

[433] Baseando-se em um testemunho dos *Libri Biccherna*, diz-nos João Ferreira (op. cit., p. 9) que "Pedro Hispano não estudou somente a medicina, mas ensinou-a em Sena, dando mostras nessa mesma cidade da sua perícia clínica e cirúrgica, em abril de 1250 (...)". Lembrando, aliás, os nomes de Hipócrates, Galeno e Isaac Israeli, o Doutor Universal pôde, mediante os seus comentários, contribuir para a sistematização da medicina no quadro medieval. Eis por que importa distinguir, nas mais de 23 obras médicas que nos legou, aquela que, sob a forma de súmula, foi destinada ao uso dos pobres: o *Thesaurus Pauperum*. Não obstante ter dado lugar a uma edição portuguesa impressa em caracteres hebreus, esta obra também teve várias traduções em italiano, castelhano, francês e inglês.

[434] Entre os autores em causa, temos, por exemplo, D. Rodrigo da Cunha, Antônio de Macedo, Nicolau Antônio, Jean Astruc, Luís de Pina, Meirelles do Souto, Severiano Tavares e Artur Moreira de Sá. Acrescente-se ainda que, segundo João Ferreira, nenhum cronista ou historiador anterior a D. Rodrigo da Cunha, com quem, convém notar, se assentara a hipótese, registra a estadia de Pedro Hispano em Montpellier. E ainda, segundo o mesmo autor, que não há qualquer documento antigo confirmando ter Pedro Hispano ali estudado, para já não dizer, tal como o afirmara D. Rodrigo da Cunha, ter saído da sua pátria para estudar medicina naquela cidade universitária do sudeste francês.

Ainda assim, existe em Montpellier uma velha tradição que inclui "Petrus Hispanus entre os seus Mestres mais notáveis", conforme nos relata Egas Moniz quando da sua conferência, em 1929, na Academia das Ciências de Lisboa. Chegara até mesmo, para o efeito, a certificar-se dela deslocando-se a Montpellier. Contudo, não obstante esta tradição, assim como os argumentos apresentados, permanece cético sobre o fato de Pedro Hispano ter ali professado medicina (Egas Moniz, *O Papa João XXI*. In: *Biblos*, vol. 6, 1930, p. 19).

[435] Eleito Papa, assumiu o nome de João XXI.

[436] Quanto à estrutura, dividem-se as *Súmulas* em *logica antiqua* e *logica modernorum*. Dentro desta divisão, temos ainda as duas partes que constituem a *logica antiqua*: a *logica vetus* e a *logica nova*. Ambas compreendem os tratados lógicos de Aristóteles, assim como, no que à primeira respeita, alguns comentários que desde a época medieval dela passaram a fazer parte. Deste modo, com a *velha lógica* vêm as *Categorias* e o *Perihermeneias*, com a *Isagoge* de Porfírio e os comentários de Boécio; e com a *nova lógica* vêm, finalmente, os *Primeiros e Segundos Analíticos*, os *Tópicos* e as *Refutações Sofísticas*. Resumindo, as *Súmulas* são ao todo constituídas por 12 tratados, dos quais os seis últimos, constituindo a *lógica moderna*, versam sobre as propriedades dos termos segundo a concepção nominalista.

[437] Na *Suma Teológica*, encontramos a seguinte definição: "anima per essentiam suam est spiritus et forma corporis" (cf. João Ferreira, "A Relevância de Pedro Hispano na Filosofia Medieval". In: *Espiral*, Lisboa, Ano II-Número Duplo 8/9, 1965, p. 94).

[438] Cf. João Ferreira, "O Problema de Deus em Pedro Hispano". In: *Filosofia*, Revista do Centro de Estudos Escolásticos, n. 7, 1957, p. 174.

[439] Ibidem, p. 175.

[440] Ibidem, p. 172.

[441] Cf. ibidem, p. 164 e 168-70.

[442] Que melhor diríamos não estar ainda *sistematicamente* problematizado.

[443] Cf. João Ferreira, op. cit., p. 166.

[444] Cf. João Ferreira, O.F.M., "Sobre a Posição Doutrinal de Pedro Hispano". In: *Coletânea de Estudos*. Braga, ano 5, n. 1, 1954.

[445] Cf. ibidem, p. 8.

[446] Cf. João Ferreira, "Esboço Sumário das Ideias Antropológicas de Pedro Hispano". In: *Itinerarium*, ano 4, 1958, p. 327.

[447] Idem, "A Relevância de Pedro Hispano na Filosofia Medieval", p. 95.

[448] No que respeita a esta função, entenda-se, entre outros aspectos, no sentido do aperfeiçoamento e da conservação do corpo.

[449] Cf. "As Vinte e Quatro Teses Tomistas". In: Ferreira Deusdado, *A Filosofia Tomista em Portugal*, p. 247.

[450] João Ferreira, "Esboço Sumário das Ideias Antropológicas de Pedro Hispano", p. 331.

[451] Idem, "A Relevância de Pedro Hispano na Filosofia Medieval", p. 97.

[452] Segundo João Ferreira, tais Inteligências, presentes no *De Anima* e na *Metafísica* de Avicena, recebem aí o nome de "Anjos" (Cf. "Presença do Augustinismo Avicenizante na Teoria dos Intelectos de Pedro Hispano". Braga, Editorial Franciscana, 1959, p. 14).

[453] Emanatismo esse que fora, por sua vez, recebido por via de Al-Farábi, o filósofo árabe de quem Avicena recebera igualmente a filosofia de Aristóteles.

[454] Esta expressão deve-se a P. R. de Vaux, O.P., desde logo presente no título da sua obra *Notas e Textos sobre o Avicenismo Latino nos confins dos sécs. XII e XIII* (1934). Este autor, ao contrário de F. van Steenberghen e Crowley, para quem "a influência de Avicena não representa senão a penetração dum certo aristotelismo neoplatonizante", conserva, no dizer de João Ferreira, "todo o seu valor ao demonstrar a extraordinária autoridade de Avicena entre os cristãos do século XIII", até porque só assim se há de "compreender em profundidade o matiz do aristotelismo e do neoplatonismo antes do movimento averroísta" (op. cit., p. 15).

[455] A respeito da última tese, dizia Avicena ser o *intelecto agente* de Aristóteles idêntico ao princípio do movimento da esfera lunar. E já depois deste, afirmá-lo-iam também os averroístas latinos, tais como Sigério de Brabante, Bernier de Nivelles, Boécio de Dácia, etc. Há até, acerca desta tese, a célebre observação de S. Tomás de Aquino na polémica que o opôs aos averroístas, a saber: se a inteligência que move a lua é a mesma inteligência que move o homem, então não se deve dizer *o homem conhece*, mas *a lua conhece por ocasião do homem*.

[456] *Intellectus possibilis* é a tradução que os latinos fizeram do "intelecto material" de Averróis, isto é, o intelecto que, presente em Aristóteles sob a forma de *nous pathétikos*, capaz é de se transformar em todas as coisas (cf. apresentação de Mário de Santiago de Carvalho. In: S. Tomás de Aquino, *A Unidade do Intelecto Contra os Averroístas*. Lisboa, Edições 70, 1999, p. 15).

[457] Ou seja: "(...) em estado de *potência primeira remota*, de *potência segunda média* e de *potência segunda próxima*" (cf. João Ferreira, op. cit., p. 26).

⁴⁵⁸ Ibidem, p. 15-16.

⁴⁵⁹ Orlando Vitorino, *Refutação da Filosofia Triunfante*, p. 31-35.

⁴⁶⁰ Ibidem, p. 74.

⁴⁶¹ Neste sentido, eis o que numa carta enviada por Descartes a Mersenne se dá a conhecer: "entre nós, confesso-lhe que estas seis *Meditações* contêm todos os fundamentos da minha física. Mas agradeço-lhe que não o diga a ninguém; porque aqueles que defendem Aristóteles terão talvez mais dificuldade em aprová-las; e espero que aqueles que as lerem se acostumem insensivelmente aos meus princípios e reconheçam a sua veracidade antes que se apercebam de que destroem os de Aristóteles" (cf. Michio Kobayashi, *A Filosofia Natural de Descartes*. Lisboa, Instituto Piaget, p. 59).

⁴⁶² Cf. Orlando Vitorino, *Refutação da Filosofia Triunfante*, p. 57.

⁴⁶³ A partir daqui, consagra Descartes o célebre entimema *Cogito ergo sum*, já que, para ele, "a noção que temos de alma ou de pensamento precede a que temos de corpo, e é mais certa, visto que ainda duvidamos que haja no mundo algum corpo e sabemos, seguramente, que pensamos" (Descartes, *Princípios da Filosofia*. Lisboa, Guimarães Editores, 1998, p. 55). Todavia, fá-lo consciente de que tal entimema contraria a tese aristotélica de que não há pensamento sem imagens, ou de que o pensamento, em virtude da sua união com o corpo, inicia com a sensação um processo que o conduzirá ao universal. E se o faz, é com o fim de deixar aberto o caminho para o inatismo das ideias, isto é, o inatismo que lhe permitirá determinar a essência das coisas naturais segundo o modelo da abstração matemática.

⁴⁶⁴ Ou *espécies sensíveis*, segundo a terminologia escolástica.

⁴⁶⁵ Que o mesmo é dizer a via que se inicia com a sensação.

⁴⁶⁶ Neste ponto, diz-nos João Ferreira não estar verdadeiramente assente se Pedro Hispano, ao considerar a atualização das espécies por parte do intelecto agente, "se refere a *todos* os inteligíveis que entram na alma seja por processo ascendente, seja por processo descendente, ou se se trata apenas das espécies colhidas segundo o processo ascendente" (João Ferreira, *A Presença do Augustinismo Avicenizante na Teoria dos Intelectos de Pedro Hispano*, p. 36).

⁴⁶⁷ Ibidem, p. 25.

⁴⁶⁸ Entendam-se as potências de ordem vegetativa e sensitiva.

⁴⁶⁹ Quanto ao intelecto possível, na sua relação com o corpo, João Ferreira, seguindo de perto o pensamento de Pedro Hispano, deixa patente que "as faculdades sensitivas tomam *base* no próprio corpo, ao passo que o intelecto potencial é concreado com a própria alma por um agente extrínseco ao próprio corpo (...)" (João Ferreira, op. cit., p. 23).

⁴⁷⁰ Ibidem, p. 35.

⁴⁷¹ Ibidem, p. 43.

⁴⁷² Ibidem, p. 41.

⁴⁷³ Ibidem, p. 40.

⁴⁷⁴ O que significa, por conseguinte, que a alma intelectiva, além de poder receber impressões inteligíveis de todas as criaturas, as "recebe tanto da primeira como das segundas inteligências" (ibidem, p. 42).

⁴⁷⁵ Segundo a terminologia escolástica de Pedro Hispano, a alma recebe algumas vezes "influências, impressões e revelações", "imagens e visões", "umas certas revelações", "aparições" ou "segredos" (ibidem, p. 48).

⁴⁷⁶ Ou seja: tem a capacidade para dar lugar ao *conhecimento atual* (cf. ibidem, p. 499).

⁴⁷⁷ Álvaro Ribeiro, "Estou convencido da compatibilidade entre a Filosofia Portuguesa e a Filosofia Católica". In: *Flama*, p. 6-7.

⁴⁷⁸ Entenda-se esta evolução histórica no sentido dos mais sérios problemas que alguma vez se puseram ao pensamento espiritual do homem.

⁴⁷⁹ A expressão pertence a Álvaro Ribeiro, quando, a propósito do tomismo explícito e implícito nas obras dos escolásticos portugueses, afirmou: "Deve-se ao P. João Ferreira, O.F.M., o haver, por amor da verdade, demonstrado que Pedro Hispano não foi nem poderia ter sido tomista, e ainda mostrado que nos primeiros séculos da nacionalidade não foi preponderante nem predominante a lição de Santo Tomás de Aquino. Neotomistas e paleotomistas não descuram, porém, de acumular argumentos bibliográficos e paleográficos da tese mais favorável à escola que pretendem exaltar, ainda que esqueçam, muitas vezes, a simples verdade de que "história da filosofia ainda não é filosofia". Aliás, nenhuma ata disciplinar prescreve a equação entre escolástica e tomismo, equação que nem histórica nem doutrinalmente pode ser admitida pelos pensadores católicos. Escolástica tanto é a obra de Santo Agostinho, como a de Santo Anselmo, como a de Duns Scot e Suarez, entre as quais o crente pode ainda hoje escolher para sua direção a que mais lhe agradar" (Álvaro Ribeiro, "Filosofia Escolástica e Dedução Cronológica". In: *As Portas do Conhecimento*, p. 239).

⁴⁸⁰ Por Escolástica francesa entenda-se a que, segundo os historiadores da Europa Central, "teria sido fundada nas aulas palacianas de Carlos Magno e garantida pela Igreja Católica na Universidade de Paris" (ibidem, p. 243).

⁴⁸¹ Cf. ibidem, p. 241.

⁴⁸² Ibidem, p. 245.

⁴⁸³ Expressão de Sampaio Bruno, extraída de *A Ideia de Deus*.

Capítulo 16

⁴⁸⁴ Jornal "57", ano II, n. 5, setembro de 1958.

⁴⁸⁵ Cf. Gérard Van Rijnberk.

⁴⁸⁶ Álvaro Ribeiro, *A Arte de Filosofar*, p. 142.

⁴⁸⁷ Cf. Pinharanda Gomes, *A Filosofia Hebraico-Portuguesa*. Porto, Lello & Irmão, 1981, p. 368.

Capítulo 17

⁴⁸⁸ A tese intitula-se: *Theologicae Propositiones de Existentia Dei, Deo Uno et Divina Revelatione*. Existe ainda um outro opúsculo do abade Faria, ou, mais propriamente, uma oração acerca do "Advento do Espírito Santo": *De Adventu Sancti Spiritus Oratio*. Com "excepção de nove notas com as citações de vários textos gregos por não ter sido possível obter [em Goa] os respectivos caracteres tipográficos", fez-se, a respeito do segundo opúsculo, uma transcrição no "Boletim do Instituto Vasco da Gama" (n. 26, Tipografia Rangel, Bastorá, 1935), levada a cabo por Alfredo Rodrigues dos Santos. Embora aqui se anuncie para os próximos números a respectiva tradução em português, parece-nos que tal não foi feito. Registre-se também que há exemplares de ambos os opúsculos na Biblioteca Apostólica Vaticana.

⁴⁸⁹ Cf. Santana Rodrigues, *O Abade Faria*. Lisboa, Empresa Contemporânea de Edições, 1946, p. 43-44.

⁴⁹⁰ Martinho de Melo e Castro, Monção do Reino, n. 159 de 1779 (cf. Santana Rodrigues, op. cit., p. 45).

⁴⁹¹ Ibidem, p. 50.

⁴⁹² Assembleia revolucionária francesa, que sucedeu à *legislatura* (20 de setembro de 1792) e precedeu o diretório (26 de outubro de 1795). Destacou-se pela proclamação da República e pela condenação de Luís XVI. Também a ela se deve a Junta de Salvação Pública, que, nas mãos de Robespierre e com o apoio da Comuna de Paris, instaurou, mediante a concentração do poder executivo, um regime sangrento de Terror.

⁴⁹³ Estas conferências, iniciadas a 11 de agosto de 1813, eram dadas em uma sala da escola primária da mesma rua, às quartas-feiras. Nelas, o abade Faria, "acompanhado de uma espécie de enfermeira e de duas ou três pessoas habituadas", fazia-as adormecer "pela palavra ou pela sugestão, paralisava ou desparalisava um membro; causava-lhes sensações agradáveis ou desagradáveis; dava-lhes água que mudava em vinho ou em vinagre; insensibilizava um ou outro membro, de modo a permitir operações cirúrgicas ou terapêuticas empolgantes" (Santana Rodrigues, op. cit., p. 78). Mostrado o processo, repetia então experiências com várias pessoas da assistência: primeiro, sentando-as "comodamente, mandava-as fechar os olhos e concentrar a atenção e pensar no sono". Depois, quando "tranquilamente esperavam, de súbito ordenava em tom imperativo "Durma" e "três sobre cinco" adormeciam profundamente em menos de um minuto" (ibidem, p. 78-79). Surgia assim, conforme a terminologia do abade, o célebre "sono lúcido", cujas implicações ter-se-ão em conta mais adiante.

⁴⁹⁴ Como causa desta incompreensão, a tendência interpretativa vai, geralmente, no sentido de a atribuir à formação escolástica do abade, quase sempre entendida como um sistema metafísico e religioso abstruso (ibidem, p. 94 e 98). Daí expressões do tipo: "(...) parece que era pouco claro na exposição e pouco agradável na dicção" (ibidem, p. 77); o "seu livro, tirando a parte filosófica, é ainda hoje um compêndio de preciosas indicações sobre o hipnotismo. E não se critique o padre por tanto divagar sobre teorias mais ou menos nebulosas. Era o produto da sua educação teológica. Quando entra nesse campo torna-se excessivamente obscuro; mas essa falta de clareza é pecha dos filósofos de todas as épocas, como o caducarem rapidamente as suas doutrinas, é sestro de todas as filosofias" (Egas Moniz, *O Abade Faria na História do Hipnotismo*. Editorial Vega, p. 68). Aí está como a "formação" destes autores, por melhores que sejam as suas intenções, é, ela sim, produto do mais estreito positivismo que, de há um século e meio para cá, persiste em destituir o pensamento filosófico.
Ora, se o abade Faria – na descrição por vezes malévola e escarnecedora que lhe atribui o *Moniteur Universel*, de 5 de outubro de 1819 –, "sobrelevava-se na argumentação escolástica em que era difícil excedê-lo em sutileza", era porque, com certeza, reconhecia nela o melhor sistema conceitual para demonstrar o sono lúcido como "um estado intermediário entre o homem sensitivo e o puro espírito". Assim sendo, a pretensa "realidade dos fatos", segundo Egas Moniz, é um absurdo.

⁴⁹⁵ Entre os fenômenos do sono lúcido e as calúnias de que o abade foi vítima, sobretudo da parte da imprensa e do teatro, não existe, do ponto de vista da verdade, qualquer correspondência. A comprovar isto estão, desde já, as falsas e malévolas afirmações da *Gazette de France* (21 de agosto de 1813) e do *Moniteur Universel* (5 de outubro de 1819), se, para o efeito, nos dermos ao cuidado de consultar, nos escritos do abade, os desmentidos que fez a propósito do que se dissera sobre as suas sessões (cf. Santana Rodrigues, op. cit., p. 127-31). Quem, pelo contrário, o justiçou foi um "distinto aluno de Arago e de Ampère", o jovem oficial Noizet: "Encontrava-se em Paris, há poucos anos, um homem que fazia publicamente a experiência do sonambulismo. Em cada dia (em 1815) reunia em sua casa umas sessenta pessoas e era raro que, entre estas, não se encontrassem cinco ou seis, suscetíveis de entrar em sonambulismo. Não se esquecia de declarar abertamente que não possuía nenhum segredo,

nenhum poder extraordinário, tudo o que obtinha dependia da vontade das pessoas sobre as quais atuava. Nem por isso os efeitos se deixavam de produzir.
Este homem, possuidor sob vários aspectos de espírito superior, era o abade Faria".
Paris inteira "pôde ver as suas experiências, tudo foi esmiuçado. Poucas pessoas, porém, se mostravam convencidas. Apodavam-no de charlatão. Muitas pessoas não vinham à sua casa senão uma vez, persuadidas antecipadamente de assistir a manobras de destreza e olhavam com desconfiança aqueles sobre os quais as experiências surtiam efeito... Se acontecia que num grupo de muitas pessoas conhecidas, uma dentre elas experimentava os efeitos, adormecia e tornava-se sonâmbula, este resultado primeiro surpreendia os que não podiam duvidar da sua realidade (...); bem cedo a impressão tornava-se menos forte; o poder da palavra "charlatão" era de tal modo grande que se esquecia depressa tudo o que se tinha visto, até a própria pessoa que os tinha experimentado julgava-se vítima de ilusão, acabando por crer que nada de extraordinário se passara nela" (ibidem, p. 85-86).
Repare-se, todavia, que as acusações de charlatanismo também provinham dos magnetizadores da época, que mal aceitavam as causas naturais enquanto explicação e origem do sonambulismo. Pior haveria de ser, porém, o juízo católico, que via nele e no magnetismo fenómenos de magia negra, ou seja, desencadeados por demonólatras ao serviço do Anjo das Trevas. Nesta linha estão, sem dúvida, os anátemas que, em 1815 e 1817, foram respectivamente lançados pelos abades Fustier e Wurtz, o primeiro vigário de Tours, o último de Saint Nizier, em Lyon. Deste modo malsinado, para não dizer ferido na sua condição de católico, ao abade Faria apenas restaria uma atitude firme e corajosa, qual não seja a de responder que o "Evangelho, certamente, não tinha o fim de instruir os homens nas ciências naturais" (ibidem, p. 139).
Em tudo isto, não se esqueça Chateaubriand, que, nas suas *Mémoires d'outre tombe* (1843), se presta a depreciar, senão a ignorar, a doutrina do abade, ao descrever, em um tom escarninho, o episódio que teve lugar, durante um jantar, em casa da marquesa de Custine: "o abade jactava-se de matar um canário, magnetizando-o; o canário foi mais forte e o abade vencido foi obrigado a abandonar a partida com medo de ser morto pelo canário"; "*chrétien, ma seule présence avait rendu le trépied impuissant*" (ibidem, p. 68-69). Este romântico francês mostrava-se assim um fiel partidário de Roma, a qual encarava o magnetismo como manifestação anticristã.
Quanto ao teatro, a figura do abade viu-se sarcasticamente denegrida por uma peça anunciada nos seguintes termos: "*La magnétismomanie-comédie-Folie en acte, mêlé de couplets, par M. J. Vernet*". A representar o abade estava o ator Potier, que em 1816 chegou ao ponto de, aleivosamente, se submeter às experiências da Rua Clichy. O escândalo era inevitável: traindo a confiança do abade, fingiu o sono lúcido, para, quando menos se esperava, se levantar e clamar: "Oh lá! senhor abade, se magnetiza toda a gente como a mim, vale pouco o que faz!" (ibidem, p. 88).
Mais tarde, referindo-se à peça, o abade escreveria: "Aquilo que é intrinsecamente assunto de importância não pode ser objeto de divertimento público" (ibidem, p. 112). E aludindo à peça *Calicot*, que durante a representação passou de comédia a tragédia, adianta: "Longe de mim perturbar o curso dos prazeres do público; mas teria adicionado à *magnéstimomanie* uma nova cena extremamente picante, se o meu estado me não tivesse impedido de fazê-lo e se a minha aversão por esta espécie de divertimento não me tivesse afastado dos teatros; estou certo que poderia divertir o público a valer, derrotando o autor da peça e semeando nos cómicos uma confusão inexplicável. Era adormecer em plena cena alguns atores que por experiência conhecessem já o peso e o valor da palavra *durma*, acompanhando esse sono de uma violenta convulsão que os fizesse rolar sobre o tablado, completamente desorientados". Daí que este "sono teria deixado de ser cómico, embora se prestasse a provocar o riso, e este espetáculo inédito teria bastado para corrigir a insipidez da peça" (ibidem, p. 113).

Em suma: caluniado pela imprensa, censurado pela Igreja e satirizado pelo teatro, o abade Faria, como se não bastasse, ver-se-ia ainda vítima de várias caricaturas, entre as quais destacamos a que, representando-o num cavalo a galope, com chispas magnéticas irradiando da sua cabeça, tem por título: "*Mr. Requiem*, médico famoso que curou todos os mortos" (ibidem, p. 109-10).

[496] Este tomo teve por título: *De la cause du sommeil lucide, ou étude de la nature de l'homme, par l'abbé Faria, brahmine, docteur en Theologie* (Existe um exemplar na Biblioteca Nacional de Lisboa, reimpressão da edição de 1819. Datado de 1906, inclui um prefácio e uma introdução do Dr. D. G. Dalgado). Quanto aos restantes tomos, registre-se esta passagem de Santana Rodrigues: "Não obstante o aviso da publicação da sua obra em três volumes, apenas um apareceu a público. Noizet refere que a livraria Baillière lhe anunciou a oferta da obra em três volumes, mas Dalgado declara que a livraria lhe comunicou que não tinha conhecimento dos restantes dois volumes" (ibidem, p. 136).

[497] In: Alexandrian, *História da Filosofia Oculta*. Lisboa, Edições 70, p. 265.

[498] Ibidem, p. 284.

[499] Santana Rodrigues, op. cit., p. 60.

[500] Esta comissão era composta por quatro membros da Faculdade de Medicina (Borie, Sallin, d'Arcet e Guillotin), a que se juntaram alguns membros da Academia de Ciências, entre os quais o astrônomo Bailly e o químico Lavoisier.

[501] Houve ainda outra comissão encarregada de proceder ao exame do magnetismo, composta, desta vez, por membros da Sociedade Real de Medicina, tais como Poissonier, Caille, Mauduyt, Andry e o botânico Laurent de Jussieu. À semelhança da outra, se bem que através de uma metodologia diferente, esta comissão concluíra também que, na base dos fenômenos e das experiências observadas, estavam a *imaginação* e a *imitação*. Ainda assim, Santana Rodrigues, como já o fizera Egas Moniz, deixa-nos uma nota curiosa. "Apenas Laurent de Jussieu, em relatório separado, admitiu que o magnetizador se encontrasse no caminho de uma verdade fecunda a ser esclarecida por novas experiências" (Santana Rodrigues, op. cit., p. 63).

[502] "Não posso conceber – diz [o abade] – como a espécie humana fosse tão bizarra para ir buscar a causa deste fenômeno a uma celha, a uma vontade externa, a um fluido magnético, ao calor animal ou a mil outras extravagâncias, quando esta espécie de sono é comum a toda a natureza humana pelos sonhos e a todos os indivíduos que se levantam, que andam, que falam, estando a dormir". "Não há nada que possa justificar a denominação de magnetismo animal para exprimir 'a ação de adormecer'" (ibidem, p. 91).

[503] Ibidem, p. 92.

[504] Aos que deduziam da imaginação os fenômenos magnéticos e sonambúlicos, o abade Faria, ciente das virtualidades do método sugestivo, esclarece: "Não é difícil sentir que o império da imaginação se limita unicamente às ideias conhecidas; por consequência não pode agir senão sobre o espírito. Todas as vezes, pois, que os sentidos e o corpo experimentam efeitos reais, é certo e demonstrado que estes resultados provêm doutra origem que da imaginação" (ibidem, p. 94). O que explica, por seu lado, que os "epoptas dispõem à ordem dos concentradores todos os orgãos externos e internos, prontos a receber as impressões desejadas, independentemente de toda a ação sensível de objetos análogos..." (ibidem, p. 97). Ou melhor: os sonâmbulos, na ausência dos objetos próprios, "veem, cheiram, ouvem, palpam e saboreiam o que não é senão referido... Os efeitos não são sempre ilusórios, são tão reais como quando derivados de causas naturais. Assim um copo de água, bebido na ideia de que se trata de aguardente, embriaga de fato" (ibidem, p. 79).

Outros exemplos deste fenômeno, testemunhados por Noizet, revelam-se-nos igualmente esclarecedores: "O abade perguntava aos seus sonâmbulos se, durante o sono, queriam tomar qualquer refresco ou algum medicamento e dava-lhes em seguida um copo de água, no qual achavam o sabor da substância que pretendiam beber. Outras vezes oferecia-lhes tabaco e fazia-lhes cheirar uma substância inodora que produzia neles o mesmo efeito que o próprio tabaco. Eu vi – continua o mesmo – uma sonâmbula que, crendo respirar um cheiro forte como o do amoníaco, não podia suportar durante segundos a aproximação do nariz de um frasco vazio" (ibidem, p. 79-80).
Em todo o caso, ultrapassando o "sensismo", o abade Faria adverte-nos de que o sono lúcido e seus acessórios, não obstante estarem dependentes de causas naturais, longe se mostram de serem totalmente acessíveis aos sentidos. Quer dizer: escapam "ao rigor de uma demonstração", dado serem aquelas causas "mais intelectuais que sensoriais" (cf. ibidem, p. 93).
Não há, pois, incompatibilidade ou separação entre os sentidos e o intelecto, se bem que este determine, em última instância, a que natureza particular pertencem estas ou aquelas propriedades, assim como a que indivíduo convêm certas e determinadas manifestações de ordem patológica. Mas fiquemos com as suas palavras: "Os epoptas, tendo por intuição a faculdade de conhecer as emanações e seus efeitos, distinguem naturalmente a água pura da que é impregnada de qualquer coisa. É o que sucede com os sentidos perante as emanações de que se embebem; é, pois, natural que os epoptas conheçam as pessoas, às quais pertençam as coisas e as suas doenças. Nada identifica melhor um indivíduo que o que lhe é próprio e pessoal" (ibidem, p. 80-81). Exemplo disso é o que nos conta Noizet sobre um oficial do Estado-Maior em casa do abade: "Mostrou-se-lhe um lenço quando acordado; viu, examinou e devolveu-o sem qualquer observação particular. O abade adormeceu-o em seguida e assim que mergulhou em sono profundo, denunciou violentas convulsões. Interrogado sobre a causa desse estado, respondeu que provinha do lenço em que tinha tocado, que pertencia a uma criança tísica, o que era verdade" (ibidem, p. 80).
E se, apesar de tudo, a imaginação não é a causa do sono lúcido, tal não significa que ela, de uma forma ou de outra, esteja à margem de todo o processo, uma vez que, tratando-se de imagens, os sonâmbulos, "quando dirigidos por uma indicação externa, digna da sua confiança, conformam – no dizer do abade – as suas operações intelectuais e as suas ações à exata precisão do comando". Deste modo, "perguntava, por exemplo, a um sonâmbulo se desejava ver qualquer pessoa ausente por quem tivesse interesse. Designada a pessoa, ordenava-lhe vê-la bem e logo ela lhe aparecia. Ordenava-lhe em seguida fixar na memória a sua imagem e continuar a vê-la, mesmo depois de despertar, até que por um sinal destruísse a ilusão. Despertava-o, mas a imagem mantinha-se até que fizesse o sinal convencionado. Lembro-me, diz Noizet, ter visto fazer esta experiência com um oficial, que quis ver a sua mulher, ausente no seu país. A ilusão provocou um espetáculo enternecedor. Este oficial chorou comovidamente por ver a sua mulher recusar os seus beijos; bem cedo tudo se dissipou: as lágrimas e a pena" (ibidem, p. 81-82).

[505] "A experiência fez-me ver – diz o abade – que a extração duma certa quantidade de sangue tornava epoptas em vinte e quatro horas pessoas que não tinham disposição alguma" (In: Egas Moniz, op. cit., p. 66). Logo, a "experiência demonstrou-me – continua o abade – que ligeira pressão sobre as partes em que o sangue é extraordinariamente líquido provoca sempre concentração suficiente para a abstração dos sentidos..." (Santana Rodrigues, op. cit., p. 84).

[506] Sobre este ponto, escreve Santana Rodrigues: "Observador minucioso [o abade Faria], pôde verificar que as pessoas mais suscetíveis de hipnose são as anêmicas, os histéricos e os que são facilmente impressionáveis, os instáveis" (ibidem, p. 97).

⁵⁰⁷ Tal é o que, segundo o abade, a experiência demonstra quando "se adormece os epoptas ou sonâmbulos com a vontade, sem a vontade e mesmo com vontade contrária [do *concentrador*]..." (ibidem, p. 95).

⁵⁰⁸ "Desafio – diz o abade – todos os magnetizadores do mundo a adormecer quem não tem as disposições requeridas". "Não se obtêm epoptas quando se quer, mas somente quando os indivíduos são já epoptas naturais" (ibidem, p. 95).

⁵⁰⁹ Ibidem, p. 98.

⁵¹⁰ Para o abade Faria, a "ordem dos concentradores não é senão uma causa ocasional, mas não eficiente, isto é, uma causa que induz a causa real e precisa a pôr-se em ação para determinar o efeito que lhe é próprio, mas que é insuficiente por si só para o produzir" (ibidem, p. 95).

⁵¹¹ É o que testemunham as palavras do abade, no intuito, aliás, de desmistificar o "dom" ou o "poder especial" do magnetizador: "Mostrei nas minhas sessões crianças adormecendo pessoas adultas à simples apresentação da mão, sem experimentarem a menor sensação penosa" (ibidem, p. 96). Além desta experiência, uma outra, levada a cabo pelo abade, deu-se nas seguintes circunstâncias: "Colocou um certo número de epoptas debaixo de uma árvore que previamente tinha magnetizado segundo os processos de Mesmer e Puységur. Nada sentiram. Em seguida levou-os junto de outra árvore. Afirmou-lhes que estava magnetizada, sem o estar, e a maior parte dos observados caiu em sonambulismo" (Egas Moniz, op. cit., p. 64-65).

⁵¹² Santana Rodrigues, op. cit., p. 83.

⁵¹³ Ibidem, p. 101.

⁵¹⁴ Neste romance, o abade Faria aparece como um ancião de enormes barbas brancas, metido num cárcere do Castelo d'If, nas proximidades da cidade de Marselha. Nesta situação, Dumas fez dele o companheiro de cela de Edmundo Dantès, com o fim de lhe confidenciar o segredo do tesouro da ilha de Monte-Cristo. Terá o autor francês, a respeito deste tesouro, criado uma analogia com a doutrina e o método do abade Faria acerca do sono lúcido? Quem sabe se a resposta não estará nas proféticas palavras que Dumas, perante a incredulidade do inspetor sobre a existência do tesouro, atribuiu ao enigmático ancião: "Isto prova que o senhor governador é como aqueles de que fala a Escritura, que têm olhos e não veem, têm ouvidos e não ouvem".

⁵¹⁵ Cf. op. cit., p. 160-61.

⁵¹⁶ Bernheim, *Hypnotisme, Suggestions, Psychothérapie* (In: S. Rodrigues, op. cit., p. 105). Por outro lado, Pedro Luzes, mais recentemente, apresentou o abade Faria como o precursor da Psicanálise, pois "se Freud recebeu de Breuer ensinamentos, sobre a *talking cure*, esta não era uma descoberta" do médico judeu, porquanto "já fora usada por Puységur e pelo abade Faria que lhe chamavam "sonambulismo artificial" e "sono lúcido", respectivamente" (*Cem Anos de Psicanálise*. 2. ed. Lisboa, Ispa, 2002, p. 5). O autor chega até a "considerar que a Psicologia passou a existir apenas desde que houve uma tentativa coroada de êxito de intervir "operatoriamente" sobre o espírito, por meios psíquicos. Essa primeira tentativa foi a hipnose iniciada por Puységur. O primeiro investigador a propor uma teoria científica correta dessa intervenção foi Faria. De modo que podemos marcar o início da psicologia científica em um português, em Faria, que sendo discípulo de Puységur levou muito mais longe a sua doutrina científica. Apesar dos seus inegáveis méritos científicos, Faria nunca alcançou a nomeada que merecia" (ibidem, p. 7). O que sem dúvida se deve, em grande parte, à já referida capacidade do abade para pensar, do ponto de vista filosófico e teológico, os fenômenos *observados* – que o mesmo é dizer *experienciados* – do sono lúcido.

Todavia, afirmar, como afirma Pedro Luzes, que a atenção prestada pelo abade a fatores organicistas, como a fluidez do sangue ou a transpiração, "não é típica de indivíduos com estudos teológicos" (ibidem, p. 9), equivale a ignorar que Deus é o Criador de todas as coisas *visíveis* e *invisíveis*. Afirmar, por igual, que "Faria não era espiritualista convicto", significa desconhecer, na terminologia do nosso goense, a "ciência infusa", ou seja, a natureza da alma como uma entidade *in se*. Infelizmente, é o que acontece a quem, repudiando a metafísica em nome da psicologia, jamais realiza que a ciência, para sê-lo efetivamente, não pode deixar de se reportar a um sistema filosófico ou teológico.

Dados Internacionais de Catalogação na Publicação (CIP)
(Câmara Brasileira do Livro, SP, Brasil)

Duarte, Miguel Bruno
   Noemas de filosofia portuguesa / Miguel Bruno Duarte. –
São Paulo: É Realizações, 2013.

   ISBN 978-85-8033-056-4

   1. Educação - Filosofia 2. Filosofia portuguesa 3. Política -
Filosofia 4. Portugal - Civilização I. Título.

13-01199   CDD-196.9

Índices para catálogo sistemático:
1. Filosofia portuguesa   196.9

Este livro foi impresso pela Prol Editora Gráfica para É Realizações, em outubro de 2012. Os tipos usados são da família Sabon Light Std e Frutiger Light. O papel do miolo é off white norbrite 66g, e o da capa, cartão supremo 250g.